Burkhard Schäck

# Die Panamericana auf dem Motorrad

## Von Alaska bis Feuerland

W0029900

Frederking & Thaler

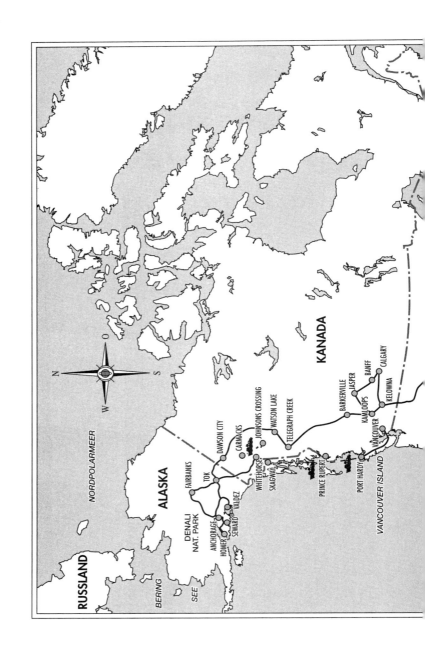

Burkhard Schäck, geboren 1964 in Altenkirchen, lebt in Seelbach im Westerwald. Er ist gelernter Elektroniker.

Zum 18. Geburtstag übergab ihm sein Onkel ein Motorrad, mit dem er bereits wenige Tage später, von einem Freund begleitet, eine große Fahrt durch Frankreich unternahm und ein Jahr darauf eine Reise an das Nordkap Norwegens – eine Leidenschaft begann.

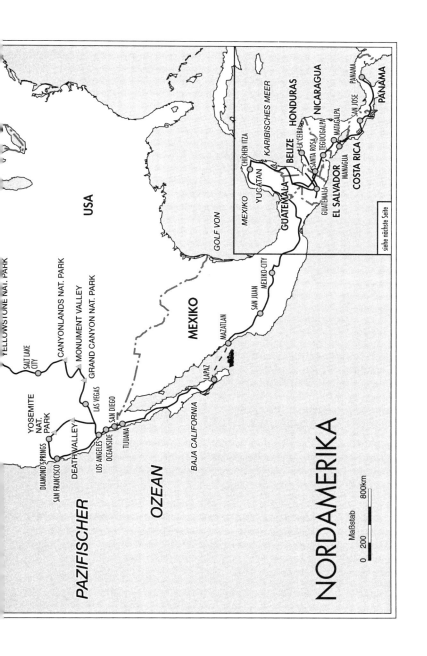

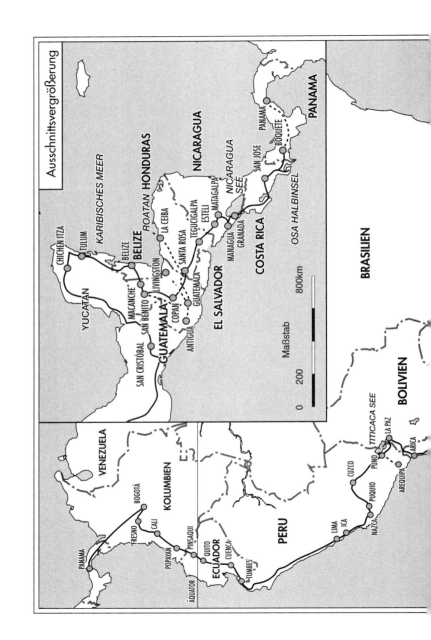

Ausschnittsvergrößerung

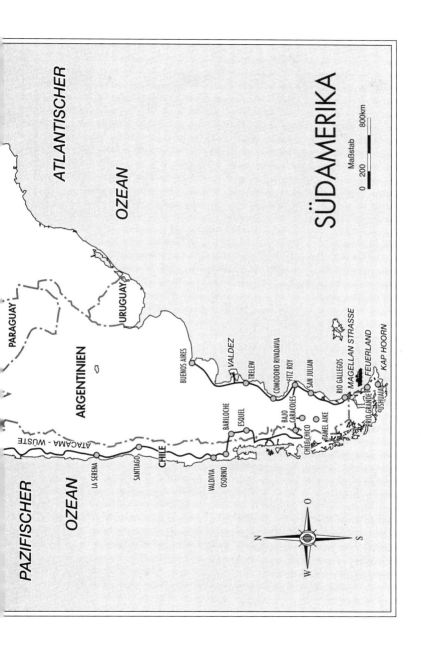

*Für meine Eltern*

Die Deutsche Bibliothek – CIP-Einheitsaufnahme
Schäck, Burkhard:
Die Panamericana auf dem Motorrad : von Alaska bis
Feuerland / Burkhard Schäck. [Fotos: Burkhard Schäck und
Michael Zickgraf]. – München : Frederking & Thaler, 1996
  (Reisen, Menschen, Abenteuer)
  ISBN 3-89405-075-6

REISEN · MENSCHEN · ABENTEUER
© 1996 Frederking & Thaler Verlag GmbH, München
Alle Rechte vorbehalten
Fotos: Burkhard Schäck und Michael Zickgraf
Umschlaggestaltung: Christine Paxmann, München
Herstellung: Karlheinz Rau, München
Karte: Theiss Heidolph, Eching
Satz und Reproduktion: SatzTeam Berger, Ellenberg
Druck und Bindung: Presse-Druck, Augsburg
Papier: Das Papier wurde aus chlorfrei gebleichtem Zellstoff hergestellt
ISBN 3-89405-075-6
Printed in Germany

# Inhalt

# Reisefieber

Obwohl an jenem herrlichen Sonntag morgen eigentlich nichts Anlaß gegeben hätte, über schaurige Dinge nachzudenken, flogen mir sonderbare Gedanken durch den Kopf. Ich war mit meinem Motorrad auf dem Weg zu Michael. Wir hatten uns entschlossen, diesen gigantischen Kontinent von Nord nach Süd zu durchqueren: In irgendeinem Buch fand ich die Angabe »dreißigtausend Kilometer« für die Strecke.

Der Abflugtermin rückte näher, und all die Vorstellungen, die ich mir in den letzten Monaten angelesen hatte, setzten sich in laufende Bilder um. Kaum träumte ich von friedlicher Landschaft, von Bären, Papageien oder weißen Stränden, an denen knappe Bikinis gerade das Nötigste bedeckten, ritten uns schon im nächsten Moment aufgebrachte Revolutionäre, fahnenschwingend und von schießwütigen Anhängern gefolgt, entgegen, sah ich brutale Militärs mit miesen Visagen und riesigen Gewehren, packten uns wenig später gemeine Drogenbosse am Kragen, die provozierend Zigarrenrauchringe in die Luft bliesen, und wurden wir von Terrorbanden in einsamer Berggegend ausgeraubt. Nachts machten uns gewaltige Spinnen, giftige Schlangen und malariaverseuchte Mücken fast den Garaus.

Jäh wurde ich aus diesen bösen Träumen gerissen. Ein rotes Auto schoß vor mir rechts aus einem Seitenweg heraus. Der Fahrer hatte mich offenbar nicht bemerkt. Der Abstand war zu kurz, ich konnte nicht mehr bremsen. Zwei riesige Augen schauten mich aus der Blechkarosse an. Instinktiv riß ich mein Motorrad-Roß zu Boden, wobei ich dem armen Vierrad vor mir unter sprühenden Funken die Flanke aufriß. Als meine Maschine schließlich stillag, stieg aus dem Automobil eine junge Dame. Ihr Gesicht war kreidebleich. Ich faßte sie unter den Arm und versuchte, sie zu trösten, während aus meinem Zweirad Benzin auf den Asphalt rann. Wir lebten und hatten nicht einmal einen Kratzer abbekommen. Wie kaum anders zu erwarten, wollte die Bürgerschaft des nahegelegenen Dorfes wissen, warum es einen so furchtbaren Knall getan habe – auch Polizei war gleich zur Stelle.

»Das Motorrad sieht recht verbogen aus. Ist es noch neu?« fragte der grüne Dienstmann.

»Ja«, sagte ich und kratzte mich am Kopf. »Und damit möchte ich nächste Woche von Alaska nach Feuerland fahren!«

»Ach so«, erwiderte er und vertiefte sich in sein Protokoll. Warum man sich vornimmt, einen Kontinent zu durchqueren und dazu das Motorrad als Fortbewegungsmittel wählt, ist schwer zu sagen. Michael und ich sind leidenschaftliche Motorradfahrer. Ich denke, es ist im Grunde der Reiz, etwas nicht Alltägliches zu tun, eine riesige Strecke auf zwei Rädern zu bewältigen und sich für längere Zeit mit allem, was da kommen mag, auseinanderzusetzen.

Das größte Hindernis für ein solches Unternehmen ist die Vorstellung, während einer ohnehin schon schwierigen Wirtschaftslage seinen Beruf an den Nagel zu hängen. Als ich vor ein paar Tagen meinen Schreibtisch im Büro meiner Firma räumte, gab es Kollegen, die mir entsetzt zuschauten, was ich da Unfaßliches tat, und zu bedenken gaben: »Damit dürfte dein Job wohl weg sein!« Für mich war der Entschluß längst gefaßt. Mein Ziel stand fest, ein Zurück gab es nicht, und ich glaube, Michael erging es nicht anders. Mit jedem Schritt, den ich tat, erlebte ich ein Stück Befreiung, zum Beispiel beim Verkauf des Autos und beim Auflösen meines Apartments.

Auch der Unfall mit meinem Motorrad machte mich nicht wankend. Michael und ich steckten einfach ein kräftiges Rohr durch das verbogene Fahrgestell und zogen es wieder gerade. Ebenso verloren wir den Mut nicht, als Michaels Bandscheiben kurz vor der Abreise erhebliche Probleme machten. Der arme Mensch krabbelte vor Schmerz auf allen vieren durch seine Wohnung und suchte täglich Arzt und Masseur auf, die sein Knochengerüst wieder zurechtrückten. Vorfälle solcher Art und natürlich die vielen Vorbereitungen: Beschaffen der Ausrüstung, Regelungen bei Ämtern und Versicherungen, Einhalten von Impfterminen und vieles mehr sorgten dafür, daß die letzten Wochen keine Spur von Langeweile zeigten.

Nur zweihundert Einwohner leben in unserem Heimatdorf im Westerwald. Als Michael und ich unsere Motoren starteten, um mit den bepackten Maschinen zum Flughafen zu fahren, hatte sich eine beachtliche Menge Leute angesammelt. Ich sah im Rückspiegel, wie sie uns nachwinkten, und die Szene erinnerte mich an Asterix und Obelix, als die beiden ihr gallisches Dorf verließen, um in die Welt hinauszuziehen.

Der Flug verläuft planmäßig. Wir sitzen in der Mittelreihe vor der Unterhaltungsleinwand, auf der der aktuelle Standort mit Flughöhe und Außentemperatur angezeigt wird. Ich halte einige Glücksbringer, die man uns mitgegeben hatte, und einen Zettel in der Hand. Die Nachbarin hatte ihn am Morgen unter der Haustür hindurchgeschoben, weil sie sich nicht von uns verabschieden konnte.

»Für Eure Reise gute Fahrt!« steht darauf.

Wir schweigen, und ich habe das Gefühl, daß ich jetzt eine riesige Aufbauspritze vertragen könnte.

Über Island, Grönland und den Norden Kanadas fliegt uns der riesige Jumbo bis nach Vancouver. In der Stadt kennen wir die Adresse einer deutschen Familie. Siegfried und Edith sind sehr gastfreundlich und berichten eine Menge über ihr Land. In den fünfziger Jahren waren die beiden nach Kanada gegangen, bauten sich hier eine Zukunft auf und zogen drei Kinder groß.

»Kanada ist ein großer Schmelztiegel«, erklärt Siegfried. »Nahezu alle Nationalitäten leben hier. Am Anfang des Jahrhunderts kamen vor allem Europäer. Oft waren es Flüchtlinge, Leute, denen es in Europa zu eng wurde, oder Abenteurer, die Glück und Reichtum suchten. In den letzten Jahren wanderten allerdings mehr asiatische Völker ein, die fremde Religionen und Sitten mitbrachten, so daß es oft zu Konflikten kommt.«

Gestern hatte man unsere Motorräder am Flughafen nicht freigeben wollen, da die Beamten vom Seuchenschutz an den Schutzblechen einige Dreckspritzer entdeckt hatten und eine aufwendige Desinfektion verlangten. Über Nacht scheint das Problem jedoch verschwunden zu sein, denn als Siegfried mit den Leuten spricht, können die Maschinen gleich abgeholt werden.

Eine angenehme Zeit verbringen wir bei unserer Gastfamilie. Evelyn, die jüngste Tochter, zeigt uns die Stadt, und am Abend sitzen wir in gemütlicher Runde im Wohnzimmer. Auch Evelyns Mann David ist gekommen: Da er kein Deutsch spricht, gibt es ein herrliches Sprachdurcheinander, und es ist keine Seltenheit, daß ein Satz aus deutschen und englischen Vokabeln zusammengebaut wird. Am nächsten Morgen brechen wir auf.

Unsere Motorräder sind recht auffällig, weil an jeder Maschine vier Metallkoffer, je zwei hinten und vorne, befestigt sind. Außerdem ist am Rücksitz ein hüfthoher Rucksack aufgeschnürt. Jeder kann also erkennen, daß wir mehr als einen Sonntagsausflug planen. An einer Tankstelle eilen gleich fünf Leute herbei, staunen mit großen Augen und fragen alles mögliche. Den ganzen Vormittag ergeht es uns so, wobei die erste Frage immer dieselbe ist: »Wo kommt ihr her?«

Aus einem Auto, das neben mir vor einer Ampel hält, schaut ein Großmütterchen heraus und betrachtet uns verdutzt über ihre Nickelbrille.

Ohne daß sie fragt, rufe ich ihr zu: »Aus Deutschland!«

Sie will schon antworten, da springt die Ampel auf Grün.

Vancouver liegt im Süden Kanadas. Um in den Norden zu gelangen, wählen wir den Seeweg durch die »Inside Passage« bis in die kleine Goldgräberstadt Skagway. Drei Tage dauert die Fährfahrt, die durch imposante Fjordlandschaft führt, doch das Wetter ist uns nicht gut gesonnen und läßt die Berge nur als dunkle Phantome erscheinen.

»Seid ihr nicht die beiden Motorradfahrer?« wird Michael gegen Abend von einer festen Frauenstimme gefragt. »Ich habe euch gesehen, als ihr an Bord gingt.«

Die Dame hat sich, ebenso wie wir, einen Platz auf einem der Liegestühle auf dem Freideck gesichert.

»Ja«, meint Michael. »Und wer bist du?«

So kommen die beiden ins Gespräch, und wenig später landen wir alle drei in der Bordbar. Ulla ist eine kräftig-schlanke Frau, die ich auf Anfang Dreißig schätze und der ich zutraue, in jeder Wildnis ohne Hilfsmittel zu überleben. Viele Jahre hat die Gladbacherin, so erzählt sie uns, in einer Fußballmannschaft gespielt. Dann fand sie Interesse an fernen Ländern und befindet sich zur Zeit auf ihrer dritten Weltreise.

Ulla ist ein richtiger »Kerl«. Es stellt sich bald heraus, daß sie uns sowohl im Kartenspiel als auch im Biertrinken überlegen ist. Als sie sich umdreht und einen neuen Zweiliterkrug bestellt, bemerkt Michael etwas gebeutelt: »Ich glaub', die trinkt uns beide untern Tisch!«

Kurz darauf schenkt sie jedem neu ein, schleudert ihre Faust kumpelhaft auf Michaels Oberarm und bietet uns an: »Jungs, ihr gefallt mir. Habt ihr nicht Lust, mit mir Kanu zu fahren?«

Natürlich schlagen wir ein: »Klar, Ulla, auf uns kannst du zählen!«, obwohl weder Michael noch ich weiß, was die Frau vorhat.

Bereits zwei Tage später befinden wir uns in Ullas altem Chevrolet auf dem Weg nach Johnsons Crossing, einem Ort am Tesslin River. Auf dem Wagendach haben wir ein vier Meter langes Kanu festgezurrt, während die Motorräder am Bootsverleih in Whitehorse zurückbleiben konnten. Es regnet pausenlos.

Als wir nach Johnsons Crossing kommen, bemerkt Michael: »Was, das soll ein Dorf sein?«

»Ja«, lacht Ulla. »Der schwarze Punkt auf der Landkarte steht nur für ein Restaurant und eine Zapfsäule!«

Als letzter trete ich ein und schließe die knarrende Eingangstür. Eine adrett gekleidete Wirtsfrau begrüßt uns herzlich lachend hinter ihrer Ladentheke. Sie kann sich gewiß vorstellen, wie motiviert wir sind, in strömendem Regen ein Boot zu wassern, und schlägt gleich einen Kaffee vor. Links um die Ecke ist eine lange Durchreiche in die Wand eingebaut, hinter der sich eine Backstube befindet. Oma backt hier duftende Cinnamon Rolls, Hefeteilchen mit Zimt. Ich probiere: Der lockere, warme Teig schmeckt vorzüglich. Gleich drücke ich der Bäckerin durch ein Zeichen meine Bewunderung aus. Oma zwinkert mit den Augen und bedankt sich.

Weiter hinten, am Ende des Raumes, befindet sich das Wohnzimmer, in dem ein jeder Gast Erinnerungsstücke und Bilder der Familie betrachten kann.

Seelisch vollends aufgebaut, verlassen wir das Restaurant und beladen am Fluß unser Kanu. Fünf wasserdichte Säcke mit Lebensmitteln und Kleidung werden verstaut, außerdem zweiundsiebzig Dosen Bier. Alles wird mit einer Leine gesichert, die am Boot befestigt ist. Dann stechen wir in See und rudern los.

Wenig später zieht Ulla eine Landkarte hervor und gibt sie Michael nach vorne.

»Hier, die Strecke habe ich mit einem roten Stift eingezeichnet. Carmacks heißt unser Ziel!«

»Wie weit ist denn das?« fragt er.

»Dreihundertsiebzig Kilometer!«

Das hat eine Meuterei an Bord zur Folge. Uns war klar gewesen, daß Ulla keine Kaffeefahrt mit uns machen würde. Aber warum gleich eine Flußexpedition auf Leben und Tod? Niemals zuvor haben wir in einem solchen Ding gesessen.

Sandiges, eiskaltes Wasser führt der Fluß, der jetzt, Mitte Juni, seinen höchsten Wasserstand erreicht hat. Schon bald haben wir die Zivilisation hinter uns und treiben hinaus in die Einsamkeit des Yukon-Territoriums. Das einzige, was davon zeugt, daß sich hier einmal Menschen aufgehalten haben, sind ein paar verfallende Trapperhütten und Goldwaschgeräte. Außer dem Wind, den Vögeln und dem schwachen Gurgeln der Wasserstrudel ist nichts zu hören.

Teilweise lassen wir uns nur von der Strömung mitziehen. Einmal schauen zwischen den Bäumen am Ufer zwei große, langsam mitschwenkende Köpfe zu uns herüber: eine Elchkuh mit ihrem Jungen. Später durchquert ein Biber vor uns den Fluß. Am Ufer angelangt, richtet er sich auf und sieht uns nach.

Am Abend errichten wir unser Camp auf einer Wiese und entfachen ein Lagerfeuer. Als die Sonne schließlich hinter den Zedernwäldern verschwindet, beobachten wir Graugänse und Enten. Keine Wolke versperrt die Sicht auf den rosafarbenen Sonnenuntergang. Wir schauen übers Wasser in die dunkler werdenden Berge, essen selbstgefangenen Fisch und fühlen uns in unserem Element. Jedes winzige Geräusch kann man hier draußen wahrnehmen.

Auch Ulla können wir hören, die nicht weit entfernt dabei ist, Brennholz zu reißen, indem sie mit beiden Füßen auf schräg angestelltes Astwerk springt. Als sie zurück ist, steckt sie sich eine Zigarette in den Mundwinkel und erklärt: »So, Jungs, trinken wir

*Beschauliches Camp am Tesslin River*

noch 'n Bier? Dann hau' ich mich aufs Ohr, es ist gleich zwölf!«
Dabei tritt sie mit dem rechten Fuß ihre leere Dose am Boden
platt, daß es zweifach von den Bergen widerhallt.

Als wir ein paar Tage später auf einer Kiesbank haltmachen,
um uns den Geruch der Wildnis vom Leib zu waschen, macht
Michael eine Entdeckung.

»Ich hab's gesehen…«, flüstert er mir zu.

»Was?« frage ich und wage einen Blick zu Ulla, die sich fünfzig Schritt von uns das eisige Flußwasser über den Rücken wirft.

»Ja…«, sage ich, »es ist wirklich ein Mädchen!«

Unsere Fahrt wäre auch weiterhin ganz harmonisch verlaufen,
wäre die männliche Besatzung nicht auf die Idee gekommen, das
Kanu auf Segelbetrieb umzubauen. Schnell ist eine Stange als
Mast gesetzt und mit Seilen abgespannt. Ulla schaut dem Geschehen skeptisch zu, stellt aber ihre Zeltplane als Segel zur Verfügung. Wir legen nun gutes Tempo vor, und nach kurzer Zeit hat
sich die Crew auf die neuen Verhältnisse eingestellt. Nach einer
Weile herrscht Flaute. Wir albern herum und taufen das Boot auf
»Bounty«. Dann frischt es auf.

Straffer und straffer werden die Leinen, während ich als Steuermann den Kahn auf Kurs halte und den beiden Anweisungen gebe, sich an der Seite herauszulehnen. Immer stärker drückt der Wind in unser Segel. Schließlich bekomme ich die Hosen voll und lenke den Bug in den Wind. Aber schon greift der Sturm von der anderen Seite her in den Lappen. Alle legen wir unser Körpergewicht zur gegenüberliegenden Bordwand, während das tobende Schiffchen nun, kaum ist's zu glauben, flußaufwärts gegen die Strömung segelt. Zunehmend schwillt die Bugwelle an, bis sie überschwappt und die Fluten das Boot verschlingen. Niemand schreit. Wir schwimmen um unser Leben. Lange Zeit treiben wir, halten uns irgendwie an dem Kahn fest und werden nach einigen hundert Metern an einer Flußbiegung an Land gespült.

Stunden bringen Michael und ich damit zu, unser Boot aus dem Ufergestrüpp zu befreien. Als wir schließlich gemeinsam am warmen Lagerfeuer essen, suchen wir, unter Ullas vorwurfsvollen Blicken, mit gesenkten Köpfen nach einer Erklärung für das Malheur.

Bereits am nächsten Vormittag führt uns der sandige Tesslin in den blaufarbenen Yukon.

Und schließlich liegen, nach zwölf Tagen Reisezeit, die roten Dächer von Carmacks vor uns. Von dort kommen wir dann per Anhalter wieder zurück nach Whitehorse.

Hotel Capital, ein wüster Laden, besitzt eine Bar, die zur Schlafenszeit noch geöffnet hat. Ein schmieriger Sänger bringt mit viel Körperschwung Stimmung in den Laden, während eine Dame ihre nackten Brüste zeigt, wenn man ihr einen Drink spendiert. Indianer werden vom Wirt meist gleich wieder vor die Tür gesetzt.

Es ist unser letzter Abend mit Ulla. Es ist hier vielleicht nicht der feierlichste Ort, mit ihr darauf anzustoßen, daß wir unser Flußabenteuer unversehrt überstanden haben. Aber wir haben geschafft, was wir uns vorgenommen haben, und sind stolz darauf.

»Ulla, das war eine tolle Tour, davon werden wir noch lange erzählen«, schwärmt Michael.

»Na ja«, sagt sie, »wer kann sich schon rühmen, einen Schiffbruch in der kanadischen Wildnis überlebt zu haben?«

# Unter Fischern und Bären

Endlos zieht sich der Alaska-Highway durch offene Landschaft, dann wieder durch riesige Waldstücke. Seit Stunden sind wir Richtung Norden unterwegs, immer das monotone Stampfen der Einzylindermaschine unter uns. Man träumt, atmet tief den frischen Fahrtwind ein und hat mehr als genug Zeit, jedes Fleckchen Erde im Blickfeld wahrzunehmen. Was für ein Gefühl, den Highway Nummer Eins zwanzig Zentimeter unter den Füßen zu haben und vorbeisausen zu lassen! Es ist so völlig anders als in Deutschland, hier in der Einsamkeit Kanadas Motorrad zu fahren. Es ist nichts da, was einen aufhalten könnte, nichts, was stört. Der einzige, der sich die Straße mit mir teilt, ist Michael: Schräg hinter mir fahrend, hat er sich in meinen Rückspiegel eingeklinkt. In der Ferne triumphieren schon die violettfarbenen St.-Elias-Mountains in der hellen Abendsonne, die hier in der Sommerzeit auch während der Nacht alles Lebendige wachhält – nur bis zum Horizont sinkt die runde Gaslampe ab.

Schon heute morgen haben wir uns gefragt, warum wohl die Straßenränder so breit angelegt sind: Rechts und links der Fahrbahn zieht sich ein gut zehn Meter breiter Grünstreifen hin. Die Erklärung bekommen wir jetzt, als über uns ein Motorengeräusch zu hören ist und ein kleines Sportflugzeug, nachdem es uns überflogen hat, dreimal mit den Tragflächen wackelt. Was ich erst für einen Witz hielt, stellt sich wenige Sekunden später als Ankündigung einer realen Wirklichkeit heraus. Wir bremsen unsere Motorräder ab, während dieser wahnsinnige Pilot tatsächlich seinen Vogel vor uns auf der Straße landet. Er läßt ihn vor einem einsamen Lokal ausrollen und parkt auf einer Wiese. Erst jetzt begreife ich die doppelte Funktion der Straße.

Das Lokal ist eins der üblichen Holzhäuser in einfacher Bretterbauweise mit Veranda. Sehr große Notiz nimmt man nicht von uns, als wir in die warme Stube eintreten. Die Frau des Hauses walkt auf einer Anrichte gerade einen Klumpen Teig und meint: »Nicht so schüchtern, Jungs, kommt ruhig rein!«

Etwas ungewohnt ist diese Art Gastwirtschaft schon für uns. Denn diese Hütte ist Straßencafé, Krämerladen und Wohnzimmer in einem, zusätzlich das Kassierhäuschen der Tankstelle, das Wirtshaus und vor allem ein Nachrichtenstützpunkt. Hier bekommt der Reisende lückenlos alles, was er braucht: vom Mittagessen mit Kaffee und Kuchen über Nachschub für die Konservenvorräte im Fahrzeug bis zu neuen Babywindeln und nicht zuletzt aktuelle Informationen. Und dies alles in heimisch gemütlicher Atmosphäre am knisternden Gußofen.

Zwei Männer, die an einem Tisch sitzen und Spielkarten auf die Platte dreschen, rufen uns zu sich. Sie sind typisch für diese Gegend hier. Jeder trägt zerschlissene Bluejeans mit weitem Beinschlag, dickes Oberhemd und Baseballmütze. Sie stellen sich als Nachbarn von Bob Baker und seiner Frau Elli vor, denen dieses Gasthaus gehört. Allerdings kann ich mich nicht erinnern, in der letzten halben Stunde unserer Fahrt auch nur den Ansatz einer menschlichen Behausung gesehen zu haben. Doch im Norden Kanadas gilt man auch als Nachbar, wenn man hundert Kilometer entfernt wohnt.

Michael und ich setzen uns zu den Männern an den Tisch. Wir müssen erzählen, aus welchem Land wir stammen und wohin die Reise geht. Plötzlich springt das Fliegengitter im Rahmen der Hintertür auf. Herein tritt ein Mann in gesteppter Jacke, unverkennbar der Pilot, der uns zuvor draußen auf dem Highway mit seinem Vogel ausbremste. Vor sich trägt er vier Paletten mit Konservendosen, »Chicken-Nudel-Soup« von Campbells.

Gleich wird er von einem unserer Tischfreunde begrüßt: »Hey B.B., wir dachten schon, du wärst mit deinem alten Blechei in den Yukon gestürzt!«

»Helft mir lieber, das Zeug ausladen, ihr Klugscheißer«, schmettert Bob zurück.

Durchs Fenster entdeckt er die Motorräder und meint: »Ich hoffe, ich habe euch keinen Schrecken eingejagt..., mußte runter..., hatte kein Benzin mehr!«

Dann reißt er eine Büchse Bier auf und setzt sich.

»Wohnen Sie das ganze Jahr hier?« frage ich.

»Ja«, meint Bob. »Doch vielen, die hier oben am ›ALCAN‹ leben, wird es im Winter zu dunkel und kalt, und sie gehen für ein paar Monate nach Süden!«

Jetzt war das Wort »ALCAN«, wie der Alaska Highway abgekürzt genannt wird, gefallen und stand einen Moment im Raum wie Rauch, der darauf wartet, sich aufzulösen. Ich spüre regelrecht, wie sich die drei innerlich zurücklehnen. Dann beginnt Bob zu erzählen: »Ja, wir drei waren dabei, als die Straße gebaut wurde. Zwar noch als Kinder, doch haben wir gesehen, wie unsere Väter diese legendäre Route in nur acht Monaten über zweitausend Kilometer durch die Wildnis schlugen. Nur wer das am eigenen Leib erfahren hat, der versteht, was uns mit diesem Highway verbindet.«

Die schon älteren Männer erzählen derartige Schauergeschichten, daß ich oft eine Gänsehaut kriege. Und Elli, die sich mit ihrem Strickzeug im Schaukelstuhl am Ofen niedergelassen hat, schaut von Zeit zu Zeit auf und zieht ihre Stirn in Falten, wenn einer von ihnen offensichtlich zu sehr übertreibt.

Sie erzählen von der Zeit, als die ersten Trucks nach Alaska rollten, und daß damals jede Fahrt ein Abenteuer war. Und Bob erzählt die Geschichte, wie er einen Flügel seines ersten Flugzeugs, das er von einem Farmer in Alberta für fünfhundert Dollar erstanden hatte, in den Bäumen abrasierte, weil er beim Landen einer Elchkuh ausweichen mußte.

Uns fällt gar nicht auf, wie schnell die Zeit vergeht. Draußen ist es noch taghell, obwohl die Uhr schon längst nach zehn zeigt. Noch Stunden könnten wir den dreien zuhören. Zum Abschluß stellt uns Elli eine große Pfanne mit Eiern und Speck auf den Tisch, doch dann müssen wir wirklich los.

Wie uns Bob beim Abschied vorgeschlagen hatte, zelten wir am Ufer des Kluane Lake. Metallisch schimmert die riesige Wasseroberfläche des Sees im Gegenlicht. Wir zünden ein Feuer an und unterhalten uns noch lange über diese Männer, deren Väter die erste Verbindung über Land nach Alaska bauten.

Kälte, Nebel und Regen hüllen uns zwei Tage, bis zur Hafenstadt Valdez, ein und machen die Fahrt nicht gerade zu einem übermäßigen Genuß. Die Berge stehen wie in einer dunstigen Waschküche, und tiefhängende Wolken lassen die Landschaft in eintönigem Grau verschwinden.

Durchnäßt treffen wir in Valdez ein, schlagen unser Lager am

*Mondschein über der Bucht von Valdez*

Campingplatz auf und folgen unserem Instinkt, der uns geradewegs in die nächste Hafenspelunke führt.

Die Wirtin heißt June, ein richtiger Wonneproppen, der sich wahrscheinlich nicht scheut, Krawallschläger eigenfüßig mit einem Tritt ins Hafenbecken draußen zu befördern. Sie ist stämmig und groß, und ihr rundes Gesicht, das uns beide abwechselnd anstrahlt, bedeutet für zwei entmutigte Motorradfahrer den Sonnenaufgang in der Finsternis. Sie steht mit dem Rücken zur Fensterfront hinter einer Theke, die mindestens zwanzig Fuß mißt.

»Zwei Bier?« fragt sie.

Noch bevor einer von uns antworten kann, stehen zwei Dosen vor uns. Nachdem geklärt ist, wer wir sind, zeigt sie einige Fotos vom großen Schnee vor sechs Jahren.

Dann gesellt sich Ed zu uns, ein witziger Typ älteren Jahrgangs, der immer einen lockeren Spruch auf Lager hat und dem kein Rock entgeht, der draußen vorbeiläuft: »Wenn ihr die Berge nicht sehen könnt, dann schaut den Frauen nach«, rät er.

Valdez liegt in einer Meeresbucht, deren Ufer auf der einen Seite mit den riesigen Ölspeichern der Exxon bebaut sind,

*Die Alaska-Pipeline kreuzt den Tanana River*

während sich auf der anderen die Stadt und ihr Hafen befinden. Tourismus, Fischerei und Exxon ernähren rund dreitausend Einwohner.

Ursprünglich ist der Ort des Goldes wegen entstanden, das Ende des neunzehnten Jahrhunderts am Copper River gefunden wurde. Seine große Bedeutung bekam er aber erst, als die Ölmultis im März 1968 an der Prudhoe Bay, die an der Nordküste des Landes liegt, erfolgreiche Probebohrungen machten. Für das Problem, wie man das Öl aus der unmenschlichen Kälte rationell und kontinuierlich abtransportierte, gab es nur eine Lösung: Gleich einen Monat nach der Entdeckung begann die Alaska-Pipelinegesellschaft damit, ein gewaltiges Rohr quer durch Alaska bis in den eisfreien Hafen von Valdez zu legen.

Das Unternehmen wurde damals auf neunhundert Millionen Dollar veranschlagt. Naturschützer brachten es jedoch fertig, Aufsehen zu erregen, und bewirkten einen längeren Baustopp. Sie leisteten ganze Arbeit, so daß die Konstruktion der achthundert Meilen langen Pipeline schließlich beispielhaft mit der Wildnis harmonierte und nicht, wie erst befürchtet, Alaska in zwei

Hälften teilte. Als dann der erste Öltanker im August 1977 von Valdez in den Süden zu den großen Raffinerien der USA auslief, schätzte man die Kosten des Bauwerks auf acht Milliarden Dollar.

Im Waschsalon treffen wir am nächsten Tag auf Harold Plaster. Er hat einige Jahre für die Pipeline einen Truck gefahren. So kommen wir unweigerlich auf das Ölgeschäft zu sprechen. Uns interessiert, was er vom Schiffsunglück von 1989 weiß: Damals rammte die *Exxon Valdez* das Bigh Reef hier in der Bucht und verlor durch ein Leck mehr als elf Millionen Gallonen Öl.

»Es war ein furchtbarer Aufruhr in der Stadt«, berichtet Harold. »Umweltschützer und Exxon trugen ihre Kämpfe aus. Exxon kostete die Reinigungsaktion unvorstellbare Summen, und am Ende sagten sie, der Strand sei sauber. Das stimmt auch, doch ein großer Teil des Öls ist wohl auf den Meeresboden abgesunken.«

Sonntag abend, Zeit für einen Drink in der Downtown. In der Hafenkneipe sitzen meist die gleichen Leute am Tresen. Es sind einige markante Typen dabei, gekleidet in restlos verschlissene Bluejeans, die von einem handfesten Ledergurt an den Hüften gehalten werden, dazu wattierte Hemden, aus deren aufgekrempelten Ärmeln Unterarme mit üppigem Haarwuchs herausragen, schließlich langes, zottiges Haar, Bart und Tätowierungen. Respekt, Respekt.

June steht heute nicht hinter der Rampe. Nein, heute hält ein großgewachsener Barkeeper mittleren Alters die Kundschaft bei Laune. Ich baue mich zwischen den wattierten Kleiderschränken auf und bestelle bestimmt: »Two Bud's please!«

Da fragt der Wirt, beide Arme auf die Holztheke gestützt, ob ich schon einundzwanzig sei. Und er wünscht meinen Ausweis zu sehen. Der rechte Flügel der vollbesetzten Barhockerreihe liegt flach vor Lachen und Gegröle. Selbst Michael bleibt für einen Moment die Spucke weg, feiere ich doch im nächsten Frühjahr mein dreißigstes Jahr auf diesem Planeten.

Beide haben wir natürlich keinen Ausweis dabei, so daß ich, um Zeit zu schinden, erst einmal den neuen Keeper frage, wie er heiße und ob er schon lange hier arbeite. Den Ausweg aus der

Lage vermittelt schließlich Ed, der die Situation wohl von einem der Billardtische aus beobachtet hat und Frank berichtet, wer wir sind.

Am nächsten Morgen brechen wir auf. Eine Woche Valdez im Regen ist genug. Wir lassen uns vom Richardson Highway zurück bis Glennallen führen, um von dort die Reise nach Anchorage fortzusetzen. Ein paar Meilen hinter Valdez – gerade haben wir den Thompson-Paß überquert – wagen sich erste Sonnenstrahlen hervor, die geballte Lichtsäulen schräg auf den Erdboden setzen und leuchtende Regenbogen in die tropfnasse Luft projizieren. Schließlich reißt der Himmel auf, strahlendes Blau schiebt die grauen Massen zur Seite, und bald ist keine Wolke mehr zu sehen. Wir haben eine der Wetterscheiden Alaskas überschritten, in diesem Fall den Thompson-Paß.

Noch bevor Glennallen erreicht ist, bekommen wir das Wrangellgebirge zu Gesicht. Die Straße verläuft zum Teil auf kleinen Anhöhen, so daß man eine phantastische Sicht über die hellgrün schimmernden Nadelwälder hat, die zum einen bis in die ersten Berghänge hineinwachsen und zum anderen längsseits der Gebirgskette wie ein dichter Teppich bis zum Horizont auslaufen. Der Eindruck ist so überwältigend, daß wir anhalten, um das verschneite Gebirge genauer zu betrachten. Die Luft ist sauber und klar. Die Sonne taut unsere Gemüter auf. Das sind Augenblicke, in denen man Kraft tankt, nach deren Erleben man das Gefühl hat, nichts würde einen mehr aus der Bahn werfen. Wir starten die Motoren und fahren bis nach Mitternacht dem hellen Schein der Sonne entgegen.

Die Nacht verbringen wir im Matanuskatal. Es ist Alaskas Gemüsekammer, denn im Sommer wird es hier nicht selten dreißig Grad warm. Von hier aus ist es nicht weit nach Anchorage.

Anchorage unterscheidet vermutlich nichts von einer anderen amerikanischen Großstadt. Bürohäuser aus Glas und Beton wachsen in den Himmel, es gibt Einkaufspassagen, Straßencafés, moderne Hotels und Parkplatzprobleme. Nichts Ungewohntes also, aber die Stadt hat eine bemerkenswerte Lage: Bewegt man sich zehn Minuten aus dem Zentrum heraus, ist man bereits von unberührter Wildnis umgeben.

Wildnis bedeutet in Alaska große Entfernungen. Um sie zu bewältigen, bedient man sich der Kleinflugzeuge. Es läßt sich vorstellen, wie sich hierzulande die Flughäfen in einer Stadt mit zweihundertfünfzigtausend Einwohnern entwickelt haben. Riesige Felder geparkter Flugmaschinen bilden ein unübersehbares Gewirr von Fahrgestellen und Tragflächen. Rollbahn und Straße sind auch hier vereint: Wir fühlen ziemliches Unbehagen, daß vor und hinter uns rotierende Propeller den Luftraum über der Straße durchkreuzen.

Nicht weniger bedeutsam ist der Wasserflughafen, den ein See nahe der Küste bildet. Rund um die Bucht dümpeln bunte Flugzeuge auf ihren Schwimmkufen. Auf und über dem See herrscht ein geschäftiges Treiben, und wir verbringen beinahe den gesamten Nachmittag vor diesem abenteuerlichen Freilichttheater.

In der Stadt treffen wir gegen Abend auf Ben, einen Motorradfahrer aus München. Wir folgen ihm in seine Herberge, in der es erlaubt ist, im Vorgarten zu zelten. Ben, ein Baum von einem Mann, bietet, gleich seiner alten BMW, einen recht wilden Anblick.

Er trägt eine fellgefütterte Weste und darüber einen langen Ledermantel, der mich an ziemlich harte Burschen erinnert. Seit zwei Jahren ist Ben unterwegs, hat Neuseeland, Australien, die USA und Kanada bereist.

»Vor einigen Wochen habe ich mir unten in Kalifornien ein Bein gebrochen«, erklärt der Hüne und brät sich in seiner Pfanne ein riesiges Lachssteak.

Erst dann fällt mir auf, daß der Mann ein wenig hinkt und ab und zu ein weißer Gipsstiefel unter seinem Gewand herausragt.

»So, ihr wollt also nach Südamerika«, wiederholt Ben noch einmal und fährt fort: »Die Länder reizen auch mich sehr stark, doch sind sie mir zu unsicher und gefährlich!«

Ich lehne mich zurück und beginne nachzudenken.

Zwei Tage später erreichen wir die Stadt Homer an der Südspitze der Kenai-Halbinsel. Noch immer fehlt uns das richtige Zeitgefühl. Weil es nicht mehr dunkel wird, sind wir meist bis Mitternacht unterwegs, dafür kriechen wir morgens erst gegen zehn aus der Hütte.

Homer ist die Weltstadt des Heilbutts. Nicht selten wiegt ein solcher Fisch mehr als drei Zentner. Der größte Tagesfang wird jeden Abend am Hafen zur Schau gestellt.

Wie in Valdez warten die Fischer auch hier in Homer auf die große Wanderung der Lachse vom Meer in die Flüsse. Denn erst dann ist das Geschäft rentabel. Damit die Lachsbestände nicht zu sehr dezimiert werden, darf jeweils nur vierundzwanzig Stunden lang gefangen werden, wonach eine zweitägige Pause folgen muß. Der Verdienst auf einem solchen Schiff ist recht nennenswert: Ein Arbeiter ist in der Regel mit sechs bis acht Prozent am Fang beteiligt, und das bei einem monatlichen Ertrag von bis zu hunderttausend Dollar pro Boot.

Gleich am nächsten Morgen können wir auf einem modernen Lachsfänger anheuern. Zwar läuft die »Miss Grande« nicht aus, doch der Kapitän macht uns den Vorschlag, bei der Arbeit im Hafen zu helfen – die kaputten Netze müßten verladen werden. Dok, so stellt sich uns der Boß vor, ist ein muskelbepackter Mann mittleren Alters, mit einem Händedruck, auf den Raimund Harmsdorf neidisch werden würde.

Dok schippert quer durch die Hafenanlage zu einem Holzsteg, der gut vier Meter hoch aus dem Wasser ragt. Droben wartet bereits Tom mit einem Lkw. Schnell sind die Leinen geworfen, hat der Kahn längsseits angelegt, so daß schon kurz darauf mit dem Verladen des riesigen Netzes begonnen werden kann. Dok bedient die elektrische Winde, die das zu einem Strang zusammengeraffte Netz zu Tom und mir nach oben transportiert. Wir haben dafür zu sorgen, daß alles Tauwerk ordentlich auf den Lkw gelegt wird.

Michael hat die Aufgabe, unten im Schiff darüber zu wachen, daß sich die Maschen nicht verwirren. Nach einigen Minuten scheint die neue Mannschaft aufeinander abgestimmt zu sein, und Dok schaltet seine Winde auf hohe Geschwindigkeit. Immer schneller müssen die Hände mit dem ihnen entgegenströmenden Netzstrang fertig werden. Hektisch springe ich auf der Pritsche herum, immer neuen Platz suchend, sowohl für das naßschwere Netz als auch für mich selbst. Plötzlich ertönt ein schriller Pfiff, und kurz darauf stoppt ruckartig die Winde.

»Hey«, ruft jemand vom Fischerboot gegenüber, »habt ihr nicht etwas verloren?«

Ja richtig, Michael ist nicht mehr auf seinem Posten und schwimmt, warum auch immer, im seichten Gewässer des Hafenbeckens. Obwohl die Situation etwas komisch ist, lacht, außer den Fischerkollegen der anderen Boote, niemand. Wortlos paddelt Michael zu einem der niedrigen Schwimmstege, geht aufrecht, ohne eine Spur von Mißmut zu zeigen, an einer Reihe Schaulustiger vorüber und kehrt aufs Schiff zurück.

Bei heißem Tee sitzen wir in der Kajüte beisammen und Michael, in eine Wolldecke eingewickelt, erklärt: »Das Netz verfing sich in den Schnürhaken meiner Schuhe, ich verlor das Gleichgewicht und ging über Bord!«

Selbstverständlich hat jeder zu dieser artistischen Leistung seinen passenden Kommentar parat.

Als die restliche Arbeit getan ist, zahlt Dok jeden von uns aus: fünfzehn Dollar die Stunde. Er schlägt uns vor: »Was ist, Jungs? Wenn ihr wollt, könnt ihr in drei Wochen mit auf Lachsfang gehen. Ich zahle gut!«

»Ach, weißt du, Dok«, meint Michael, »laß uns einfach gute Freunde bleiben.«

Alle lachen und nicken zustimmend.

Als Vitus Bering im Auftrag des Zaren 1741 die Nordwest-Passage gefunden hatte, besiedelten russische Pelzjäger das neuentdeckte Alaska und hißten wenig später ihre Staatsflagge auf dem Land. Doch schon hundert Jahre danach bemühte sich eine russische Delegation um den Verkauf des Landes. Die Engländer, die scharenweise eindrangen, wurden immer mehr zum Problem, die Pelztiere waren größtenteils ausgerottet, und vor allem brauchte Rußland Geld. Alaska kam an die Vereinigten Staaten von Amerika. Wir befinden uns in Seward an der Westseite der Kenai-Halbinsel. Der Ort ist nach einem amerikanischen Staatssekretär benannt, eben nach jenem Mann, der den Erwerb Alaskas abwickelte. Obwohl Seward damals einen Kaufpreis von nur sieben Millionen Dollar aushandelte, stieß er im amerikanischen Kongreß auf starken Widerstand, und nur mit großer List gelang es ihm, den Handel durchzusetzen.

Das größte Jahresereignis in Seward ist der Wettlauf zum Gipfel des Mount Marathon. Gleich hinter den letzten Häuserreihen der Stadt liegt der Berg, tausend Meter hoch.

Zwei Alaskaner, die am 4. Juli 1927 eine Wette abschlossen, wer am schnellsten auf den Berg und wieder hinunter laufen konnte, waren die Begründer des Rennens. Wer damals gewann, weiß heute niemand mehr, doch eiferten seitdem jedes Jahr guttrainierte Sportler den beiden nach. Heute ist der 6. Juli, wir sind also zwei Tage zu spät gekommen.

An der Tankstelle im Ort erzählt man uns, der beste Teilnehmer habe knapp fünfundvierzig Minuten gebraucht.

Um zu beweisen, daß auch wir nicht vor solch einem Hügel zurückschrecken, wechseln wir das Schuhwerk und starten noch am gleichen Nachmittag.

Die Läufer haben, wie erwähnt, fünfundvierzig Minuten für den Auf- und Abstieg benötigt. Obwohl wir zügig gehen und nur kleine Pausen einlegen, brauchen wir zweieinhalb Stunden nur für den Aufstieg. Mir ist absolut unverständlich, wie ein Mensch in einer knappen halben Stunde hier heraufkommen kann. Erst gilt es, einen Forst mit hohen Stämmen zu durchqueren, danach mannshohen Busch, schließlich folgt der härteste Teil: Auf Händen und Füßen klettern wir über steil ansteigende Geröllhalden bis zum Gipfel hinauf.

Doch die Anstrengung lohnt sich. Von hier oben, tausend Meter über dem Pazifik, hat man eine grandiose Aussicht. Seward liegt winzig unter uns, und der Fjord, der bei der Stadt endet, läßt sich über eine ordentliche Entfernung zum Meer hin einsehen. Ringsum erhebt sich eine wuchtige Bergwelt, auf deren Gipfeln Laken von Schneeresten liegen. Und gerade, als wir oben angekommen sind, kreisen vier Weißkopfseeadler ohne den geringsten Flügelschlag vor uns in der Thermik. Zum Steuern bewegen sie nur die äußersten Federn ihrer riesigen Tragflächen, wie ein Klavierspieler die Finger. Wir setzen uns und betrachten die majestätischen Vögel eine Zeitlang.

Nach einer zweitägigen Reise weiter nördlich erreichen wir den Denali-Nationalpark, ein Schutzgebiet, in dem der Mount McKinley, der höchste Berg Nordamerikas, steht.

Die Ranger des Parks erlären uns genau, wie das Reservat organisiert ist. Vor allem warnen sie vor Bären. Man gibt uns sogar eine bärensichere Lebensmitteldose mit. Ein Autobus, so heißt es, wird uns kostenlos in das Gelände hineinbringen. Die Motorräder können wir beruhigt zurücklassen, hier in Alaska wird nicht gestohlen, schon gar nicht in der Wildnis.

Am nächsten Morgen steigen wir in ein altes Schulbusmodell mit gelber Originalfarbe. Als alle Passagiere Platz genommen haben, stellt sich Dick als Chauffeur vor und startet die Maschine.

Der Park besteht aus einer Fläche von etwa der Größe Hessens. Erschlossen ist er jedoch nur durch einen einzigen Schotterweg, der nach einhundertvierzig Kilometern an einem See endet.

An dieser Straße kennt Dick selbstverständlich jeden Stein und weiß auch, wann und wo Tiere zu beobachten sind. Oft stoppt er, wenn ein paar Karibus in der Ferne stehen oder auch nur ein Fuchs über die Straße läuft.

Ein Fahrgast in der Sitzreihe hinter uns bemerkt: »Ich glaube, der hält wegen jeder Miezekatze!«

Um eine Natur zu erleben, wie sie Alaska bietet, muß man umlernen. Hier sitzt man nicht in einem Kinofilm, in dem nach neunzig Minuten der Abspann läuft. Hier braucht man Geduld und Muße, um sich an allem zu erfreuen, was das Land parat hält. Aber gerade das bedeutet für uns schnellebige Europäer eine schwierige Umstellung.

Oft fahren wir durch riesige, langgeschwungene Täler, durch die in Urzeiten gewaltige Wassermassen geströmt sein müssen. In ihren Sohlen breiten sich Nadelwälder und Gebiete sumpfiger Taiga aus, am Rand steigen endlose Hänge mit kargem Grasbewuchs an, die schließlich in graue oder braune Bergmassive übergehen.

»Bären«, rufen aufgeregte Stimmen, und einige Finger zeigen durch die linke Fensterfront.

Tatsächlich bewegen sich drei braune Gestalten schräg vor uns auf freier Fläche. Dick stoppt das Fahrzeug und stellt den Motor ab. Die Grizzlys kommen langsam bis auf etwa hundert Meter heran. Aus dem stehenden Bus lauern durch die aufgeschobenen

Fenster einige faustdicke Objektive, aber das kümmert die Tiere nicht. Nein, Mutter Bär mit ihren beiden Sprößlingen hat andere Sorgen, denn ein Karibu nimmt die drei unverkennbar auf die Schippe: Das Tier mit dem großen Geweih pirscht sich so weit an, bis es von den Zotteltieren entdeckt wird, und sucht dann das Weite. Die Bärin verfolgt den Störenfried, indem sie sich aufrichtet und dann mit gewaltiger Kraft lossprintet und eine ungeahnte Schnelligkeit vorlegt.

Dick läßt Michael und mich in »Abschnitt 20« des Parks an einem Waldstück aussteigen, in das ein Pfad hineinführt.

Nachdem wir eine halbe Stunde gelaufen sind, wird uns bewußt, wie stark ein Rucksack auf Dauer an den Schultern ziehen kann. Die Straße ist längst verschwunden, der Pfad ist nur noch schwer auszumachen, und ganze Moskitoschwärme fallen über uns her. Bald zwingt uns unser Kompaß unaufhörlich in schwer zu begehendes Sumpf- oder Buschgelände. Die Rose ist auf zweihundert Grad eingestellt: In dieser Richtung soll sich der höchste Berg Nordamerikas befinden.

Schließlich ist es geschafft. Schweißgebadet, die Haut von Mückenstichen durchlöchert, brechen wir aus dem Gehölz.

Was die späte Nachmittagssonne aus wolkenlosem Himmel hier vor unseren Augen anstrahlt, macht den Eindruck einer riesigen Fotomontage. Hinter einer grünen Buschkulisse erstreckt sich, weißer als weiß, die verschneite Gebirgskette der Alaska Range, einschließlich des sechstausend Meter hohen Mount McKinley.

Um noch näher an den Berg heranzukommen, durchqueren wir ein Flußbett. Jetzt zur Sommerzeit besteht es nur aus trockenen Kiesbänken, zwischen denen Rinnsale die restliche Schneeschmelze ableiten. McKinley Bar nennt sich der Fluß und mißt mindestens eine Meile in der Breite.

Es ist herrlich, hier auf dieser planen Fläche, mit immer freier Sicht zur Alaska Range, zu wandern. Keine Mücke quält uns. Die Sonne wärmt angenehm bei frühlingshaften Temperaturen.

Nach kurzer Zeit wird das Rinnengeflecht merklich dichter und die trockenen Stellen immer spärlicher. Bald suchen wir große Wasserläufe nach ihren schmalsten Stellen ab, um dann hindurchzuwaten. Mit einem Holzstab ertaste ich die Tiefe, während Michael sich hinter mir in einer Schlaufe meines Rucksacks einhakt: Das bietet den besten Halt.

Mindestens zehn solcher Ströme durchqueren wir. Eiskaltes Gletscherwasser schießt mir bis zur Hüfte am Körper hoch, und die Füße, vor Kälte fast erstarrt, drohen ständig von der reißenden Flut unterspült zu werden. Ich traue meinen Augen kaum, als plötzlich ein entwurzelter Baumstumpf vor mir auftaucht und uns beide fest entschlossen anpeilt. Zuerst torpediert mich das Ding in die Seite, wodurch ich die Bodenhaftung verliere. Michael streift das Ungetüm nur knapp, doch mir bleibt es schließlich am rechten Fuß hängen und zieht mich hinunter in die Flut. Mein Kinn schleift durch die Brühe, die Gischt sprüht mir ins Gesicht, doch kann ich Michael im letzten Augenblick meinen Holzstab entgegenrecken und werde wieder auf die Beine gestellt, als der Angreifer abgeschüttelt ist.

Beide sitzen wir nun auf einer Kiesbank inmitten des McKinley Bar in Zentralalaska. Es ist spät geworden, die Sonne bringt nicht mehr viel Wärme. Unsere Kleider triefen vor Nässe, wir zittern am ganzen Leib und haben keine Kraft mehr. Ich erinnere mich an den Umstand, daß die Flüsse morgens weniger Wasser führen und dann leichter passierbar sind.

Es ist natürlich etwas ungewohnt, zwischen alles verschlingenden Wasserfluten in einem Zelt zu übernachten. Doch gibt es Situationen, die, hat man sie erst einmal verinnerlicht, als ganz normal erscheinen.

Tatsächlich ist am nächsten Morgen der Wasserstand wesentlich niedriger, und die Strömung zeigt mehr Sanftmut. Nach zwei Stunden haben wir die andere Seite erreicht, legen eine Pause auf einer hohen Uferböschung ein und schlagen unser Lager auf. Wir lassen die Expedition hier enden, denn weiterzumarschieren, wie wir es vorhatten, ist nur schwer möglich: Das Gelände hat einen eigenartig weichen Moosbewuchs, so daß man knietief in den Boden einsackt und jeder Schritt zu einem Kraftakt wird.

Als sich der Tag dem Ende zuneigt, werden wie gewohnt Myriaden blutrünstiger Stechfliegen aktiv. Sie bereiten sich darauf vor, harmlosen Wanderern ihr Lebenselixier abzusaugen. Es bleibt uns nur die Flucht in unsere Hütte. Hinter dem Moskitonetz können wir entspannt die angestrahlte Alaska Range aus nächster Nähe genießen. Es ist wahrlich ein Bühnenstück, wenn dieses unglaubliche Gebirge unter klarem Himmel von der Mitternachtssonne in zartrosa bis dunkelrote Farbtöne getaucht wird. Und überwältigend ist es, den vermutlich kältesten Berg der Erde, den die Indianer »Denali – den Großen« nannten, zum Greifen nahe vor sich zu sehen.

»Nein, tu das nicht …«, schreie ich Michael an.

Doch es ist bereits zu spät. Dieser Wahnsinnige ist nicht mehr zu halten, nimmt die Kamera und zieht den Reißverschluß des Zeltes auf. An mir schwirren gleich zehn oder zwanzig Mücken mit gestrecktem Rüssel und gierigen Augen herum. Doch ist das nichts im Vergleich dazu, was der Fotograf draußen an der Front zu erleiden hat. Er brüllt, flucht und hopst, wild um sich schlagend, durch die Tundra. Ich kann es förmlich hören, wie die Tiere ihre scharfen Rüssel in ihn stechen und ihn schmatzend auspumpen. Als endlich das Stativ ruhig auf dem moosigen Grund steht, stößt Michael einen Kampfschrei aus, der exakt der Länge der Belichtungszeit entspricht. Wenig später kehrt mein lieber Freund zurück. Sein Körper ist von einer Unzahl roter Flecken übersät. Auch scheint seine Haut faltig geworden zu sein. Die Viecher haben ihm regelrecht das Fell umgedreht.

Am Morgen durchqueren wir routiniert den McKinley Bar und finden am Abend einen herrlich grünen runden Hügel, dessen Form an den Busen einer Frau erinnert. Wir zelten auf diesem wunderbaren Ding, essen, trinken und saugen den Frieden, der über den Bergen, den Flüssen und der kargen Tundra liegt, noch einmal tief in uns ein. Nie werde ich dieses Stück Land vergessen.

Zwei Tage später kehren wir wieder zur Straße zurück und halten einen Autobus an, der uns in die Zivilisation zurückbringt.

Unter einem Vordach bepacken wir in strömendem Regen unsere Motorräder und räumen ohne Hast alles an den gewohnten Platz.

Hätten die Russen damals gewußt, daß der alaskanische Boden derart reiche Schätze besitzt, hätten sie ihn 1867 sicher nicht an die USA verkauft. Bereits dreißig Jahre später setzte in Alaska der große Goldrausch ein. Viele Zeltsiedlungen entstanden, woraus später oft Städte wurden.

Ein solcher Ort ist Ester. Es liegt gut zehn Kilometer südlich vor Fairbanks und ist ein kleines Nest mit buckeligen Wegen. Ein Hotel, ein Theater und zwei Saloons gibt es, nicht mehr sonderlich im Lack, an Ecken und Kanten mit Wellblechtafeln repariert. Aber ohne Zweifel wahren die Gebäude ein Stück Vergangenheit, an die man sich gerne erinnert.

Von einem streunenden Hund abgesehen, sind die Straßen gähnend leer, und der Staub, den wir mit unseren Maschinen aufwirbeln, wird schnell vom Wind davongetragen. Wie bei einer Westernszene mit bedrohlicher Musik wirbeln dürre Büsche über die Straße. Für einen Moment habe ich das Gefühl, Scharfschützen auf den Dächern könnten in wenigen Sekunden den Hahn abziehen und uns aus dem Hinterhalt umlegen. Nichts dergleichen passiert jedoch. Wir stellen unsere Rösser vor der Veranda eines der Saloons ab, steigen aus den Sätteln und klopfen uns den Staub aus den Jacken.

Erwartet hatte ich eigentlich einen zugeknöpften Barkeeper, der, ohne aufzuschauen, wer da hereinkommt, in seine Zeitung vertieft ist. Nicht so im Malemute Saloon: Eine junge Frau hinter der Theke begrüßt uns munter plappernd, verkauft uns Karten zur Abendvorstellung und schiebt zwei frische Bier herüber.

Dunkel, nur mit einigen Glühbirnen beleuchtet, wirkt der lange Raum sehr stilecht. Nach alter Sitte ist der Boden mit Sägespänen bestreut, auf denen viele kleine Tische mit Stühlen stehen. Eine Unmenge Gegenstände hängt an den Wänden und an der Decke: Waschbretter, Schneeschuhe, alte Öllampen, rostige Flinten und vieles mehr.

Gerade setzen wir unser drittes Pint »Alaskan Amber Beer« an, als draußen ein überlanger Reisebus mit Air-Condition vorfährt, seine Türen öffnet und eine stattliche Menge fidel quietschender Touristen ausspuckt. Innerhalb kürzester Zeit stürmen sie den Raum, um die besten Plätze zu erobern.

Pünktlich um neun Uhr beginnt die Show mit Shirley, Juli, Richard, Dana und Bill. Das Team bringt eine Stimmung in den

Saal, wie ich sie selten erlebt habe. Die Sopran-, Tenor- und Baritonstimmen erzählen Geschichten aus der berüchtigten Zeit des großen Goldrausches von 1898, als einer den ersten Nugget in einem kleinen Bach fand und tausende Männer mit Schaufeln und Goldwaschpfannen herbeiströmten, um ihren Claim abzustecken. Sie singen von wilden Schießereien, besoffenen Spielern und Prostituierten. Die fünf stampfen mit ihren Nagelsohlen auf die Bretter, wobei die Damen ihre bauschigen Spitzenröcke werfen, und rubbeln dazu im Takt auf Waschbrettern, die sie sich vor die Bäuche halten. Das Publikum tobt, klatscht mit, und als die Künstler sich zum Abschluß an den Händen halten und verneigen, hält der Beifall noch lange an.

Ich glaube, viele der Zuschauer wären nach der Vorstellung noch gerne geblieben. Doch haben sie nicht einmal Zeit für eine Zugabe, denn draußen wartet bereits der Autobus. So sitzen Michael und ich innerhalb weniger Minuten alleine im Saal.

»Hey, Jungs, wer seid ihr beide denn? Kommt her und stellt euch vor«, ruft einer der Akteure. Die fünf haben sich am Tresen versammelt, um gemeinsam mit einem Glas anzustoßen.

»Wir haben heute Saisonhalbzeit«, sagt Bill. »Trinkt ein Bier mit uns!«

Wenig später tritt ein Fuß die Schwingtür auf, und herein kommt, vom Hotel gegenüber, der Chefkoch persönlich. Der über das ganze Gesicht strahlende Mann bringt seine Belegschaft und ein Blech Pizza mit, das ausreichte, ein ganzes Goldsuchercamp zu verpflegen. Bis zwei Uhr morgens dauert das Gelage an. Es gibt viel zu erzählen: über die gezeigte Show, das Leben hier in Ester und natürlich auch, wie man auf die Idee kommt, mit dem Motorrad bis nach Feuerland zu fahren. Als schließlich alle singend nach Hause ziehen, wickeln wir unsere Schlafsäcke in den Sägespänen am Boden aus.

Ein paar Tage später fahren wir von Chena Hot Springs in Richtung Fairbanks. Nach etwa zwanzig Kilometern biegen wir in einen Waldweg ein, der zum Ufer des Chena führt. Die gleiche Idee hat aber offensichtlich schon jemand gehabt.

Gordon sitzt vor seinem Wohnbus und schnitzt an einem Holzspeer. Etwas mehr als vierzig Lenze mag er zählen. Als

Holzfäller ist Gordon erst vor kurzem aus Michigan nach Alaska gekommen, um Geld zu verdienen. Sofort verrät er uns, daß der Fluß Lachse hat. Wir besitzen zwar keine gültige Lizenz, aber der Jagdtrieb kümmert sich nicht um Fischereirechte. Während Gordon die kapitalen Burschen mit seinem Holzspeer harpuniert, halten wir dem erwarteten Abendessen einen Angelhaken vor die Nase.

Bevor die Fische vom Meer in die Flüsse wandern, pflegen sie sich für den mühsamen Aufstieg vollzufressen. Sie suchen danach kein Futter mehr, sondern streben nur ihrem Ziel zu – um zu laichen und dann zu sterben. Die Tiere sind satt, unser Angelgeschirr interessiert sie nicht im mindesten. Während Michael sein Glück weiter versucht, setze ich resigniert eine deftige Gemüsesuppe an. Bald brodelt das frische Grün – es brodelt schon eine Stunde lang!

Da flüstert mir Michael zu: »Komm schnell, deine Suppe essen wir morgen!«

Einige Lachse halten sich, nur mit der Schwanzflosse schlagend, im Fluß. Einer von ihnen steht gleich vor uns, vielleicht fünf Fuß vom Ufer entfernt. Vorsichtig läßt Michael den Haken an der schuppigen Haut entlang über die Rückenflosse hinweg bis zum Maul gleiten. Den Fisch scheint dieses störende Etwas zu ärgern, und er beißt schließlich zu. Hektisch arbeiten wir, um den kapitalen Fang sicher an Land zu bringen. Michael bemüht sich verzweifelt, die tobende Schnur zu beruhigen, während ich bis zur Hüfte im Wasser stehe und das um sich schlagende Filet zu packen versuche. Doch letztlich können wir den Kampf für uns entscheiden.

Zwei Felsbrocken entfernt steht fassungs- und atemlos der Speerwerfer.

Sorgsam wird das Tier zerlegt, während das Fett schon in der Pfanne spritzt. Gordon staunt, welche Zutaten wir aus unseren Koffern hervorzaubern. Die Vorspeise ist eine kleine Portion Gemüsesuppe, Hauptgericht roter Lachs mit Zitrone und Weißbrot, und als Dessert bietet sich ein Fruchtcocktail aus der Dose an. Schließlich rundet eine Tasse kolumbianischer Kaffee das Diner ab. Es sieht so aus, als kenne Gordon soviel Eßkultur nur aus französischen Fernsehfilmen.

Noch lange sitzen wir am Lagerfeuer und erzählen uns vom Land der Bären und Gletscher, während sich die tiefstehende Sonne golden im Fluß spiegelt. Ein Biber schwimmt stromaufwärts. Der frische Wind summt ein Lied durch die Wälder.

## Wilder Westen

Wir verlassen Alaska am nördlichsten Grenzübergang und kommen noch einmal in Kanadas Yukon-Territorium. Die Provinz besitzt etwa die Größe Frankreichs, aber die Einwohnerzahl eines Pariser Vororts. Ein einsames Land, in dem sich Robert Service und Jack London wohl gefühlt haben und die berüchtigten Goldsucherzeiten Dawson Citys aufs Papier brachten. Eine Wildnis mit Orten, die hunderte Kilometer voneinander entfernt liegen und in denen die Leute bereits von uns wissen, bevor wir sie erreicht haben. Man erzählt sich, wer auf den abgeschiedenen, geschotterten Highways unterwegs ist. In amerikanischen Filmen waren mir »Highways« stets als breite, asphaltierte Straßen vorgeführt worden. Ich hätte nie gedacht, daß man hier selbst solche staubigen Pisten so bezeichnet. Die Brücken sind oft nur einspurig und die Fahrzeuge so spärlich, daß ich am Abend zählen kann, wie viele uns am Tag begegnet sind.

Nach einer Woche haben wir das Yukon-Gebiet durchquert und biegen, etwa vier Stunden südlich von Watson Lake, in Dease Lake vom Cassiar Highway ab. Siebzig Kilometer führt ein Schotterweg durch ebenen Busch, dann klafft vor uns plötzlich ein Abgrund: ein reizvoller Canyon, durch den der Stikine River, Britisch-Kolumbiens zweitgrößter Fluß, sein Wasser in den Pazifik bringt. Am Ende der Straße liegt Telegraph Creek, ein Dörfchen am Ufer des Stikine. Im Riversong-Café erklärt uns der Wirt, hier lägen acht Monate im Jahr Schnee. Anschließend fragt er uns, ob es stimmt, daß es in Deutschland so viele Menschen gibt.

Wir zelten flußabwärts im Wald, es dämmert bereits. Michael zieht gleich los, um einige Fische fürs Abendessen zu fangen.

Eine gute Stunde später – gerade flammen ein paar Äste auf und machen ein warmes Feuer – kommt er, ein Liedchen pfeifend, den Weg vom Fluß herauf.

»Was sagst du dazu?« ruft mir der Petrijünger zu.

In der Rechten hält er einen Lachs, der ihm vom Boden bis zur Hüfte reicht. Überwältigt zeige ich auf die schmächtige Angelrute in seiner Linken und frage: »Mit dem Ding?«

»Na ja, nicht direkt. Im Fluß ist ein Netz gespannt, in dem sich das Tier verfangen hatte!«

Schnell ist entschieden, was aus den dreißig Pfund Königslachs werden soll. Bereits zwanzig Minuten später liegen die beiden dicksten Filets in der Pfanne, der Rest ist auf Vorrat gelegt, und die Spuren sind verwischt.

Am nächsten Morgen sind wir damit beschäftigt, das Ventilspiel unserer Motoren einzustellen, als plötzlich ein Mann neben mir steht, der unverkennbar indianischen Ursprungs ist. Es weht ihm zwar kein Federschmuck vom Kopf, und er trägt Hemd, Jeans und Gummistiefel, doch die Gesichtszüge und die schmalen Augen verraten es.

»Was macht ihr hier?« will er wissen, während sein Hund an unserem mit Fisch gefüllten Koffer schnüffelt. In der Gewißheit, daß sich seine nächste Frage auf den geklauten Lachs beziehen wird, sehe ich uns Bleichgesichter bereits am Marterpfahl.

»Habt ihr Zigaretten?« fragt er.

»Was?« schaut Michael verdutzt. »Natürlich haben wir Zigaretten!« Als der Mann das Gewünschte bekommt, grinst er breit und geht seines Wegs. Kurz darauf tritt eine alte Dame des gleichen Stammes aus dem Gehölz. Sie hat graues, zu einem Zopf gebundenes Haar, das über ihren blau-weiß gestreiften Strickpullover herabhängt.

»Dort unten im Fluß habe ich ein Netz«, erklärt sie mit rauchiger Stimme. Wir schlucken, suchen hilflos nach einer Ausrede, die uns das Leben retten soll.

»Könnt ihr mir dabei helfen, es an Land zu ziehen? Mein Mann hat sich die Hand verletzt«, fährt sie fort.

Uns fällt ein Stein vom Herzen. Wir lassen alles zurück und folgen der Indianerin.

Das Netz ist quer zum Fluß an einem mit Seilen abgespannten Holzstamm aufgehängt. Diese Fangmethode ist in Kanada nur den Indianern erlaubt. Die Fische dürfen jedoch nicht verkauft, sondern nur für den eigenen Bedarf verwendet werden. Nachdem das Netz eingeholt ist, holen wir mühsam zwanzig Sockeye- und einige Königslachse aus dem Garn, während ein paar Kinder um uns herumtoben. Fanni, so heißt die Indianerfrau, redet während der Arbeit zwar nicht viel, zeigt uns aber jeden Griff.

An einem quirligen Nebenbach wird die Beute gesäubert und anschließend in einer Räucherhütte aufgehängt. Die Hütte besteht lediglich aus einem Lattenverschlag, durch den genug Luft zirkulieren kann. In der Mitte des Raumes glimmt ein Stück Weidenholz, von dem eine dünne Rauchfahne aufsteigt. So werden die Lachsstreifen getrocknet und für den Winter haltbar gemacht. Fanni meint, mit Butter schmeckten sie am besten. Doch Michael erklärt: »Die sehen aus wie geschmorte Schuhsohlen und schmecken sicher auch so!«

Auch an den beiden nächsten Tagen helfen wir beim Fischen, woraufhin uns Fanni mit frischer Wegzehrung belohnt, was bedeutet, daß wir in der kommenden Woche ausgiebig Lachs essen – dreimal täglich.

Das letzte Stück hat ein aufregendes Schicksal. Etwa sechshundert Kilometer weiter südlich schnappt ein junger Husky während der Nacht nach unserer Fischtüte. Das Geräusch sofort erkennend, stürmt Michael in Unterhosen aus dem Zelt und jagt den Dieb durch die Nacht, bis dieser erschöpft das Gestohlene aus den Zähnen läßt.

Der Ort, in dem sich die Geschichte zuträgt, heißt Old Hazelton. Es regnet hier ohne Unterbrechung – die beste Gelegenheit für einen Besuch im Waschsalon. Der Aufenthalt in solchen Einrichtungen ist in hohem Maße wertvoll. Man trifft Leute, an denen man auf der Straße ohne eine Wort vorübergehen würde. Hier jedoch haben alle Zeit, ja müssen sich Zeit nehmen, bis die Maschinen fertig sind. Man blättert in Zeitschriften und verzehrt Kaffee mit Keksen. Ständig kommen neue Leute herein, und manche fragen die Salonhüterin, wem die Motorräder draußen vor der Tür gehören. Nur mit Unterwäsche und Fahrstiefeln bekleidet, halten wir also mit Rentnern, Touristen oder Hausfrauen einen Plausch; man schimpft übers Wetter oder findet es gut. Die Besitzerin fragt, ob sie noch einen Extraschuß Pulver hinzugeben soll, was ohne Zögern bejaht wird. So ein Waschsalon ist also ein Umfeld, in dem wir uns immer wieder gerne aufhalten.

Der Engländer Billy Barker kam nach Britisch-Kolumbien, als dort bereits Tausende von Goldsuchern die Cariboo-Landstraße am Fraser River entlang nach Norden gezogen waren, um in Nebenbächen ihr Glück zu suchen. Doch den großen Fund machte er. Südlich von Prince George entdeckte er Gold im Williams Creek. Kurz darauf entstand eine Stadt, die man Barkerville nannte, sie war mit fünfzigtausend Einwohnern bald die größte Siedlung westlich Chicagos und nördlich San Franciscos.

Nach der Jahrhundertwende, als die Mine nichts mehr hergab, wurde der Ort verlassen und somit zur Geisterstadt.

Sechzig Jahre später restaurierte man sie. Doch man richtete nicht nur die Häuser wieder her, sondern eine ganze Gruppe Schauspieler sorgt heute dafür, daß die Stadt weiterlebt. Als Michael und ich auf den Holzstufen der Kirche sitzen und die Köpfe in die warme Morgensonne strecken, ruft uns eine Dame, die von einigen Leuten umringt ist, von der Hauptstraße herüber ein paar Worte zu. Es ist eine echte Lady mit langem, gutgefüttertem Rock, geschnürter Taille und hochgeschlossener Bluse, die dazu noch feinstes Oxfordenglisch spricht.

»Guten Tag, meine Herren! Möchten Sie mich bei meinem Morgenspaziergang durch Barkerville begleiten?«

Wir lassen uns natürlich nicht zweimal bitten und folgen ihr. Jeden Dorfbewohner kennt die Dame mit Namen und redet unaufhörlich.

»Guten Morgen, Mister Cameron«, wünscht sie dem Schmied, der in seiner Werkstatt auf ein rotglühendes Hufeisen einhämmert.

»Guten Morgen, Madame, haben Sie sich von Ihrem Schnupfen erholt?«

»Ja, bestens, ich fühle mich gut«, bedankt sie sich mit einem Knicks und schwenkt verlegen ihren Sonnenschirm.

Einige Meter weiter ruft Frau Bendixon uns an, während sie,

*Damenwahl: Miss Oxford und ich*

unter ihrer Tür stehend, eine Decke ausschüttelt. Dann rollt eine Pferdekutsche an uns vorüber. Ein Mann mit Frack quert die Straße und lüftet seinen Zylinderhut zum Gruß. Schließlich sehen wir ein Fräulein, das an ihrer Nähmaschine am offenen Fenster sitzt.

»Guten Morgen, Miß Neate! Haben wir nicht herrliches Wetter heute?« bemerkt Miss Oxford.

»O ja, ganz wundervoll! Ein hübsches Kleid tragen Sie. Das habe aber nicht ich geschneidert!«

»Wie gehen die Geschäfte, Miss Neate?«

»Danke gut, sehr gut!«

Michael und ich kaufen in der Dorfbäckerei warme Semmeln und gehen anschließend auf einen Kaffee in einen Saloon. Am Nachmittag wird Musik und Tanz von anno dazumal auf der Straße präsentiert. Unsere nette Wegbegleiterin fordert mich auf, sie zu führen, obwohl noch mindestens fünfzig andere Kandidaten zur Verfügung stünden. Vielleicht strahlen Motorradfahrer und Goldschürfer besondere Verwegenheit aus. In den Straßen liegt der Geruch von Feuerholz, Pferden und frisch Gebackenem, während die Klänge der alten Kirchturmglocke über die Dächer wehen.

Später erzählen wir Paul und Luise von diesem Ort. Sie haben zwar einmal von ihm gehört, waren selbst jedoch nie dort. Kein Wunder, schließlich wohnen sie mehr als zwölfhundert Kilometer von ihm entfernt. Eine Fahrstunde südlich von Calgary haben sich die beiden eine kleine Ranch aufgebaut. Fast neunzigtausend Quadratmeter mißt das Gelände: Für uns eine Menge Land, nicht jedoch für einen Kanadier aus Südalberta, denn der karge Prärieboden bringt so wenig, daß ein Stück Vieh schon eine beängstigende Fläche abgrasen muß, um satt zu werden.

Das Paar stammt ursprünglich aus unserem Heimatort im Westerwald und ist vor mehr als vierzig Jahren hierhergekommen. Paul erklärt, in den mageren Nachkriegsjahren seien sehr viele Deutsche nach Kanada gegangen. Er glaubt, daß heute in Calgary etwa sechzigtausend Deutsche leben, was knapp zehn Prozent der Einwohner ausmacht.

Wir sitzen bis in den späten Abend draußen auf der Veranda und lassen die Blicke über die flache Prärie schweifen. Luise brät einige Steaks am offenen Grill, während Paul zum dritten Mal in den Keller hinabsteigt, um Bier zu holen. Ich glaube, sie sind gücklich mit dem, was sie sich hier geschaffen haben. Es ist ein nettes Paar, das standfest zueinander gehalten hat und sich ergänzt, wie es sein soll.

Nicht mehr standfest dagegen ist Susanne. Das ansonsten so redselige Mädchen droht allmählich vom Stuhl zu fallen. Susanne, die eigentlich vorhat, einmal Michaels Frau zu werden, ist heute mittag mit dem Flugzeug aus Deutschland eingetroffen, um uns für die folgenden vier Wochen zu begleiten. Sie gewöhnt sich jedoch nur langsam an die Situation, aber weniger, weil ihr das Land neu ist, sondern eher wegen Michael, der mit gebleichter Haarmähne und Zottelbart einem Waldschrat ähnlicher sieht als dem netten jungen Mann, der ihr vertraut war.

Auf der Fahrt Richtung Westen können wir aus dem flachen Ranchland heraus bereits das langgestreckte Gebirge der Rocky Mountains in der Ferne entdecken und kommen bald darauf nach Banff, einen Ort, der beständig daran arbeitet, schweizerisch zu wirken. Wir übernachten am Bow River nördlich der Stadt und unterrichten Susanne, wie man sich in einem Buschcamp verhält. Zum Beispiel, daß man nach dem Kochen die angebrannten Nudeln und sonstigen Müll in einer Tüte mit einem Seil in die Bäume zieht, damit das Ganze vor den Bären sicher ist.

Was wäre Kanada ohne die Rocky Mountains? Wahrscheinlich bestünde es nur aus einer endlos planen Prärieläche. Es wird angenommen, daß vor einhundertfünfzig Millionen Jahren eine Verschiebung der Erdkruste diesen berühmten Gebirgszug entstehen ließ. Das Beste daran ist, daß der Icefield Parkway, eine zweihundertdreißig Kilometer lange Straße, längs hindurchführt, so daß man auf bequemste Art dieses Naturschauspiel bewundern kann. Links und rechts des Weges ist imposante Natur zum Greifen nahe.

Wir reiten im fünften Gang langsam nach Norden. Immer wieder halten wir an, um die bizarren Felsformationen auf einem Foto einzufangen, zum Beispiel in Lake Luise und am Moraine Lake, im Tal der zehn Spitzen: Wie Zuckerhüte rahmen zehn gewaltige Bergkegel die Wasserfläche, die mit derart kräftigem Blau prahlt, daß man der Farbe nicht trauen möchte. Selbst die kanadische Regierung war von dem Anblick so fasziniert, daß sie ihn auf ihre Zwanzig-Dollar-Note übernahm.

Nur erahnen läßt sich das Ausmaß des Columbia-Eisfeldes: Es liegt weit oberhalb der Straße auf einem Plateau, von dem zahlreiche Gletscher ihr Schmelzwasser in türkisfarbene Seen der Täler strömen lassen. Gegenüber erheben sich mächtige Steinriesen, geformt wie Sandburgen, mit über dreitausend Meter Höhe. Oder es recken sich kilometerlange glatte Felsplatten schräg, wie umgekippte Wände, in den blauen Himmel, der mit strahlendweißen Kumuluswolken herrliche Konstraste zu Wald und Gestein bildet. Wahrlich, ein Wunderwerk der Natur.

In Jasper endet der Parkway. Wir biegen nach Westen ab, um später unsere Hauptrichtung nach Süden wieder aufzunehmen. Auf dem Weg liegt rechter Hand Mount Robson. Als höchster Punkt der kanadischen Rocky Mountains ist er in unserer Karte mit viertausend Meter Höhe eingezeichnet. Jedoch ist der Koloß nur bis zur Hälfte sichtbar, denn eine dicke Wolkendecke stülpt sich über seine schneebedeckte Spitze. Jetzt reißt der Himmel sogar alle Schleusen auf und läßt Regen wie mit Gießkannen herabströmen. Damit verschwinden alle Reize unter dichten Schleiern. Die Berge lassen nur noch dunkle Konturen erkennen.

Die Reifen zischen über nassen Asphalt, und auf mein Visier peitschen Regentropfen, die vom Fahrtwind zur Seite getrieben werden. Ich ziehe meinen Kopf in den aufgestellten Kragen und überlege, was ich jetzt wohl für eine von Großmutters Hefewaffeln geben würde.

Über Merritt kommen wir durch ein kleines, märchenhaftes Tal, das den Namen Nicola Valley trägt, nach Kelowna. Ich habe die Adresse des deutschen Pastors dieser Stadt dabei, und so fahren wir hin, um zu sehen, was er für ein Mensch ist.

Mit dem Staub der letzten zwei Tage im Gesicht sehen wir vielleicht nicht so aus, als ob wir uns um die Mitgliedschaft im Kirchenchor bewerben wollten. Doch als die Frau Pastor die Tür öffnet, wartet sie keine langen Erklärungen ab, sondern bittet uns ohne viele Worte herein.

Die beiden sind an fremde Menschen gewöhnt. Oft nehmen sie Gäste für ein paar Tage im Haus auf. Sie stellen sich als Siegfried und Bärbel vor und laden uns gleich zu einem gemeinsamen Bad in ihrem Pool ein. Kelowna liegt unmittelbar am Okanagan-See in einem Tal, das fruchtbare Böden und ein warmes Klima hat.

Wenig später sitzen wir in Siegfrieds Kirche und hören ihm zu: »Heute abend, liebe Schwestern und Brüder, haben wir drei junge Menschen aus Deutschland unter uns. Sie sind im Juni in Vancouver gestartet, fuhren nach Alaska und kamen dann den weiten Weg bis hierher zu uns. Ihr Ziel ist Südamerika. Und das alles auf dem Motorrad, das muß man sich mal vorstellen«, sagt der Pastor immer lauter werdend vorne am Pult, worauf ein Raunen durch die Sitzreihen zieht.

»Ach steht doch mal bitte auf«, sagt er jetzt und schaut zu uns herüber. Michael und ich zeigen uns den Leuten und winken ihnen zu, bevor wir rechts und links neben Susanne wieder Platz nehmen.

Nach dem Gottesdienst führt uns der Pfarrer stolz durch seine Kirche. Er bildet einen starken Gegensatz zu seiner Frau: Mit gewelltem Haar und rechteckiger Brille strahlt er Ruhe und Gelassenheit aus, wie man es von einem Pastor erwartet. Bärbel dagegen möchte noch am gleichen Abend mit Michael eine Spritztour auf dem Motorrad unternehmen.

Bis spät in die Nacht brennt im Pfarrhaus das Licht. Man diskutiert über Weltgeschehen, Glaube und Liebe. Selbstverständlich haben unsere Gastgeber oft recht konservative Ansichten, doch mir imponiert, wie geradlinig sie ihr Leben anpacken und daß sie keinen Zweifel an ihrem Glauben haben.

»Was ist Gott und was ist der Glaube?« frage ich.

»Man muß es erleben«, sagt Siegfried. Mir ist nicht klar, was er damit meint.

Am Tag darauf verlassen wir Kanada. Nur zerfetzte Stratusbewölkung streift den Himmel über der kargen Prärie, und die durchbrechende Sonne beleuchtet Montana von seiner besten Seite. Wenn wir Europäer an Amerika denken, haben wir meist eine feste Vorstellung von diesem Land. So mancher denkt gleich an Wolkenkratzer, Highways und Kaugummi, einem anderen fallen die Wildwestfilme ein, die er gesehen hat.

Ich habe mich oft gefragt, wie es heute im Zeitalter der Parkplatzprobleme noch möglich ist, Drehorte für Filme zu finden, in denen sich Indianer und Cowboys auf vollblütigen Pferden ungestört verfolgen können. Hier in den USA gibt es aber solche Orte wirklich noch: unendlich weite Prärien und Wüsten; Gegenden, groß wie ein deutsches Bundesland, die von der Zivilisation bisher verschont geblieben sind. Um ein Bild von dieser Seite Amerikas zu bekommen, eignen sich die Nationalparks bestens.

Als einen der spektakulärsten kann man mit Sicherheit den Yellowstone Park bezeichnen. Er nimmt etwa die Fläche von Dänemark ein und ist der älteste der Welt. Große Gebirge, dunkelgrüne Nadelwälder und weite Grasflächen mit Flüssen und Seen setzen sich zu einem herrlichen Landschaftsbild zusammen. Wir sehen eine prächtige Bisonherde in der Nähe eines Baches weiden, und gegen Abend beobachten wir an die sechzig Elche, die sich in der Sommersonne auf weißen Kalkterrassen wärmen.

Vor langer Zeit hat hier ein Vulkanausbruch stattgefunden, wodurch Öffnungen ins Innere der Welt entstanden sind. Regen- und Flußwasser strömt in die Tiefe. Dort erhitzt sich die Flüssigkeit und sprudelt durch die poröse Erdkruste kochend wieder zutage. Geiser nennt man das Loch, aus dem es herausschießt. Der zuverlässigste Geiser ist Old Faithful – der »Alte Treue«. Etwa halbstündlich bricht er aus und schleudert an die zwanzigtausend Liter heißes Wasser bis zu fünfzig Meter hoch in den Himmel. Als wir drei uns das Schauspiel ansehen, stehen wir inmitten weiterer zweihundert Besucher, die alle in Jubel ausbrechen, wenn sich die Natur hier so gewaltig produziert.

Verständlich, daß solch Spektakel viele Touristen anzieht. Doch haben wir schon öfter festgestellt, daß sich die Leute fast nur auf den wenigen Straßen im Park aufhalten. Wer einen Rucksack schultert und auf einem der Wanderwege läuft, die hier insgesamt eintausend Meilen messen, ist ansonsten allein auf weiter Flur.

Gleich unterhalb von Salt Lake City beginnt trockenes, unfruchtbares Land, und schnurgerade, wie mit einem Lineal gezogen, zieht sich der Highway in die flache Wüste hinein. Wir sind auf dem Weg zu den Parks der roten Erde.

In Utah erreichen wir am letzten Tag des August den Arches Nationalpark. Riesige, oft einzeln stehende Bergblöcke sehen von weitem aus wie Festungen. Im Lauf der Jahrtausende haben Regen, Frost und Wind diese eigenartigen Felsen geschaffen, indem sie das weiche Gestein abhobelten und nur das harte bestehen ließen. Es gibt kapitale, senkrecht stehende Platten, einzelne Türme, denen mitunter noch ein Steinkoloß wacklig obenaufliegt, und natürlich, wie der Parkname schon verrät, eine große Anzahl von natürlichen Torbögen.

Gegen Abend zieht ein Gewitter auf. Wir sitzen am Boden, lehnen uns an unsere Maschinen und schauen zu. In der Ferne ergießen sich schwere Wolken, weiter vorne wirkt der Himmel wie ein oranges Tuch, durch dessen aufgerissene Stellen blaue Felder hindurchschimmern. Regenbögen zeigen die Farbenpracht des Spektrums. Das weite Land liegt teils im Dunkeln, teils auch ausgeleuchtet vor uns. Die schon tiefstehende Sonne

*Im Monument Valley*

läßt die rote Erde aufglühen und das Gestein hell glitzernd erstrahlen.

Die Sonne malt hier wie ein Bühnenkünstler die Kulissen.

Das Monument Valley ist in aller Welt durch die Zigarettenreklame bekannt geworden. Auf flachem Land, das nur armseligen Büschen Nahrung bietet, präsentieren sich majestätisch schroffe Sandsteinquader bis zu tausend Fuß Höhe, jeder in respektvollem Abstand zum anderen. Das Gelände liegt bereits in Arizona. Verwaltet wird es von Navajo-Indianern.

Ein zweiter Abstecher nach Arizona bringt uns zum legendären Grand Canyon. Auf dem Weg dorthin durchqueren wir Orte, die meist nur aus einer Tankstelle und einem Motel bestehen und oft weiter als eine Stunde voneinander entfernt liegen. Die letzten Kilometer steigt die Straße leicht an und taucht in einen urwüchsigen Forst aus Kiefern und Pappeln ein. Am Ende liegt die Kante des Grand Canyon. Den Punkt nennt man »North Rim«.

Selbstverständlich schauen wir erwartungsvoll in die Tiefe. Doch da liegen so viele Täler und Schluchten, daß nicht zu erkennen ist, was denn nun der weltberühmte Canyon sein soll. Wir fahren dann weiter zum vierzig Kilometer entfernten »Cap Royal«, einem Aussichtspunkt, der weiter südöstlich liegt. Gerade noch rechtzeitig vor Sonnenuntergang kommen wir an und setzen uns, Susanne in der Mitte, nebeneinander auf eine Felsplatte.

»Na, Jungs, was sagt ihr nun?« meint Susanne, die Michael und mir schon seit Tagen von diesem Erdgraben aus dem Reiseführer vorgelesen hat. »Hab' ich euch zuviel versprochen?«

Nein, das hatte sie wirklich nicht. Diese Schlucht ist überwältigend. Vor die gewaltigen Abhänge sind immer wieder riesige Hügel gelagert, wodurch neue, eigenständige Täler entstehen. Tiefrote und dunkelbraune Gesteinsschichten liegen wie Bretter übereinander. Der Stapel reicht von der Kante des Hochplateaus bis hinab zu den Wassern des Colorado. Als hellblaues, dünnes Rinnsal ist er in mehr als achtzehnhundert Meter Tiefe deutlich sichtbar.

Halten Ehen, die vor so grandioser Kulisse geschlossen werden, besser? Keine zehn Schritte neben uns findet eine Trauung statt. Während die Sonne von Westen her ihre letzten Strahlen in den Canyon wirft, fragt der Pfarrer die beiden, ob sie sich das Jawort geben wollen. Warm angestrahlt sitzen ihnen die Brautmädchen mit wehenden blauen und roten Spitzenkleidern zur Seite. Und als der riesige Feuerball den Horizont berührt, küßt sich das Paar, während ein Dutzend Kameras die Szene verschlingt. Noch eine halbe Stunde, dann bricht die Nacht herein, und alles ist vorüber.

Bald ist auch der letzte Besucher in seinem Wagen verschwunden. Auf diesen Moment haben wir gewartet, denn zu dieser Zeit noch einen regulären Übernachtungsplatz zu finden, ist unmöglich. Wir rollen die Schlafsäcke aus, schieben unsere Motorräder heran und schauen schon wenig später durch die Äste einiger Kiefern hinauf in den Sternenhimmel.

Zur gleichen Tageszeit, jedoch eine Woche später, sind wir zu Besuch bei Karin und Rick. Sie leben südlich von Los Angeles in der Kleinstadt Oceanside direkt am Pazifik. Karin ist Deutsche und stammt ursprünglich aus einem Nachbarort unseres Hei-

*Überwältigender Grand Canyon*

matdorfes. Sie ist eine kräftige, große Frau mit langem, blondem Haar und brachte vor einem Jahr die Zwillinge Gina und Tyler zur Welt. Rick dagegen verkörpert mit seinen kantigen Gesichtszügen den typischen US-Amerikaner des Westens.

Karin erzählt eine Menge Erfahrungen aus ihrem bisherigen Leben in den Staaten. Sie berichtet über die immens hohe Scheidungsrate im Land und die schlechten Ernährungsgewohnheiten der Menschen. Kuchen und die berühmten Muffins seien völlig übersüßt. Durch das Überangebot an Fastfood der großen Restaurantketten bleibe bei den meisten Hausfrauen die Küche kalt. Die Folge davon seien die enormen Körperumfänge vieler Leute.

Die Gegenreaktion der Lebensmittelindustrie: Auf nahezu allen Produkten steht »Low Fat« geschrieben. Es gibt sogar Null-Fett-Milch zu kaufen.

Karin glaubt jedoch, daß die Menschen hier wesentlich zwangfreier leben als in Deutschland.

»Niemand schert sich um die Sorgen des anderen und gibt auch die seinen nicht preis«, erklärt Karin. »Es gilt nicht als unhöflich, wenn man einer Einladung nicht folgt.«

Fünf Tage nehmen Rick und Karin uns drei in ihrem kleinen blauen Papphaus, wie sie es nennen, auf. Danach fliegt Susanne zurück nach Deutschland.

Siebentausend Kilometer hat sie mit uns zurückgelegt. Jetzt sitzen wir in Los Angeles in einem der Flughafencafés, und die Zeit reicht gerade noch, ihr ein paar Karten für nach Hause mitzugeben. Der Abschied fällt uns dreien schwer. Es geht mal wieder alles viel zu schnell. Schon ist Susanne hinter einer automatischen Glastür verschwunden, während Michael und ich ihr wortlos nachsehen.

Wir nehmen den Highway 1 an der Küste entlang nach Norden, um uns San Francisco zu nähern.

Seit wir vor einer Woche den Pazifik erreicht haben, hüllt sich dieser in Nebel, der so dicht ist, daß wir eines Morgens sogar erschrecken, weil wir glauben, es sei Rauch von einem Brand. Dies ist nicht gerade das, was wir uns unter kalifornischen Stränden vorgestellt haben.

Ab San Simeon aber verschwindet der Nebel. Blaufarbener Pazifik ist zu sehen, der seine mächtigen Wellen an die Steinküste schlägt. Die Straße schlängelt sich einige Meter über dem Meeresspiegel am zerklüfteten Ufer entlang und ist zum Motorradfahren ideal. Bald steht die rote Sonnenkugel nur noch knapp über der runden Wasserfläche und läßt Seevögel und Fischerboote mit scharfen Konturen schwarz im Gegenlicht erscheinen.

Es ist bereits dunkel, als wir den Badeort Half Moon Bay erreichen. Es gibt einen staatlichen Campingplatz, doch der Parkranger ruft energisch aus seinem gläsernen Kassenhäuschen: »Alle Plätze sind belegt, ihr müßt wieder umdrehen!«

»Können wir nicht wenigstens für eine Nacht dort drüben unser Zelt aufstellen?« schlägt Michael vor und zeigt auf die große, kurzgemähte Wiese, die regelrecht zum Zelten einlädt.

»Nein, geht nicht!« sagt der Glaskastenmann. So rücken wir ab.

In der Straße, die aus der Stadt herausführt, gießt eine ältere Dame die Blumen im Kasten vor der Haustür.

»Haben Sie für uns beide vielleicht einen Platz in Ihrem Vorgarten?« frage ich.

»Nein, das geht nicht«, antwortet sie freundlich, »mein Sohn ist heute zu Besuch.«

Ich entschuldige mich für die Störung und denke: Ob der wohl im Vorgarten zeltet?

Sechs Kilometer von der eigentlich recht netten Stadt entfernt versuchen wir hinter einem Hügel am Straßenrand zwei Motorräder und ein Zelt an einer Böschung auf etwa sieben Quadratmeter unterzubringen. Sich jedoch während der Nacht am Boden festzukrallen, damit man nicht abrutscht, erfordert einige Geduld.

Der Half Moon Bay State Park hat am nächsten Morgen einen Campingplatz für uns, so daß wir bleiben und beschließen, San Francisco von hier aus zu besuchen.

Wer sich an die Nüchternheit amerikanischer Städte gewöhnt hat und nach San Francisco kommt, ist maßlos ergriffen. Die weltbekannte Skyline der riesigen Hochhäuser, dazu die beiden Brücken Oakland und Golden Gate, dann inmitten der San Francisco-Bucht die Gefängnisinsel Alcatraz, auf der Al Capone hinter Gittern saß – all das liegt vor uns, wie wir es uns vorgestellt hatten.

Besieht man sich die Stadt genauer, so entdeckt man, daß sich hier Wolkenkratzer und kleine Spitzgiebelhäuser mischen. Zwei Baustile vereinen sich zu einem harmonischen Ganzen.

Man kann sich in San Francisco einmal von der ansonsten so furchtbaren Eßkultur der Amerikaner erholen. Denn hier gibt es neben Fastfood-Restaurants auch gemütliche Lokale mit Porzellangeschirr auf den Tischen.

Die Stadt zählt siebenhunderttausend Einwohner, die Wert darauf legen, daß Konventionelles oder Historisches nicht ersatzlos durch Neues verdrängt wird.

Schon einmal war man in Amerika mit meiner Tätigkeit als Fotograf nicht einverstanden gewesen. Das war in einem Casino in Las Vegas, wo mich, kaum nachdem meine Kamera einen Blitz über die Spieltische losgelassen hatte, zwei Herren am Arm packten und abführten. Die Filmrolle wurde konfisziert, und anschließend hatte ich einer sechsköpfigen Wachmannschaft gründlich darzulegen, wie ich auf die Idee gekommen sei, hier ein Foto zu machen.

In Frisco, wie die Amerikaner die Stadt nennen, läuft es ähnlich. Das riesige Stahlgerüst der doppelstöckigen Oaklandbrücke wird von Treasure Island unterbrochen. Die Insel liegt wie ein natürlicher Stützpfeiler der Brücke in der Bay und ist mit Einrichtungen der Marine bebaut. Man hat von hier aus einen wunderbaren Blick auf die Stadt, und ich kann nicht widerstehen.

Während Michael an der Straße in einer Nothaltebucht wartet, laufe ich neben den Leitplanken ein Stück weiter, suche einen günstigen Platz und liege schließlich hinter der Kamera auf dem Boden. Während ich den Apparat mühsam einstelle, ertönen die Sirenen von Polizeiwagen. Ich denke noch, heute ist in der Stadt mal wieder der Teufel los, als sich in dem lauten Verkehr deutlich das Geräusch einer zufallenden Autotür unterscheiden läßt. Instinktiv drücke ich den Auslöser durch, da fragt eine strenge Stimme über mir: »Was tust du hier, Junge?«

Der uniformierte Navymensch, der den Schirm seiner Dienstmütze bis auf die Nase gezogen hat, sieht nicht so aus, als wolle er mit mir über Fotografie fachsimpeln. Kurzerhand packt er mich in einen Militärwagen, den sein Kollege zur Parkbucht zurückchauffiert, wo zwei weitere Beamte Michael in Schach halten. Nach ausführlicher Befragung werden wir schließlich wieder auf freien Fuß gesetzt.

Eines Morgens spricht uns in unserem Camp in Half Moon Bay jemand an. »Hey, Jungs, wo kommt ihr her?«

»Übernimmst du ihn?« frage ich Michael. »Ich habe noch zu tun.«

Die beiden reden eine Zeitlang, und bald stellt sich heraus, daß der Herr mehr wissen will als nur die spektakulären Daten unserer Reise. Er heißt R. J., ist etwa Ende dreißig und fährt selbst Motorrad.

»Wenn ihr Lust habt, dann besucht mich einmal. Ich lebe in der Nähe von Sacramento, hundertzwanzig Meilen von hier. Wenn ich nicht dasein sollte, geht trotzdem ins Haus, es ist offen.«

*San Francisco: Alt und Neu verstehen einander gut*

Danach gibt er uns seine Adresse und verabschiedet sich.

»Da sag' noch mal jemand, die Amis seien oberflächlich«, stellt Michael fest.

Diamond Springs ist ein Dorf, in dem ein jeder sein Häuschen mit Vorgarten besitzt und alle sich untereinander kennen.

R. J. steht mit seinem Nachbarn plaudernd vor der Tür. Gleich werden wir als mutige Abenteurer vorgestellt und auch als solche bestaunt. Kurz darauf zeigt uns der Gastgeber seine bescheidene Hütte, die er mit den beiden Hunden Jake und Elwood teilt. Als überladen kann man die Einrichtung nicht bezeichnen, doch es ist alles da, was man zum Leben braucht.

R. J. arbeitet als Pfleger im Hospital von Oakland und macht sich die nächsten drei Tage frei. Er räumt seine Garage, damit wir ungestört an unseren Motorrädern werkeln können, während er selbst Material fürs Barbecue und Motorenöl für unsere Maschinen besorgt.

Als Michael fragt, was ihn das Öl gekostet habe, erwidert er: »Oh, entschuldige, das habe ich vergessen!« und schaut wie ratlos drein.

53

Die Tage in Diamond Springs verlaufen ruhig. Wir lernen einmal ein anderes Kalifornien kennen, eine Gegend, die im völligen Gegensatz zur Küste heißes, trockenes Klima hat und wo die Bauern auf ihren Plantagen jetzt im September ihr Obst ernten.

An den Abenden gibt es selbstgemachte Hamburger mit Salat oder Michaels weltberühmte Pizza, die er immer dann zubereitet, wenn ein Backofen zur Verfügung steht. Nach dem Essen dösen Jake und Elwood in der Ecke der kleinen Küche, R. J. greift hinter sich in den Kühlschrank und holt eine Flasche Jägermeister hervor. Er stellt drei Gläschen auf die Wachstischdecke, und wir beginnen uns Geschichten zu erzählen, wobei er mit tiefer Stimme so herzhaft lacht, daß Jake und Elwood die Falten ihrer Augenlider zu einer Pyramide aufstauen und ihre Nasen nach vorne strecken.

Am Morgen unserer Abreise gibt es zum Frühstück wie immer Pfannkuchen mit Marmelade und kleine Bratwürstchen.

»Ich kann gar nicht glauben, daß ihr gleich geht. Ich hab' mich schon so an euch gewöhnt«, sagt R. J. und beginnt zu beten.

Er meint, was er sagt. Denn um sich den Abschiedsschmerz zu verkürzen, verläßt er vor uns das Haus und fährt davon. Nicht er sieht uns nach, sondern wir ihm, was mir allerdings erst viel später bewußt wird.


Seit ein paar Tagen haben wir unsere Lenker wieder auf Süden eingestellt. Es wird allmählich Zeit, Südamerika anzusteuern.

Auf dem Weg liegt ein Nationalpark, der wie kein anderer auf uns wirkt, ruhig und doch ausdrucksstark. Yosemite ist sein Name. Er ist längst nicht so exotisch wie die Parks in Utah und Arizona, sondern besteht schlicht aus viertausend Quadratkilometer geschützten Landes: bewaldete Täler und Höhenzüge. Hier leben Bären, Rotwild, Hasen, Füchse und unzählige Vogelarten in ihrem natürlichen Umfeld. In den Ebenen liegen goldgelbe Wiesen, in grüne Mischwälder gebettet, und Berge mit weichen Formen spiegeln sich in Seen. Von Aussichtspunkten sieht man gewaltige Vögel kreisen und ferne Wasserfälle, die sich mehr als hundert Meter in die Tiefe stürzen.

Nach einem Frühstück an einer farbenprächtigen Wiese fahren wir ins Mariposa Grove. Übersetzt bedeutet das Schmetterlingswäldchen. Ich würde es allerdings eher als Wald bezeichnen, denn hier sind die letzten Mammutbäume unserer Erde zu Hause. Riesensequoien werden sie genannt, sind bis zu neunzig Metern hoch und haben einen Stammdurchmesser von bis zu neun Metern.

Hundertachtzig Meilen weiter südlich sehen wir im Sequoia National Park sogar Exemplare mit zwölf Metern im Durchmesser. Sie sind so dick, daß man durch einen Stamm einen Tunnel geschnitten hat, durch den man mit Pferd und Kutsche hindurchfahren kann.

Die Bäume wachsen ausschließlich an der Westseite der Sierra Nevada auf etwa zweitausend Meter Höhe. Ihrer Masse nach sind sie die größten Lebewesen der Erde.

Um die Jahrhundertwende hatte man versucht, die Bäume zu Nutzmaterial zu verarbeiten, doch war das Holz zu bröcklig, so daß man es nur schlecht verwenden konnte. Man gab diese Pläne wieder auf, und so retteten sich die Bäume selbst. Ehrfürchtig bleiben wir vor ihnen stehen und wagen es, obwohl ich ständig an den Zauberwald in »Der Herr der Ringe« denken muß, die bis zu dreitausend Jahre alten Riesen anzufassen.

Sobald wir in tiefere Gegenden hinabfahren, steigen die Temperaturen sprunghaft an. Deshalb suchen wir für die Nächte höhere Regionen. Unterhalb des Yosemite-Parks biegt eine Straße kurz vor Oakhurst in einen Bergwald ab. Wir folgen einem Schotterweg über neun Meilen, bis wir schließlich in einem alten Holzfällercamp landen. In einer Senke, friedlich an einem kleinen Bach gelegen, gibt es ein paar Tische mit Feuerstellen. Zu sehen sind nur eine schon betagte Zeltbehausung und ein Wohnanhänger, der seine Jugendzeit längst hinter sich hat. Daneben weht eine Nationalflagge an einem krummen Holzmast. Niemand scheint hier zu sein. Trotzdem bauen wir unser Lager auf und denken, daß schon bald jemand kommen wird.

Gerade als ich dabei bin, ein paar Kartoffeln zu schälen, bricht in der Nähe eine schwere Schießerei los. Michael, der eine Flasche Wein zum Kühlen im Bach deponiert hat, eilt geduckt ins Lager zurück.

»Was ist los?« ruft er.

»Ich weiß nicht«, brülle ich. »Es hört sich an wie Krieg.«

Noch ein paar Sekunden tobt das Trommelfeuer aus allen Richtungen, während das Echo von den Bergen widerhallt. Dann ist alles ruhig, nur der Wind pfeift leise durch die Baumkronen. Ein paar Minuten später heult eine Maschine mit hoher Drehzahl durch den Äther. Beide erwarten wir jetzt Jagdflugzeuge, die im nächsten Moment Bomben über uns abwerfen, doch zu sehen ist nur eine lange Staubwalze über den Bäumen der Straße. Ein alter Armeejeep nähert sich.

Zwei grauhaarige Jägersleute sowie ein Ranger in Dienstuniform und seine Gattin steigen aus dem Wagen. Alle tragen gewaltige Revolver in ledernen Hüftgurten.

»Haben Sie auch die Schüsse gehört?« frage ich.

»O ja, das waren wir!« meint der Ranger.

»Haben Sie das Tier verfehlt?«

»Nein, nein, wir haben nur Schießübungen gemacht!«

Man freut sich über uns Neuankömmlinge, gibt Ratschläge fürs Leben in der Wildnis und schenkt uns eine Landkarte des Distrikts.

Als die Dämmerung das Ende des Tages ankündigt, ziehen die beiden alten Herren in ihre Behausung. Der Ranger legt seine Kappe ab und holt die Flagge ein.

Frühmorgens ruft die Rangerfrau nach ihrem Mann. Durch einen Schlitz im Zelt sehe ich ihn mit verschlafenen Augen den blauweißen Lappen hissen: das Zeichen dafür, daß der Tag beginnt. Unser Frühstückskaffee ist noch nicht ganz durchgelaufen, als ein Mann und eine Frau in einem großen Off-Road-Jeep eintreffen, um das Rangerpaar abzuholen. Die Frauen, in Cowboystiefeln und jede einen Colt an der Seite, schwingen sich in die Fahrzeugkabine, während die beiden Männer, ein schweres Gewehr über den Schultern, auf die Ladefläche springen und sich stehend am Überrollbügel festhalten. Man winkt uns freundlich zu und braust über die staubige Piste davon.

Bald sind auch die Waidmänner nebenan auf den Beinen. Sie schenken uns in Folie eingepackte Cinnamon Rolls – sie haben keine Zeit für Kaffeeklatsch, sie müssen auf die Pirsch.

Wir packen unsere Sachen, denn hier ist uns die Luft zu bleihaltig.

Fünf Tage später sind wir auf der Route J41 durch den Sequoia-Nationalwald unterwegs, um die Sierra Nevada zu überqueren. Es ist eine schmale Straße mit gutem Belag, die in vielen Kurven stetig nach oben führt. Sie ist sehr einsam und läßt oft Blicke in weite Täler zu oder ist von kühlen Waldstücken gesäumt, die sich jetzt Anfang Oktober in herrlich bunten Herbstfarben präsentieren – eine Motorradroute aus dem Bilderbuch.

Der dreitausend Meter hohe Sherman-Paß schließt den Aufstieg ab. Wir legen unter königsblauem Himmel eine Rast ein und haben eine klare Sicht auf Mount Whitney, den höchsten Punkt der Sierra Nevada.

Etwa zehn Meilen weiter und nicht mehr so hoch gelegen finden wir eine von Wald rundum eingeschlossene Wiese: Für Amerikaner sind solche Kombinationen etwas Besonderes, weshalb sie die Wiesen mit Namen bezeichnen. Diese heißt Troy Meadow. Gleich nebenan liegt ein geräumiger Campingplatz, für den – welch ein Glück! – niemand eine Gebühr verlangt. Wir bleiben also und genießen die Stille und Einsamkeit in dieser kalifornischen Naturidylle. Kein Hundegebell oder Kindergeschrei, keine laufenden Generatoren von Wohnmobilen. Voller Übermut baut Michael aus Wackersteinen einen kleinen Pizzaofen, und bald sitzen wir satt und zufrieden bei einem Gläschen Wein, bis der Abendnebel die Luft anfeuchtet und die Vögel ihren Gesang beenden.

Am Morgen reißt uns das Beben großvolumiger Motoren aus tiefem Schlaf. Immer näher kommt es, immer intensiver wird es. Unser Zelt steht dicht am Wegrand auf einer Anhöhe – die Fahrer schalten herunter.

Mit zusammengekniffenen Augen stürmen wir aus dem Zelt und trauen unseren Augen nicht: Ein ganzes Bataillon AMG-Militärjeeps rollt an und pflügt den Staub der Piste, der in großen Wolken gen Himmel steigt. Die breiten, flachen Fahrzeuge sind mit schweren Geländereifen ausstaffiert. Kurz darauf bilden die Leute eine Wagenburg, während Michael und ich fröstelnd dastehen und staunend diese Kriegsmaschinerie betrachten. Eine knappe Stunde später kommt ein stämmiger Fünfziger mit grauem Haar zu uns herüber. In seiner grün-beigen Armeekleidung sieht er so aus, als wäre er der Kommandeur.

»Hallo, Jungs, alles in Ordnung?« beginnt er. »Ich heiße Jerry und bin der Präsident dieses Clubs.«

Wußt' ich's doch.

»Aber warum Club?« frage ich. »Seid ihr nicht von der Army?«

»Nein, diese Autos sind unser Hobby. Ein paarmal im Jahr findet ein Treffen statt, an dem Mitglieder aus den ganzen United States teilnehmen. Hier gleich gegenüber führen vierhundert Meilen Piste durchs Gelände, auf der wir die Autos ausprobieren können.«

»Darf ich ein Foto von Ihrem Wagen machen?« fragt Michael.

»Ja natürlich, kommt mit, ich zeig' euch alles.«

Gleich öffnet Jerry den Maschinenraum seines Spielzeugs und erklärt das Innere ganz genau. Dann hält er strahlend die US-Flagge, die am Heck befestigt ist, in die Höhe und läßt sich stolz damit ablichten.

Plötzlich herrscht Aufbruchsstimmung, die Motoren werden gestartet, es geht los. Per Funk hört man die Fahrer miteinander kommunizieren. Mit aufgezogenen Staatsflaggen rollt der Troß davon, um den Ernstfall zu proben. Ade, du friedliche Stille!

Eigentlich ein netter Kerl, dieser Jerry. Doch für uns Europäer ist eine so groteske Freizeitgestaltung nur schwer begreiflich. Wir packen und räumen das Feld.

Als wir an der Ostseite der Sierra Nevada hinabfahren, wechseln wir abrupt von einer Klimazone in die andere. Plötzlich fliegt Kakteenlandschaft an uns vorüber, dann sandig unfruchtbare Ebenen, bis wir am Abend schließlich das »Tal des Todes« erreichen. Heute vormittag stand das Thermometer noch unter zehn Grad. Jetzt zeigt es bereits mehr als vierzig. Mit zweihundertachtzig Fuß unter dem Meeresspiegel liegt in diesem Tal der tiefste Punkt der USA.

Erst gegen vier Uhr morgens finden wir Schlaf. Aber nicht lange. Denn es kommt ein gewaltiger Sturm auf und – unfaßbar! – ein Regenschauer prasselt nieder. Seit Kanada hatte keine

*Im Tal des Todes – im Hintergrund ein Salzsee*

Wolke über uns mehr einen Tropfen verloren. Aber hier, zwischen ausgetrockneten Salzseen, schroffen Gebirgszügen und Sanddünen, geschieht es!

Wir brechen auf. Schon jetzt, in dieser Frühe, ist die Hitze schier unerträglich. Richtung Südosten, aus dem Tal heraus, preschen wir auf dem Interstate-Highway 15. Er führt durch flimmernde Wüstenlandschaft, in der es niemals regnet und immer die Sonne scheint.

Über Stunden erstreckt sich das vierspurige Teerband schnurgerade durch die Öde und läßt Mann und Maschine im eigenen Saft schmoren.

Etwas unterhalb von Victorville biegen wir ab, da auf unserer Karte an der Straße 2 einige Skifahrer eingezeichnet sind: Dort muß es kühler sein. Und wirklich, im Nu bringt uns die Straße auf zweitausend Höhenmeter. Wir lassen unsere Körper ausdünsten und ziehen sogar bald die Thermohosen über.

Rasch wird es dunkel: Michael ist im Nebel vor mir kaum auszumachen. Die Camps, die am Wegrand liegen, sind geschlossen, die Sommersaison ist vorüber. Doch an einem steht der Sperrbalken offen: »Buckhorn Camp« ist auf einer Holztafel zu lesen. Der Platz ist wie ausgestorben, Tische und Bänke stehen gespenstisch im Nebel, während die Bäume wie Umrisse auf einer Leinwand aussehen. Niemand da. Wir fahren mit abgestellten Motoren weiter, lassen die Maschinen langsam bergab rollen und halten mit müden Augen nach einem geeigneten Platz Ausschau.

»Pssst…«, zischt Mchael durch seine Helmöffnung und zieht die Bremse. »Was ist das?«

Hundert Fuß vor uns steht ein riesiger Mensch wie ein Denkmal. Fünf Zoll mißt sein weißer Vollbart, und der Mensch trägt einen mindestens ebenso langen Zopf. Die wäßrigen Lichtkegel unserer Scheinwerfer beleuchten sein Profil.

Sekunden verstreichen.

»Hey, wer bist du?« stößt Michael hervor.

Keine Antwort.

»Was willst du?« rufe ich, obwohl er das eigentlich uns fragen müßte. Schließlich war er vor uns hier.

Dann winkt uns der Mensch heran. Er heißt Neil Baker und ist niemand anders als der Platzwart von »Buckhorn Camp«. Wir stellen uns kurz vor, dann frage ich: »Wieviel kostet die Nacht für ein Zelt?«

»Zehn Dollar.«

»Oh, Entschuldigung, aber das ist zuviel für uns«, sage ich.

»O.k., Jungs, kommt mit mir in mein Camp, es ist gemütlich.«

Michael und ich schauen uns fragend an, überlegen jedoch nicht lange, sondern folgen dem Alten.

Nachdem wir unser Zelt neben dem Wohnanhänger des Gastgebers aufgebaut haben, sitzen wir an einem warmen Lagerfeuer beisammen. Neil erzählt, er habe nach dem Krieg Philosophie studiert, habe aber den Abschluß nicht abwarten können und sich statt dessen auf Reisen begeben. Dann arbeitete er auf Schiffen und in Plantagen, bis er schließlich hier in den Angeles-Wäldern hängenblieb.

Tief und fest schlafen wir nach der Anstrengung des gestrigen Tages und träumen wieder mal von aufregenden Kämpfen mit Revolverhelden, Bären und Schlangen. Michael macht gerade ei-

*Der weißbärtige Neil spricht ein paar Brocken Deutsch*

nem züngelnden Tier den Garaus, dreht ihm den dreieckigen Kopf nach links und schlägt mich in die Seite, daß ich aufwache und laut aufjaule.

»Alles in Ordnung, Jungs?« ruft Neil, der schon früh auf den Beinen ist.

»Ja«, rufe ich und halte dem Schläger die Nase zu, bis er keine Luft mehr bekommt und aufwacht.

Nach dem Frühstück gibt uns Neil den Rat, wir sollten noch einen Tag bleiben; es sei nicht gut, das Land so eilig zu durchqueren. Nun, aus einem Tag werden schließlich zehn. Michael und ich nutzen die Zeit, um liegengebliebene Flickarbeiten an der Ausrüstung zu erledigen und uns gegenseitig die Haare zu schneiden. Die Mahlzeiten nehmen wir gemeinsam mit Neil ein. Wenn er von seiner Patrouille noch nicht zurück ist, warten wir mit dem Essen auf ihn, was dem alten Mann mächtig imponiert. Oft sitzen wir bis weit nach Mitternacht im Mondlicht, schauen dem flackernden Feuer zu und erzählen von der Welt und der Heimat.

Der Weißbärtige ist äußerst gelehrig. Über die Jahre hat er einige Brocken Deutsch von den Touristen gelernt, die in seinem Camp pausierten.

Wir erweitern seinen Wortschatz so gut es geht, und der tägliche Unterricht wird jedesmal zu einem köstlichen Vergnügen.

Ich hatte geglaubt, Michael und ich seien es bereits gewöhnt, kurze Freundschaften zu schließen, und wir könnten uns mit einem lockeren Spruch auf den Lippen von einem Menschen verabschieden, obwohl wir wußten, wir würden ihn niemals wiedersehen.

Aber am Morgen unserer Abreise aus Neils Camp dämpft der Abschied doch gehörig die Stimmung. Auf dem Frühstückstisch liegt ein Ei mit einem Zettel in kritzeliger Schrift: »Schon vercocht«.

Man sagt nicht viel, nur etwas von »viel Glück«; der Alte zwinkert uns mit einem Auge zu – wir geben Gas.

Am Abend des nächsten Tages erreichen wir San Diego. Es ist eine feine Stadt am Pazifik, die, wie viele in Kalifornien, von den Spaniern gegründet wurde. Sie hat ein gepflegtes historisches

Viertel und im Kontrast dazu beeindruckend moderne Hochhäuser aus Stahl und Glas. Für uns ist San Diego die letzte Station, bevor wir Nordamerika verlassen, denn der Ort liegt unmittelbar an der Grenze zu Mexiko.

Unzählige Male hatte man uns in den vergangenen Monaten vor Südamerika gewarnt. Nahezu unglaubliche Geschichten wurden erzählt: von gefährlichen Banditen, die den ganzen Tag faul in der Sonne lägen, aber plötzlich ernst machten und den Touristen alles nähmen, sogar das Leben. Auf dem Campingplatz an der Bay treffen wir daraufhin einige Vorbereitungen. Um den Motorrädern ein weniger auffälliges Aussehen zu geben, überkleben wir die purpurroten Tanks, Schutzbekleidung und Seitenteile mit Kreppband und übertünchen dieses mit mattschwarzer Farbe. Des weiteren deponieren wir Fotokopien wichtiger Papiere unter den Verkleidungen und ein Notgeld von zweihundert Dollar im Rücklicht jeder Maschine.

Schließlich wird es höchste Zeit für einen Reifenwechsel: Das letzte Mal hatten wir die Hinterreifen in Nordkanada erneuert. Hier in San Diego liegen zehntausend Meilen hinter ihnen.

Außerdem nehmen wir Briefe und Ersatzteilpäckchen, die man uns von zu Hause hier zur Hauptpost geschickt hat, in Empfang. Ewald schickt uns Kettenräder und Ölfilter, Hermann ein Döschen Reparaturkitt, und einige Freunde haben kleine Flachmänner beigelegt, die wohl von ihrem letzten Trinkgelage übriggeblieben sind.

Heute, an unserem letzten Abend in Nordamerika, lassen wir uns in einem gemütlichen Lokal große Steaks bringen. Ein süßes Minirockmädchen, das sich beim Servieren nicht zu tief über die Tische beugen darf, stellt einen Pitcher dunkles Bier vor uns ab. Wir genießen das lebhafte Straßenbild. Bettler in zerrissenen Lumpen und arme Leute, die leere Dosen sammeln, ziehen vorüber, während sich topgestylte Herren und Damen im rückenfreien Abendkleid im Lincoln zum Dinner vorfahren lassen.

Es ist spät geworden, im Gaslight-Viertel leuchten schon eine Weile die Straßenlaternen. Als wir zurückgehen, läuft ein junger Herr neben Michael her.

»Good buy, good buy«, flüstert er und faßt sich an die Nase.

Wir sagen nein danke, denn wer sich an die Nase faßt, sagt damit, daß er Rauschgift verkaufen will.

Ein Atemzug später stoppt eine schwarze, unendlich lange Limousine vor einer roten Ampel. Es öffnet sich das hintere Schiebedach, und heraus schaut ein leichtbekleidetes Frauenzimmer, das uns mit quiekender Stimme zuruft: »I have no underwear on!«

Um der Sache nachzugehen, reicht die Zeit nicht aus, denn die Ampel springt auf Grün, woraufhin der Wagen davonrollt. Und wir dachten, die Amerikaner seien prüde! Selbst in Zeitschriften werden keine nackten Menschen abgebildet.

»Verrückte Stadt«, schüttelt Michael lachend den Kopf.

Dann ziehen wir davon, um schlafen zu gehen, denn im Morgengrauen wollen wir aufbrechen.


## In eine andere Welt

In eine Autoschlange gepackt rollen wir langsam näher. Tijuana nennt sich der Ort auf mexikanischer Seite. Ich spähe voraus, und Michael beachte ich aus dem Augenwinkel. Schön, daß man in solchen Situationen nicht alleine dasteht. Mit Spannung im Bauch starren wir geradeaus, den dunklen Abfertigungshallen der Grenzstation entgegen: Ein Auto nach dem anderen schlingen sie aus der grellen Sonne in sich hinein.

Schwerfällige Uniformierte sitzen in Buden hinter Schreibmaschinen und tun gelangweilt ihren Dienst. Sie verlangen Kopien unserer Papiere und eine Kreditkarte als Beweis dafür, daß wir liquide sind. Nach zwei Stunden geht es weiter.

Im Norden der Halbinsel Baja California schmiegt sich die Route 1 an die Pazifikküste. Seltsame Manieren hat man hier: Überall an den Straßenrändern liegen abgebrannte Autowracks und tonnenweise Kleinmüll. In San Isidro verarbeiten einige handfeste Männer ihren Tagesfang an Fischen. Mittels Handzeichen fragen wir sie, ob es möglich wäre, für eine Nacht in ihrem Dorf zu bleiben, und wenn, wo wir unser Zelt aufstellen dürfen. Die Leute lachen und erzählen eine Menge spanisches Zeug. Ich hätte nicht gedacht, daß wir solche Sprachprobleme haben würden. Eigentlich verstehen wir kein Wort.

Nun, Michael und ich sind uns einig, daß die freundlichen Gesichter ein Willkommen bedeuten, und die schwenkenden Arme, daß wir zelten können, wo es uns gefällt. So legen wir uns schon bald schlafen und fühlen uns im Schutz der Häuser sicher.

Am nächsten Morgen brechen wir gleich auf.

Wir durchqueren staubige Nester, die sich in flacher, dürrer Gegend ausbreiten. Erst kurz vor Cataviña wird die Landschaft hügliger, und gewaltige Cordon-Kakteen, teilweise acht oder zehn Meter hoch, geben der einsamen Steinwüste etwas Leben. Als die Hälfte der Halbinsel hinter uns liegt, bekommt der Boden durchgehenden Bewuchs, und die Strände werden traumhaft schön. Auch den Spaniern hatte es hier schon besser gefallen. Einige Gebäude aus der Kolonialzeit sind zu sehen und Haine riesiger Dattelpalmen.

Als wir eines Abends in La Paz einlaufen, gießt der Himmel ohne Pause. In San José hatte man heute morgen wegen Regens gar die Schule ausfallen lassen. Das Wasser schießt die Gefällstraßen herunter; alles glitzert und spiegelt. Wir arbeiten uns stromaufwärts in die Oberstadt hinauf, während sich die Brühe vor uns aufbäumt und die Motoren dampfen und zischen läßt.

Wir finden ein Haus mit dem Namen »Hosteria de Convento«, was »Klosterherberge« bedeutet. Kaum haben wir unser fensterloses Zimmer bezogen, klopft es an der Tür. Ich stehe gerade unter der Dusche, während Michael zwei heißblütige Mexikanerinnen einläßt – zumindest beschreibt er sie mir so.

Liebliche Stimmen tönen durch den Raum.

Vor allem rufen sie immerzu: »Una plancha!«

Michael hat einige Probleme, dem schnellen Sprachfluß zu folgen, schließlich ruft er laut: »Hey, Burkhard, die wollen unsere Klamotten waschen!«

Woraufhin er eilig alle schmutzige Wäsche zusammenrafft.

»No no, una plancha…!«

»Ach so, Waschpulver braucht ihr auch. Einen Moment.«

»No…, la plancha!«

Spanisches und deutsches Sprachgewirr greift ineinander,

dann geht der Duschvorhang auf: Mir wird von Michael mein Shampoo aus den Händen gerissen. Ich schütte mich aus vor Lachen, während er der Verzweiflung nahe ist. Als ich, kaum bekleidet, den Raum betrete, haben sich die beiden Mädchen mittlerweile auf den Betten niedergelassen. Das Teenageralter dürften sie erreicht haben, haben überrot geschminkte Lippen und tragen Stretchkleider. Etwas sonderbar ist es schon, Motorradfahrer nach einer »Plancha« zu fragen. Unser Wörterbuch übersetzt das Wort mit »Bügeleisen«.

Zu Abend essen wir in einem Restaurant, das in einer engen, zur Kathedrale hinaufführenden Straße liegt. Es ist eines jener Lokale, die so herrlich eckig und aus viel Holz gebaut sind. Statt Fensterscheiben gibt es Pflanzen, aufgerollte Bastmatten und viel exotischen Firlefanz. Man sitzt abgetrennt, geschützt und doch in direktem Kontakt zum Straßengeschehen. Autobusse und Taxis schieben sich behutsam durch die noch immer strömenden Wassermassen, während nebenan ein Bauchladenverkäufer die vorbeiziehenden Leute auf seine Ware hinweist.

Mit Vergnügen sind wir dabei, den Bügeleisensketch von vorhin nachzuspielen, als Lou, ein schmal gebauter Herr, in Schweizerdeutsch fragt, ob wir mit ihm ein Glas Magarita trinken würden. Heute gebe es drei Stück für den Preis von einem.

Wieviel von diesem Tequilapunsch in einen Globie paßt, wissen wir bereits kurz nach zehn: Der Wirt berechnet uns neun Getränke. Die Rechnung dafür, daß wir mit dem Zeug so tollkühn umgegangen sind, bekommen wir auf dem Nachhauseweg präsentiert. Denn jetzt erst wirkt der Tequila; Michael zerrt an mir, während alles um mich herum verschwimmt.

Plötzlich wache ich auf, weil mein Magen sich entleert. Das Laken klebt mir im Gesicht. Ich verlasse mein Bett, wanke hinüber zu Michael und rüttle mit aller Kraft an ihm, doch mein Freund gibt kein Lebenszeichen von sich, so daß ich ihn für tot ansehe.

Am nächsten Morgen strahlt eine Glühbirne diffus durch stickigen Dunst. Der Deckenventilator flappt keuchend im Kreis. Unser Zimmer, durch meinen nächtlichen Auswurf gezeichnet, bietet ein Bild der Verwüstung. Einige Stunden ver-

*Nach Regenfällen pflügt man durch die Wassermassen*

schlingt die Reinigung, dann fahren wir benommen zum Hafen, um die Nachmittagsfähre zum Festland zu nehmen.

Unser Schiff heißt »Azteka«, siebzehn Stunden braucht es bis Mazatlan. Die Menschen an Land und an Bord winken sich zu, und das Boot legt ab.

»Wo ist gestern eigentlich Lou geblieben?« frage ich Michael.

»Ich weiß nicht, als wir aus der Bar gingen, habe ich ihn aus den Augen verloren.« – »Ja, ich auch!«

Mit der Sonne verschwindet die Baja California langsam am Horizont und somit auch das windschützende Land. Am Freideck bereitet Michael, umstanden von einigen Zuschauern, eine würzige Gemüsesuppe.

Zu Anfang schauen die mexikanischen Frauen recht skeptisch drein, doch dann schmunzeln sie und stupsen gerührt ihre Männer an. Noch keine Stunde später stupsen die Männer ihre Frauen an, denn Michael hängt über der Reling und spricht mit der wogenden See. Doch nicht nur er leidet unter dem ständigen Taumel des Bootes, auch im Salon liegen die Passagiere kreuz und quer zwischen den Sesselreihen auf mitgebrachten Decken.

Kinder schreien, Leute würgen, eine alte Frau erbricht sich über dem Mülleimer. Wir legen uns auf den Boden und hören im Halbschlaf das Schiff durch die Wellen stampfen.

Die Straße von Mazatlan nach Guadalajara ist so furchtbar, wie sie uns beschrieben wurde. Sie schaut aus, als hätte man nur ein bißchen um endlose Reihen von Löchern herumgeteert. Trotzdem rasen die Leute wie von Sinnen. Daß die Mexikaner kein Volk von Traurigkeit sind, ist bekannt, doch ihr überwältigender Mut beim Steuern ihrer Fahrzeuge ist auszeichnungswürdig. Die Regeln sind das Ignorieren aller Verkehrszeichen, das Überholen ohne Rücksicht und ein kämpferisches Umgehen mit dem Gaspedal. Solche Fahrkunst fordert natürlich auch Opfer. Unzählige mit Blumen geschmückte Kreuze sind an die Straßenränder gepflanzt. Wir sehen auch tote Hunde, ein zerfetztes Schwein am Mittelstreifen und ein halbverwestes Pferd im Graben liegen. Niemanden stört es. Müllprobleme gibt es keine: Dosen, Flaschen und Papier fliegen nach Gebrauch einfach aus den fahrenden Autos.

Ganze Familien werden auf Pritschenwagen von wagemutigen Fahrern kutschiert – Bilder wie in einem lustigen Comic.

Auf der Gegenspur wartet ein Kleinbus, um nach links abzubiegen. Ein mit Federvieh vollgepackter Laster, der ihm rasant von hinten naht, weicht unter brutalem Gepolter und mit kreischenden Hühnern auf den Acker aus. Eine Wolke Federn stiebt in die staubig-heiße Luft – der Stärkere überlebt.

In den letzten Tagen mußten wir mehrmals einen Handwerker aufsuchen, der unsere gebrochenen Kofferträger schweißte. Das war nicht allzu schwierig. In nahezu jedem Dorf ließ sich ein Schweißgerät auftreiben – und wenn nicht, dann wußten die Leute, in welchem Ort eines zu finden war.

Aufwendiger ist das Beschaffen von Eis, das wir für unsere Kühlbox benötigen. Vierzig Rollen Diafilm, ein Päckchen Butter und ein Becher mit Schraubdeckel, den wir mit Eis füllen, passen in sie hinein. So schließen wir fast täglich Bekanntschaft mit Restaurantbesitzern, die meistens einen Barren Eis im Vorratsraum liegen haben. Die Leute freuen sich, daß sie uns weiterhelfen können, wollen wissen, wer wir sind und was unser Ziel ist.

Wir haben am Morgen Guadalajara Richtung Süden verlassen und fahren auf schmaler Straße an einem See entlang. Bald wandelt sich der Weg in eine Schotterpiste, der wir bis in ein verfallenes Dorf folgen, das sich San Juan nennt.

Im Dorf beraten die Leute eine gute Stunde, bis sie sich darüber klargeworden sind, was aus uns werden soll. Ich bin mir nicht schlüssig, ob wir ungelegen kommen oder ob man den Gästen etwas Besonderes bieten möchte. Schließlich führt man uns auf einen Platz im Hof von Pepe. Er stellt uns Frau Ramona und seine Sprößlinge vor, dann baut er uns einen Tisch aus Kisten auf. Mehr und mehr Angehörige finden sich ein: Großvater, Nichten, Neffen. Alle bringen Früchte mit. Die Frauen probieren erstaunt Michaels Bratkartoffeln, und die Dreikäsehochs biegen sich vor Lachen über unsere Sprachversuche.

In San Juan sind wir schnell bekannt. Als wir mit Ramona und einigen Kindern zum See spazieren, wünscht man uns aus jedem Winkel guten Morgen. Die Leute leben recht bescheiden hier: Die Straßen sind so schlecht, daß ich bei Nacht keinen Fuß vor die Tür setzen würde, die Bauern pflügen ihre Äcker noch mit Ochsen oder Pferden, während die Frauen auf Steinen waschen. Viele Menschen sind unterwegs, Schweine tollen herum und Hunde liegen faul im Schatten. Die Dorflehrerin erklärt uns, daß man hier mehr nach der Sonne als nach der Uhrzeit lebt.

Kurz nach Mittag lernen wir mit den Kindern Spanisch. Eines hat ein Bilderbuch mitgebracht, in dem wir auf Gegenstände zeigen, denen die Zwerge dann Namen geben.

Bevor wir am nächsten Tag abreisen, müssen wir unbedingt noch bei Ventura zu Mittag essen. Seine Frau Irma zeigt uns, wie sie Tortillas herstellt. Man weicht Mais eine Stunde lang in Wasser ein und walzt ihn dann auf einem Stein zu Fladen. Dazu gibt es Avocado, Tomaten und Bohnen. Man nimmt sie ohne Besteck mit der Tortilla aus dem Teller auf.

Von den Frauen verabschieden wir uns wie üblich mit einfachem und von den Männern mit doppelt umgreifendem Handschlag. Dann fahren wir den Weg über den Hügel hinauf und winken noch einmal ins Tal hinunter.

Unter Moctezuma war die Hauptstadt der Azteken Tenochtit-

*Mexiko-Stadt – ein Moloch*

lan gewesen. Doch als die Spanier ins Land einfielen, machten sie den Ort dem Erdboden gleich und erbauten anstelle der Tempel Kirchen. Heute liegt hier Mexiko-Stadt, die größte Metropole der Welt. Vor uns Häuser und Teerbänder, so weit das Auge reicht.

Aus dem Gedränge der Blechkarossen lotst uns eines der unzähligen VW-Käfer-Taxi zum »Hotel República« Gleich öffnet das Personal die Pforten und winkt uns in die Eingangshalle. Umgerechnet siebzehn Mark zahlen wir pro Nacht, und das in einem Haus gleich neben dem Zócalo, dem Exerzierplatz – dem Mittelpunkt der Stadt! Natürlich entspricht das Ambiente unseres Zimmers der geringen Miete: durchhängende Blechbetten, keine Fenster, kein Ventilator und eine Toilettentür aus verfaultem Holz, hinter die wir gar nicht schauen mögen. Doch der Hotelier beruhigt: »Ob hier oder im Hilton, nachts schließen alle Gäste ihre Augen!«

Eigentlich wollen wir in Mexiko-Stadt nur so lange bleiben, bis wir unsere Weihnachtspost erledigt haben. Doch je länger wir uns hier aufhalten, desto interessanter finden wir die Stadt. Wir

*Die Kathedrale in Mexiko-Stadt*

schauen uns Museen, Märkte, mächtige Kolonialgebäude und Kirchen an. Die Basilika gilt heute als Lateinamerikas meistbesuchter Wallfahrtsort. Fünfundneunzig Prozent der Mexikaner sind katholisch. Viele Pilger rutschen die letzten Meter zur Basilika auf Knien.

Wir studieren die Menschen hier: Mehr als zwanzig Millionen leben in der Stadt, und der enorme Zustrom vom Land hält ungebrochen an. Da gibt es Leute in unsagbar teuren Autos, Leute, die zum Frühstück Börsennachrichten lesen und überlegen, wie sie ihr Millionenkapital aufs schnellste verdoppeln können, während ihnen in Lumpen gekleidete Männer die Schuhe putzen und nachrechnen, ob sie heute ihre Familie wohl durchbringen. Wir gewinnen Einblicke in das Leben von Zwiebelverkäufern, die offenbar Tag für Tag inmitten ihrer Knollen stehen, bis sie so krumm wie ihre Väter sind. Oder wir sehen Maisfladenbäckerinnen mit drei Kindern am Rockzipfel – um jeden Kunden ringen sie.

Am letzten Tag bringen wir unser Weihnachtspaket zur Post. Besser hätten wir es den Armen gegeben, denn in Deutschland kam es niemals an.

*Der Pico de Orizaba – höchster Berg Mexikos*

Als wir abreisen, staubt der Hotelier unsere Motorräder ab, und die Putzfrauen stehen grüßend an der Tür. Ade, du gewaltige Stadt!

Bald ragt der Popocatepetl, einer der Vulkane, die im Osten der Stadt stehen, vor uns im Mittagsdunst auf. Fünfeinhalbtausend Meter ist er hoch.

Ich glaube, wir werden eine ganze Zeit brauchen, um Mexiko einschätzen zu können. Der Sprung von den USA nach Südamerika war wie in eine andere Welt gewesen. Die Mexikaner mögen zunächst oft unnahbar wirken, doch erleben wir auf unserer Fahrt auch die Warmherzigkeit dieser Menschen. Wir lernen allmählich, wie man sich selbst den Leuten offenbart, wie wichtig es ist, daß man genug Zeit für sie mitbringt, und vor allem, daß die Furcht der anderen Menschen vor einem selbst größer ist als die, die man vor ihnen hat.

Schon bald bemerken wir, daß es den Leuten gefällt, wenn wir Fotos von unserem Dorf und der Familie in Deutschland zeigen. Wir geben uns so zu erkennen und sind keine anonymen Motorradfahrer mehr. Schon aus Vorsicht vor Überfällen verbringen wir die Nächte stets im Schutz von Menschen, auch wenn wir dadurch nicht immer in den Genuß eines luxuriösen Lagers kommen.

In Coyame, am Catemaco-See, warten wir einige Tage auf besseres Wetter und teilen den sumpfigen Hinterhof einer ärmlichen Holzhütte mit Hühnern und ein paar schwarz-grauen Schweinen. Die Leute haben nicht viel, trotzdem holt uns die Hausfrau an den Mittagstisch, an dem bereits ihr Mann Mario und eine Handvoll Kinder sitzen. Alle Einrichtungen bestehen aus Kisten und zusammengeschlagenen Brettern. Der Regen aber läßt nicht nach, und bevor wir mit unserer Zeltbehausung untergehen und bald so aussehen wie die schwarz-grauen Steckdosentiere, sagen wir auf Wiedersehen. Winkend stehen einige Leute zwischen Pferden unter einem Überdach, und durch eine nasse Fensterscheibe lächelt mir ein kleines Mädchen zu. Noch so manches Mal sollten wir die Hinterhöfe Südamerikas kennenlernen.

Bis nahe der Pazifikküste lotst uns die Landstraße 185 durch weite flache Ebenen, dann biegen wir links auf die Panamericana

*Hinterhoflager*

73

*Verkauf an der Tür in San Cristóbal*

ab, die in die kühlen Berge aufsteigt. In der Umgebung von San Cristóbal leben noch sehr viele Indios. Man sieht sie in ihren grell-bunten Kleidern am Wegrand Brennholz sammeln oder in der Stadt selbstgemachte Textilien verkaufen.

Chiapas gilt eigentlich als ärmster Staat Mexikos, wirtschaftlich gesehen, doch keinesfalls kulturell. Ich finde es erstaunlich, daß es in unserem Zeitalter einem Urvolk noch gelingt, seine alte Kultur zu bewahren. San Cristóbal ist ein wichtiger Handelsort für die Indios. Am Tag knien oder sitzen sie in einem Meer farbenprächtiger Stoffe. Die Frauen verkaufen, weben oder stillen ihre Kinder, die in einem Umhängetuch vor ihrer Brust baumeln, und manchmal tun sie alles auch gleichzeitig.

Einen halben Tagesritt von San Cristóbal entfernt halten wir in einem Buschdorf, dessen Namen man nur aussprechen kann, wenn man ihn zwei Sekunden zuvor gehört hat: Xotxotja las Canchas. Kaum stehen unsere Räder still, als sich auf den Hangpfaden zwischen den Hütten regelrechte Kinderlawinen bilden, die sich auf uns zubewegen. Bald sind wir von siebzig, achtzig kleinen Schwarzköpfen umringt. Alle wollen sehen, wer da ge-

*Die Indios weben ihre herrlich bunten Stoffe selbst*

kommen ist. Die ganze Meute hüpft vergnügt herum und begleitet uns bis vor die Kirche. Ein hagerer Mann mit seiner Machete in der Hand glaubt, dieser Platz sei für die Nacht das beste für uns. Wir setzen eine Möhren-Zwiebel-Avocado-Chayote-Paprika-Nudelsuppe an, während zweihundert Augen jede unserer Bewegungen verfolgen. Still stehen die Kleinen da, gespannt, was wir als nächstes aus unseren Wunderkisten hervorzaubern.

Michael schlägt einen vor seine Füße gerollten Ball weg, worauf sich wie von selbst zwei Mannschaften bilden und der Animateur größte Not hat, die tobenden Kinder zu bändigen. Ich lasse mich derweil auf dem Boden vor unserem köchelnden Gußtopf nieder. Die anderen Kinder setzen sich im Halbkreis vor mich, keines sagt etwas.

»Cómo se llama – wie heißt das?« frage ich und halte einen Blechteller hoch.

»Un plato«, schallt es in einem Chor zurück.

»En Alemania – Teller«, erkläre ich und buchstabiere jetzt mit den Kindern der Reihe nach die Namen dieser Utensilien. Die Menge ist schnell zu begeistern. Immer neue Vokabeln dieser für sie so fremden Sprache möchten sie hören, und so schallt es bald durchs ganze Dorf: »Teller, Gabel, Löffel, Schüssel, Tasse, Pott.«

Natürlich bleibt für Michael und mich nicht mehr viel im Topf, als die Mäuler der beiden ersten Reihen von der Suppe gekostet haben, doch dafür wollen uns alle eine gute Nacht wünschen. Wir sind erstaunt, wieviel Personen in ein kleines Tunnelzelt passen.

An Agua Azul, den herrlich blauen Wasserkaskaden vorbei, kommen wir nach Palenque, einen der bedeutendsten Ausgrabungsorte der Mayakultur. Unweit der Ruinenstätte liegt der Campingplatz Mayabel. Eine Menge junges Volk hält sich hier auf. Ich finde es immer wieder faszinierend zu beobachten, wie sich der Mensch in einer ihm fremden Umgebung verhält. Der wilde Dschungel mit seinem Übergrün, den lauten Vogelstimmen und den brüllenden Affen erweckt in vielen Seelen das Bedürfnis nach Anpassung.

Die einen fühlen sich in die Zeiten der Flower Power zurückversetzt, tragen weite Gardinenhosen und hüpfen unbeschwert über Stock und Stein. Andere, nur mit dem Nötigsten bedeckt, wollen leben wie echte Indios. Dann gibt es Reproduktionen von Robinson Crusoe, mit zerfetzten Hemden, Fransenhosen und Kopftüchern. Schließlich sind da welche, die sich nicht recht entscheiden können. Doch da gibt Mutter Natur Nachhilfe: Ein Pilz, der hier wie Unkraut wächst und wohl eßbar ist, zeigt sonderbare Wirkungen. Betäubt und lächelnd taumeln die Betreffenden anschließend durch den Wald, erfreuen sich an jedem Blatt und Halm und sind sozusagen eins mit der Natur. Manche ernähren sich über längere Zeit von der Droge, bereiten daraus Omeletts zu und baumeln ihren Rausch bis zur nächsten Essenseinnahme in Hängematten aus.

Der Wald verdampft den Morgentau. Die Bäume tropfen, der Boden ist glitschig, und die Sonne blickt nur trübe durch die Wolken. Ich habe das Gefühl, als faulte unsere Wäsche. Langsam müssen wir uns daran gewöhnen, daß es im Regenwald nun mal täglich regnet und man ständig klamme Kleidung am Körper trägt.

Nach dem Staat Chiapas verschwinden die Berge. Vor unseren

*Pyramide Kukulcan in Chichen Itza*

Rädern liegt die absolut plane Kalksteinplatte von Yukatan. Lange, schnurgerade Teerbänder führen hier durch Busch- und Sumpflandschaft.

Seitdem wir Mexikos Festland bereisen, befinden wir uns ständig auf den Spuren der Urvölker. Auf Yukatan lebte das Volk der Maya. Auf Schritt und Tritt liegen im Buschwerk Ruinen versteckt. Nicht alle sind riesig, aber sie wirken ungeheuer mysteriös und geheimnisvoll.

Das Herz des Maya-Staates bildete der Ort Chichen Itza, knapp zwei Stunden östlich des heutigen Mérida gelegen. In der zweiten Hälfte des ersten Jahrtausends erlebte er seine Blütezeit und war wirtschaftliches, politisches und vor allem religiöses Zentrum, mit Ballspielplatz, heiligem Brunnen und Tempel der Krieger. An all diesen Plätzen sollen Menschen geopfert worden sein. Die Maya hatten schon damals große Kenntnisse in Architektur und Astronomie und besaßen ebenso wie die Azteken einen genauen Jahreskalender.

Wir erklimmen den Tempel der Krieger, schauen über hunderte gemeißelter Säulen hinüber zur Pyramide Kukulcan mit ihren steinernen Schlangenköpfen und malen uns aus, wie sich hier vor tausend Jahren das Leben wohl abgespielt haben mag.

Der örtliche Campingplatz ist momentan geschlossen. Daher steigen wir vor einer Reihe von Hinterhöfen ab und warten. Es dauert fünf Sekunden, bis uns die ersten Kinder umringen, und zirka eine Minute, bis sich eine Señora dazugesellt. Sie heißt Filomena und bietet uns eine Hütte aus zusammengebundenen Holzstangen zur Übernachtung an – auch die Häuser ihrer Familie sehen so aus.

Im Inneren spannen wir unsere Hängematten auf und teilen den Raum mit zwei glucksenden Truthennen, die unter uns mit Sorgfalt ihre Eier ausbrüten. Der Himmel ist heute besonders klar. Michael und ich gehen hinaus und entdecken, vielleicht von den Mayas inspiriert, die herrlichsten Sternbilder.

Auf der Weiterfahrt zur Landesgrenze zu Belize stürmen plötzlich zwei bewaffnete Männer aus einem Kontrollhäuschen und halten uns an. Ihre Uniformen sehen etwas verlottert aus, geben aber, ebenso wie ihr Handwerkszeug, Anlaß zu Respekt, also halten wir. Der Inhalt unseres nicht gerade spärlichen Gepäcks sorgt für Diskussionsstoff. Heroin, Shit, Koks und Waffen interessieren sie.

»Bitte alles aufmachen«, verlangt der Jüngere forsch, vermutlich um dem Älteren zu zeigen, was er schon gelernt hat.

»Nein«, sage ich, »wir werden gemeinsam jeden Koffer einzeln durchsuchen«, und die zwei parieren verdutzt.

Oft genug hatten wir gehört, daß korrupte Beamte dem Reisenden etwas ins Gepäck stecken, damit man ihn am nächsten Posten »bestrafen« und ausnehmen kann. Unsere Kofferkontrolle läuft reibungslos ab, bis die beiden auf ein angebrochenes Päckchen Zigarettenpapier stoßen, was überall in Amerika das Rauchen von Drogen bedeutet. Kaum haben wir den Fund erklärt und die Uniformierten beschwichtigt, fallen ihnen die Einwegspritzen aus unserer Medikamententasche entgegen. Jetzt zündet sich der ältere eine Zigarette an, verschränkt die Arme und fragt:

»Und was ist das?« Er verlangt die Innenseiten unserer Arme zu sehen.

Ich weiß nicht, wieviel Zeit die Zeremonie in Anspruch nimmt, nur, daß sie etwa genauso lange dauert wie die Behebung der Reifenpanne, die uns gleich danach ereilt. Welch ein Tag!

Als wir nach Belize einreisen, treffen wir auf freundliches, in frisch gestärktem Zwirn steckendes Grenzpersonal, korrekt und sauber, mit einem Hauch von britischem Stolz. Ohne Probleme drückt man uns den Stempel für Mann und Maschine in den Paß und weist darauf hin, wir müßten eine Pflichtversicherung für die Motorräder im Büro gegenüber abschließen.

»Sehr zuvorkommend«, murmele ich anerkennend.

Dann entdeckt man unseren stattlichen Obstvorrat und erläutert gewissenhaft, daß die Einfuhr von Früchten strengstens verboten ist.

»Und was jetzt?« fragt Michael.

»Wir könnten es gemeinsam aufessen!« schlägt der Mann gutgelaunt vor.

Wir lassen also die Beamten in die Tüten langen und verteilen den Rest unter die Passanten. Nun, es ist ein sonnig-warmer Dezembermittwoch, und der Tag kann nur noch besser werden, wenn man schon am Morgen Gutes tut.

Daß Belize früher als Britisch-Honduras britischer Kolonialstaat war, ist unübersehbar. Weiße Lattenzäune grenzen die Weiden ein, man spricht Englisch, und auf dem Belize-Dollar posiert nach wie vor Queen Elizabeth. In Belize City, mit vierzigtausend Einwohnern die größte Stadt des Landes, stoßen wir auf weiß gestrichene Holzhäuser mit Sprossenfenstern und aufwendigen Erkern. Die meisten Gebäude sind zwar in einem recht verkommenen Zustand, doch ich finde, daß sie trotzdem noch einen unerhört feinen Charme ausstrahlen.

So ungewöhnlich wie die Existenz von Häusern im englischen Stil am karibischen Meer ist auch das Bevölkerungsgemisch. Mestizen, Kreolen, Indios und friesische Mennoniten leben friedlich nebeneinander. Auf den Straßen sieht man immer wieder die typisch englischen Farmer in Latzhosen und mit hellen Hüten. Weiter gibt es eine gewaltige Menge schwarzfarbener Menschen in der Stadt. In den Anfangsjahren der Kolonie waren sie als Sklaven von Jamaika herübergebracht worden. Man hat oft den Eindruck, wie damals sei die Bevölkerung noch in Herren und Sklaven unterteilt.

In der Stadtmitte halten wir gegenüber der Post an der alten Schwingbrücke. Niemand beachtet uns, alle gehen konzentriert ihrer Wege. Seltsames Gefühl.

Mit weiteren fünf Reisenden teilen Michael und ich einen Schlafraum im »Seaside-Guesthouse«. Der Wirt warnt uns, die Stadt sei gefährlich, sie gehöre zu den größten Drogenumschlagplätzen Mittelamerikas. Unsere Mitbewohner treffen wir am Abend in einer Bar. Auch Rita, die fesche Holländerin, ist dabei und Harald, der jedoch keine Stimme hat: Bei einem Überfall heute mittag hatte ihn der Dieb mit einem Schlag auf den Kehlkopf überwältigt. Wir trinken mit einigen Schwarzen Bier, die es gut mit uns meinen, aber dermaßen ausgelassen und temperamentvoll sind, daß wir Europäer nur mit Mühe mithalten können.

Belize ist nur dünn besiedelt, besitzt riesige Wald- und Sumpfflächen und zu unserem Erstaunen eine ganze Reihe Naturschutzgebiete. Das Cockscomb Basin wurde sogar zum ersten Jaguarreservat der Welt erklärt. Der Weg dorthin führt mehrere Stunden durch ruhige Landschaft, nur kleine Hüttendörfer liegen friedlich zur Seite.

In einem solchen Dorf versuchen wir wieder einmal eines unserer Fotos mittels Selbstauslöser: Das heißt, ich plaziere die Kamera an der Straße und winke Michael mit seinem Motorrad bis zum rechten Bildrand heraus. Ich gebe ihm ein Handzeichen, wenn ich den Auslöser durchdrücke, worauf er eine Stoppuhr startet. In großer Eile spurte ich dann zu meiner bereits laufenden Maschine und düse zu Michael, um gemeinsam mit ihm, der die Zeit angibt, ins Bild hineinzufahren.

Selbstverständlich sorgt hier ein solches Spektakel für erhebliches Aufsehen. Bauern auf ihren Feldern heben die Köpfe, und die Dorflehrerin eilt mit ihren Kindern herbei.

»Fotografiert ihr uns?« will sie wissen.

»Nein, eigentlich…, doch, wenn ihr wollt, stellt euch her und schaut recht hübsch in den Apparat«, erkläre ich.

Man stellt sich, die Kleinen nach vorne, zum Gruppenbild auf.

Und jetzt beginnt die Selbstauslöseprozedur wie beschrieben. Ich gebe Handzeichen, Michael stoppt, ich brause los. Alle Köpfe schauen nach links, dann nach rechts mir nach und starren uns schließlich entgeistert an, als wir beide auf sie zufahren. Niemand versteht etwas.

»Nein, nein«, rufe ich aus voller Fahrt, »seht in die Kamera!«

Sicher ein etwas merkwürdiges Verfahren, doch alle haben ihren Spaß daran, und für die Kleinen gibt's Schokolade.

Der weitere Weg zum Park verläuft über die lehmfarbene Staubpiste des Southern Highway, schließlich über steinig schmale Buschwege und durch Bäche. Jaguare sehen wir keine, dafür aber Affen, Wildschweine und exotische Vögel, die mit ihren sich überschlagenden Stimmen eine sagenhafte Klangkulisse erzeugen. Das vierzigtausend Hektar große Tiefland ist wabenartig von Flüssen und Mangrovensümpfen durchzogen. Fast achtmal soviel wie in London regnet es hier.

Alle Pflanzen um uns herum tropfen den Tau der Nacht ab. Samstag – neun Uhr – dreißig Grad. Es ist kurz vor Weihnachten, und wir hören den Deutschlandfunk im Radio – wirkt irgendwie komisch, hier mitten im Dschungel. Die Sprecherin verliest mit blecherner Stimme die Wetteransage: »Zwei bis vier Grad, Sprühregen«.

Michael erwartet Fußballergebnisse, schießt gelangweilt Kokosnüsse gegen Palmen, die Affen brüllen, und er imitiert im Ruhrpottdialekt einen Sportreporter: »Und da sind die Stuttgarter wieder. Befreien sich mit einem langen Paß auf die linke Seite aus dem Angriffskessel, doch da wird der Ball schon wieder abgefangen ...«

## Neue Freunde

An der Grenze zu Guatemala reihen wir uns schon zeitig in die wartende Menschenmenge ein. Die Zollgebäude hüllen sich in Morgendunst, der von frühen Sonnenstrahlen durchflutet wird. Auf der anderen Seite des Schlagbaumes ist eine große Tafel zu erkennen, auf der »Welcome to Guatemala« geschrieben steht.

Gleich daneben sind an einem Maschendrahtzaun zwei kleinere Hinweisschilder befestigt. Eines verrät, daß es im Land Aids gibt, das andere warnt vor der Cholera.

Die Formalitäten nehmen etwa vier Stunden in Anspruch. So bleibt genügend Zeit, sich mit dem Gedanken vertraut zu machen, daß das Teerband an der Schranke ein abruptes Ende findet und sich in graustaubigen Steinbelag verwandelt. Ein wenig mulmig ist uns beiden schon. All die Gruselgeschichten, die wir inzwischen gehört haben, schießen mir durch den Kopf: zum Beispiel die Massaker gegen die Indios Anfang der neunziger Jahre oder der Tod des Kaliforniers Mike de Vine, der vor drei Jahren in der Nähe seiner Farm bei Poptun ermordet wurde. Und erst vor vierzehn Tagen sollte hier wenige Kilometer hinter der Grenze ein mexikanischer Anwalt in seinem Wagen erschossen worden sein. Aber nun sind wir hier, und der dreieckige Ausreisestempel von Belize erscheint unwiderruflich in unseren Pässen. Ein Zurück gibt es nicht mehr.

Von der im Land üblichen Korruption bekommen wir sogleich eine erste Kostprobe. Die Gebühr der Fahrerlaubnis beträgt pro Motorrad dreißig Quetzal, das entspricht etwa zehn Mark. Der gierige Mensch an der Schreibmaschine verlangt jedoch nur aus dem Grund, heute sei Sonntag, siebzig Quetzal. Ich protestiere laut, worauf der Beamte das ausgefüllte Papier in einer Schublade verschwinden läßt und sich im Stuhl zurücklehnt. Ich wende mich an drei andere Uniformierte: »Wissen Sie, wieviel eine Fahrerlaubnis kostet?«

»Wieviel will er denn haben?«

»Die Rechnung zeigt dreißig, er sagt jedoch siebzig!«

Die drei zucken die Schultern und fragen: »Willst du nach Guatemala oder nicht?«

Der Mann bekommt also siebzig, worauf er gleich viel freundlicher wird und mich nach draußen begleitet, um die Aufkleber, die unseren Maschinen dreißig Tage Aufenthalt gewähren, höchstpersönlich an die Windschilde zu pappen.

»Die stecken alle unter einer Decke und teilen nach Dienstschluß«, erkläre ich Michael, der draußen unser Hab und Gut bewacht.

»Ja, ganz sicher, aber die armen Hunde verdienen so wenig, daß sie auf Einnahmen wie diese angewiesen sind«, meint er.

Weit und sanfthügelig erstreckt sich unendlich erscheinender Dschungel rechts und links von uns. Wir kommen nur durch einige Dörfchen, deren Häuser aus Bambus- oder Holzstangen zusammengebunden sind.

Die Fahrbahn befindet sich in einem schlimmeren Zustand als erwartet. Sie bietet grobsteinigen Belag und tiefe Löcher, was dem Rücken eines Motorradfahrers auf Dauer nicht gut bekommt. Sobald man Gegenverkehr erblickt, muß man unbedingt stoppen, denn der aufgewirbelte Staub läßt Land und Straße für Minuten verschwinden. Trotz der üblen Piste jagt der Guatemalteke, der sonst als eher ruhiger Zeitgenosse bekannt ist, wie der Mexikaner sein Fahrzeug wie von der Tarantel gestochen dem Horizont entgegen, während sich Mensch und Vieh von der Straße ins Gebüsch retten.

Plötzlich ein harter Schlag. Mein Vorderrad verläßt den Boden, Lenken ist nicht mehr möglich. Ein faustgroßer Wackerstein hebelt mich mitsamt meinem Gefährt in den Busch. Heidewitzka, würde jetzt mein Großvater rufen. Doch weiter geht's mit fünfzig Klamotten durch dichtes Gestrüpp, die Wildnis saust an mir vorbei, und geistesgegenwärtig treibe ich das Rad mit einem kräftigen Gasschub zwei Meter einen Abhang hinauf und zurück auf den Highway. Was bin ich nur für ein Teufelskerl!

Michael öffnet, neben mir herlenkend, sein Visier, schaut mich großäugig an und schüttelt eine Hand vor sich in der Luft: Noch einmal gutgegangen, soll das heißen.

Kaum ein Viertelstündchen ist vergangen, daß mich der Dschungel schon fast in seinen Krallen hielt. Da tut es einen mächtigen Knall; der rechte Koffer meiner Maschine schert mit einem Ruck ab und bleibt scheppernd zurück. Daraufhin drehen sich Roß und Reiter zweimal um die eigene Achse; Land und Straße wickeln sich in Zeitlupe vor meinen Augen ab, als säße ich auf einem Karussell. Obwohl das Theater nur Sekunden dauert, erlebe ich es wie eine Ewigkeit. Es poltert und schlägt, Steine fliegen, Funken sprühen – hör endlich auf, du torkelndes Gefährt, gib endlich Ruhe!

Weit entfernt ruft eine Stimme meinen Namen, dann höre ich das Rauschen eines Wasserfalls, eine grüne Wiese und leuchtende Blumen halluzinieren mir im Kopf, die Erde bebt – ich komme zu Bewußtsein. Ein Autobus poltert vorbei, so überfüllt, daß die Menschen selbst auf dem Dach des Vehikels sitzen. Plötzlich sehe ich Michael über mir, während sich das Wasserrauschen in Benzingeplätscher wandelt: Der Tank meiner Maschine ist aufgeplatzt. Mir wird schlecht, und ich bleibe eine ganze Weile am Boden liegen.

»Was war das?« frage ich, während mir Michael einen Druckverband um mein rechtes Bein wickelt.

»Der Straßenrand ließ sich gut befahren, aber mit einem Male stand ein grünbewachsener Holzpfahl da, den du nicht gesehen hast. Wir müssen von der Straße. Komm, ich helfe dir!«

Ein Wagen hält vor uns. Der Fahrer kurbelt seine Scheibe einen Fingerbreit herunter und ruft: »Zwei Kilometer von hier gibt es ein Dorf.« Dann braust er davon.

Mit starken Schmerzen in Bein und Schulter setze ich mich mit Hilfe Michaels in den Sattel zurück. Nach kurzer Zeit rollen wir in einen Ort ein, der sich Macanche nennt. Die Leute verhalten sich recht scheu und zeigen wenig Hilfsbereitschaft, doch ein ziemlich betrunkener Mann erkennt unsere schwierige Lage und weist uns in Richtung des örtlichen Krankenhauses. Der freundliche Mensch kann seinen Namen nur schwer aussprechen; wir verstehen so etwas wie Agostini.

Vom Hospital ist nur die Größe auszumachen, die es einmal einnehmen wird, wenn es gebaut ist. Noch sind erst die Winkel geschlagen und die Gräben ausgehoben. Wenig später treffen Frauen mit Tortillas und Bohnen ein, dazu gibt es Kokosmilch aus einer aufgeschlagenen Nuß. Dann schleifen mich Michael und ein paar Männer ins Zelt. Einige Kinder schauen mitleidig dabei zu.

Sofort schlafe ich ein.

Bereits am frühen Morgen des nächsten Tages überfällt mich mächtiger Schmerz in Schulter und Bein. Wir befürchten einen Knochenbruch und müssen in ein Krankenhaus. Also trägt mich Michael mühsam nach draußen und anschließend mit Hilfe von

Catalino, dem jungen Dorfpastor, zur Straße hinunter. Ein Auto ist leider in Macanche nicht aufzutreiben. Daher stoppen wir eins an der Straße, einen Lieferwagen.

»Neun Leute, sechs Hühner auf der Ladefläche und drei Menschen im Führerhaus, ist das nicht etwas zuviel für einen kleinen Pick-up?« frage ich Catalino.

»Aber nein, das geht schon«, meint er und begleitet uns nach San Benito.

Michael hat mir zwar den Unterschenkel mit einem Holzknüppel geschient, doch die Schotterpiste ist ebenso erbarmungslos wie der Fahrzeuglenker. Mit beiden Händen schütze ich den angeschlagenen Knochen, während sich meine angeschwollene Schulter Halt an einer dicken Frau sucht. Dennoch sind größere Schmerzen unvermeidbar.

In der Nähe des Peten-Itza-Sees erreichen wir nach vierzig Kilometern Santa Elena und wenig später das angrenzende San Benito. Zusammengeschachtelte Stein-Wellblech-Häuser, die sich täglich aufs neue in den Staub der rauhen Straße einhüllen, begrüßen uns.

Das geräumige Hospital macht an sich einen passablen Eindruck. Es ist zwar etwas schmuddelig, aber man muß ja nicht immer gleich mit deutschem Standard messen. Die Eingangshalle und die Flure sind voller Patienten: Mütter mit ihren schreienden Kindern, Männer auf Krücken, Leute mit Kopfverbänden und verwahrloste Greise. Sie alle wollen behandelt werden. Doch es gibt nur einen einzigen Arzt, dem zwei Schwestern zur Verfügung stehen. Die Einrichtung ist äußerst dürftig. Immerhin besitzt man ein Röntgengerät, und dieses schiebt nach einer Weile eine belichtete Folie heraus, die den Knochen meines rechten Unterschenkels zeigt. Das Schienbein ist um mehr als die Hälfte quer eingerissen. Die Schulter sei dagegen in Ordnung, meint der junge *Doctor*, mit Salbe ließe sie sich wieder aufpäppeln. Im Krankenhaus sind aber weder Verbände noch Medikamente vorrätig; wird etwas benötigt, so besorgt man es sich in der nächsten Farmacia (Apotheke). Während ich in einem Rollstuhl im Flur hin und her geschoben werde, versucht Michael in San Benito, Santa Elena und dem halb unter Wasser stehenden Flores

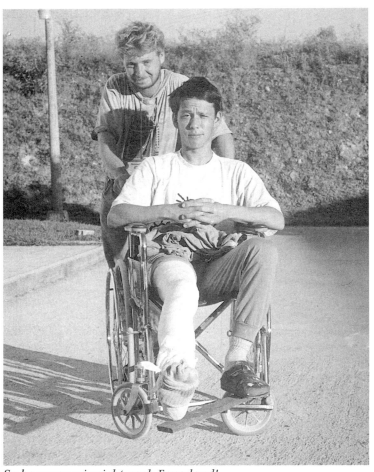

*So kommen wir nicht nach Feuerland!*

einen Gipsverband aufzutreiben. Nach zwei Stunden kehrt er
mit seinen Rechnungen zurück. Fünf Apotheken haben ihm
fünfzehn Rollen Gipsbinde verkauft. Nach weiteren Stunden
Wartezeit bringt man mich in einen Raum mit der Überschrift
»Fractura«. Der studierte Herr, der uns zu Anfang etwas ange-

trunken schien, beherrscht sein Handwerk. Für die tiefe Wunde spart er geschickt ein Fenster im Gips aus, und auch die Zehen liegen frei. Als man mich von der Werkbank zieht, stehe ich mit dem rechten Bein bis zur Hüfte in stabil weißer Schalung.

Sieben Stunden haben wir inzwischen in der Krankenanstalt verbracht, es ist bereits später Nachmittag, und Pastor Catalino sitzt noch immer wartend in der Eingangstür. Michael bittet ihn, ein preisgünstiges Taxi zu organisieren. Als es anrollt, stimmen wir beide darin überein, daß sicher noch keine deutsche Autopresse jemals ein derartiges Schrottmobil geschluckt hat.

Ein bißchen Mühe bereitet es schon, den sperrigen Körper meiner Wenigkeit zu verladen, zumal man mich nirgends anfassen kann. Das Einsteigen wird allerdings dadurch erheblich erleichtert, daß der hilfsbereite Taximann eine der hinteren Türen aus dem Rahmen nimmt und neben seinem Wagen abstellt. Vor dem Start werden die Radmuttern nachgezogen, dann stemmen sich Fahrer und Pastor jeder in eine offene Tür, um den Untersatz anzuschieben. Ja sogar von hinten drücken Passanten zur Unterstützung.

Michael dreht sich mir verdutzt zu, dann rufe ich laut heraus: »Hey, was macht ihr da, der Motor läuft bereits!«

»Sí, sí«, anwortet man keuchend.

Dann hechten die beiden laufend mit hochroten Köpfen in ihre Sitzschalen, worauf der Pilot hektisch den Schaltknüppel nach vorne schlägt.

»Ich verstehe«, bemerke ich nachdenklich.

»Ja«, meint Michael, »die fahren ohne Kupplung!«

Brutal dreinschauend bewegt der Chauffeur seinen Unterkiefer Richtung Zielort, während der Pastor vorne neben ihm lächelt. Stoßdämpfer geben auf diesen Felsstraßen vermutlich schon bei Neuwagen nach kurzer Zeit ihren Geist auf, von solch einem Luxus kann also in diesem Fahrzeug keine Rede mehr sein. Rund um uns herum dröhnen Blech und Maschine, und durch Löcher strömt dicker Staub in die Kabine, sichtbar gemacht durch die rote Abendsonne. Mit vier Händen halten wir mein eingegipstes Bein, damit es nicht zerbricht, schauen konzentriert durch die geplatzte Windschutzscheibe nach vorne und verfolgen genau, wie sich Mensch, Pferd, Hund und Schwein dem wütend rasenden Wagen gegenüber verhalten. Zeit, die man derart intensiv erfährt, bildet einen eigenständigen Lebensabschnitt.

Mit großer Schwierigkeit schiebt mich Michael am Abend unter die Zeltplane und zieht mich morgens wieder darunter hervor. Während der ersten Nächte liege ich wach und warte sehnlichst auf den nächsten Tag, weil mich jeder einzelne Knochen schmerzt. Die Einheimischen, die man hier als Ladinos bezeichnet, Spanisch sprechende Mischlinge, die keine indianische Tracht tragen, sind alle sehr nett und hilfsbereit, doch aufnehmen kann uns hier niemand. Die armseligen, mit Bananenblättern gedeckten Stangenhäuser sind primitiv und klein. Meist lebt man mit der ganzen Familie in nur einem einzigen Raum.

Der Benzintank meiner Maschine ist geborsten, einer der beiden Vergaser leckt, und die Metallkoffer, einschließlich ihrer Träger, sind abgerissen. Das Zoomobjektiv unserer Kamera ist gebrochen. Beim Erhitzen von Kaffeewasser zischt und rußt der gute Coleman-Brenner wie noch nie. Wir sehen dreckig und verwahrlost aus und riechen wie Wilde. Um die Sache auf den Punkt zu bringen: Wir geben ein recht jämmerliches Bild ab, das zudem auf unsere strapazierten Gemüter nicht gerade aufmunternd wirkt.

Doch langsam, aber stetig, richten uns die Menschen unserer Umgebung auf. Luz verdient sich etwas Taschengeld damit, daß sie uns an einem Tag mit ihren Töchtern Frühstück, Mittagessen und Abendessen auftischt. Wir verzichten jedoch höflich auf weitere Menüs, weil die Speisenzusammenstellung immer die gleiche ist: Tortillas und Frijoles (Maisfladen mit Bohnen). Antonia bringt da schon etwas Abwechslung: gebackene Chayotes – eine Weichfrucht mit harter Schale –, dazu Tamales, gestampfte Maismasse mit Huhneinlage in Bananenblättern eingewickelt, und Kaffee.

Zum Dank für ihre fürsorglichen Dienste möchte die Köchin mit ihrer Familie abgelichtet werden, denn sie glaubt, wir besäßen eine Sofortbildkamera. Nun, wir tun ihr gerne den Gefallen. Michael nimmt den Apparat und geht mit ihr zum Haus. Die fertigen Bilder werden wir später von Deutschland hierher

*Die Leute um uns herum machen uns wieder Mut*

schicken. Ihre Adresse lautet: Antonia, Am Wassertank, Dorf
Macanche, Flores-Peten, Guatemala, Zentralamerika.

Am darauffolgenden Tag lernen wir Soil kennen, eine attrak-
tive Frau, vielleicht etwas älter als wir. Ein hübsches pinkfarbe-
nes Leinenkleid mit einer uniblauen Schürze trägt sie, und ihre
langen Haare sind zusammengebunden. Soil möchte wissen, ob
wir unsere Wäsche zum Reinigen abgeben möchten. Dabei
lächelt sie so strahlend, daß man dahinschmelzen könnte.
Natürlich wollen wir. Michael rafft schnell die schmutzige Ropa
zusammen, dann verschwindet die Waschfrau damit, von einer
Schar Kinder gefolgt, zum Fluß.

Gestern hatten wir Catalino gefragt, ob er mir zwei Holzstangen zur Fortbewegung besorgen könnte. Gegen Mittag schickt er
uns seinen Freund Marcedonio, den Bürgermeister. Marcedonio
nimmt sich den Hut vom Kopf und zieht ein Maßband aus der
Tasche.

»Du brauchst Krücken, nicht wahr?«

Daraufhin mißt er meine Schulter und Handhöhe aus und
geht.

*Pastor Catalino*

Am Abend kehrt er zurück und übergibt mir schlichte Laufhölzer aus feinstem Zedernholz. Sie passen wie angegossen und
sind handwerklich gut gearbeitet. Gleich fragen wir, was wir
schuldig sind, doch Marcedonio winkt nur lachend ab und erklärt: »Es ist ein Geschenk von Macanche!«

Ich bedanke mich beschämt und beginne gleich mit ersten
Übungen. Einige Zuschauer haben sich um uns versammelt. Vor
allem die Kinder halten sich die Bäuche vor Lachen. Ich gebe zu
Anfang wohl eine recht unbeholfene Vorstellung.

Pastor Catalino fährt am nächsten Morgen mit Michael auf
meinem Motorrad nach Flores. Catalino kennt dort jemanden,
der ein Schweißgerät besitzt, um das deformierte Fahrzeug wieder salonfähig zu machen. Nach vier Stunden kehren Michael
und Catalino zurück. Von ein paar Beulen abgesehen, macht
mein bockendes Roß wieder einen passablen Eindruck. Die Gesichter der beiden strahlen wie frischgebackene Hefekuchen. Sie
waren unterwegs von einem Militärposten kontrolliert worden,
doch konnte Michael keinerlei Papiere vorlegen. Catalino stellt
sich daraufhin als Pastor von Macanche vor und erklärte dem

Soldat, sie seien in christlicher Mission unterwegs. Der Mann entschuldigte sich und ließ sie ungehindert durch.

Selbstverständlich ist Michael momentan stark beansprucht. Nicht nur, daß er zusätzlich meine Arbeit übernimmt, muß er mir auch dauernd und bei fast allem, was ich tue, behilflich sein. Er bettet mich für die Nacht, verpflegt meinen Gips, reibt mir die Schulter ein, wechselt mir die Kleider und schiebt den Tee zu mir herüber, wenn er zu weit entfernt steht. Sein Dienst beginnt, wenn ich aufstehe, und endet, wenn ich schlafen gehe. Sogar zum stillen Örtchen, das hier nur aus einer Holzlatte auf zwei Pfählen besteht, begleitet mich mein Pfleger mit zugehaltener Nase und größtem Mut. Wir warten immer einen Zeitpunkt ab, wenn uns einmal nicht so viele Leute zusehen, was jedoch sehr schwierig ist, da in unmittelbarer Nähe ein Trampelpfad zur oberen Hälfte des Dorfes führt. Einmal versucht Michael, den Ort des Geschehens mit einer Decke zu tarnen, die er über mich hängt, was jedoch zur Folge hat, daß ich das Gleichgewicht verliere und rückwärts von der Stange falle. Ich schreie vor Schmerz und brülle vor Lachen, woraufhin noch mehr Zuschauer auf unser Treiben aufmerksam werden.

Daß wir oft Gäste haben, ist uns schon zur Gewohnheit geworden. Viele sitzen oder stehen zwanglos um uns herum und schauen einfach nur zu. Die meisten geben zur Begrüßung freundlich die Hand und verabschieden sich so auch wieder. Als wir uns mit einem fünfzehnjährigen Jungen unterhalten, stellt sich heraus, daß ihm Lesen und Schreiben noch fremd ist. Ein Jahr hat er bisher die Schule besucht. Die Schule scheint hier auf dem Land Nebensache zu sein.

Drei Kirchen halten den etwa tausend Einwohnern des Ortes die Türen offen. Zwei evangelische und eine katholische – fast jeder Einwohner ist überzeugter Christ. Dies beweisen uns am Heiligabend Carlos und Ricardo. Michael kramt die Bibel hervor, die mir der Prokurist meiner früheren Arbeitsstelle als Kompaß mit auf den Weg gegeben hatte. Mehr als ein Dutzend Verse kann Carlos ohne zu stocken hersagen. Er berichtet auch, Gott habe das Trinken von Alkohol, das Rauchen und die Vielweiberei verboten.

Es ist schwierig, sich vorzustellen, daß heute Weihnachten sein soll. Bei dreißig Grad sitzen wir im Dschungel Guatemalas. Kein Schnee, keine reichen Geschenke, und auch die Gans fehlt!

Zur Feier des Tages möchte mich Michael gründlich säubern – ich denke, er wird seine Gründe haben. Er schrubbt mich mit Seife ab, Wasser kommt aus Eimern auf mich eingestürzt, und ich habe Angst, daß mir der Gipsstiefel voll Brühe läuft. Doch schon ruft Michael Soil, die Wäscherin, hinzu, die mein gebrochenes Bein hoch in ihre Hüfte legt und festhält. Alle haben einen Mordsspaß. Soil drückt sich vor Lachen den Mund an die Schulter, die Kinder hüpfen und quietschen, während ich, nur mit meinen Händen bekleidet, hilflos am Boden liege.

Eigentlich wollten wir heute abend zur Kirche gehen, um Catalino zu hören, doch der Weg ist zu weit für mich.

»Merkst du was?« fragt Michael, als er eine Kerze anzündet und seine selbstgeschnitzten Schachfiguren aufs Spielbrett stellt.

»O ja«, antworte ich und schaue mich um, »wir sind alleine.«

Ein leichter Wind läßt die Blätter der Palmen rascheln und bricht auf dem See gegenüber die Spiegelungen des letzten Tageslichts.

Michael fährt am nächsten Morgen nach Flores, um in die Hauptstadt zu telefonieren. Meine Mutter, die mir vor einigen Wochen schrieb, besorgte uns die Adresse einer dort lebenden deutschen Familie. Wir hoffen, daß wir die Leute besuchen dürfen. Derweil beehrt mich Ricardo mit seiner Anwesenheit.

»Warst du schon einmal in der Hauptstadt?« frage ich ihn.

»Nein«, sagt er, »aber ich habe gehört, daß dort alle Straßen asphaltiert sein sollen!«

Später trifft Catalino mit seiner Familie ein. Er probiert tolpatschig meine neuen Ersatzbeine aus, während sein derbes Weib die Bluse öffnet und mit mächtigem Busen ihr Kind stillt. Man hat Zeit, schaut dem völlig überfüllten Autobus nach – oft sitzen bis zu zwanzig Fahrgäste zwischen dem Gepäck auf dem Dach. Frauen tragen buntgestreifte Krüge, ohne sie festzuhalten, auf dem Kopf und rufen noch freundlich »Buenos días« herüber. Einen herrlichen Blick hat man zum Macanche-See. Bäume spenden uns Schatten, Hühner picken im Staub, Schweine schnüffeln über den Wiesenboden, und Papageien fliegen, wenn sie Lust haben, eine Staffel. Eine vergnügliche Idylle, in der ich mich wohl fühle.

Der letzte Tag ist verregnet. Wolken geben über dem See ein dramatisches Schauspiel. Wind kommt auf. Wir flüchten unter ein Überdach, um zu essen. Gestern gab es Nudeln mit Salat, heute Kartoffeln mit Salat. Bürgermeister Marcedonio und seine Frau setzen sich zu uns auf eine wacklige Holzbank.

Die beiden bringen uns unsere Hosen und Hemden zurück, die sie gewaschen haben. Sie lehnen jedes Entgelt für ihre Arbeit ab. Sie sind etwa Mitte Dreißig, adrett gekleidet und hören gespannt zu, was wir über unser Land berichten. Ein Mann verdient hier mit seiner Machete etwa zwanzig Quetzal (sechs Mark) pro Tag. Daher staunt Marcedonio, wie hoch der Lohn in Alemania ausfällt, wundert sich aber schon weniger, als er erfährt, für was alles man bezahlen mußt, ohne einen direkten Nutzen davon zu haben. Wir erklären, daß man bei uns Schwarzbrot ißt und es keine Tortillas gibt.

»Keine Tortillas? Aber von was lebt ihr denn? Habt ihr keinen Mais?«

»Doch, den geben wir aber dem Vieh«, antworte ich, merke plötzlich, was ich da gesagt habe, und schaue beschämt zur Seite.

»Wieviel Stunden habt ihr mit dem Motorrad gebraucht, bis ihr in Amerika wart?« will der Dorfchef wissen.

»Nein, Deutschland liegt in Europa, und zwischen den Kontinenten liegt ein Ozean!«

Staunend schaut sich das Paar an. Es ist eine seltsame, aber doch sehr interessante Unterhaltung, die sich bis zum Abend hinzieht. Als man sich schließlich verabschiedet, bittet die Hausfrau: »Wenn ihr das nächste Mal nach Macanche kommt, dann bringt mir Schwarzbrot mit!«

Am Vormittag des darauffolgenden Tages treffen Richard und Frau Carol mit ihren beiden Söhnen ein. Richard ist Arzt und sorgt im Ort für den Aufbau der Krankenstation. Die Familie stammt aus Tennessee in den USA. Vor gut einem Jahr hatten sie ihr Leben dort abgebrochen und sich für immer den Leuten aus Macanche, dem Dschungel von Peten, verschrieben: kein Strom, kein fließendes Wasser und vierzig Kilometer zum nächsten Telefon. Solange sie noch kein festes Haus besitzen, dient ein ausrangierter Autobus als Wohnung. Die Weihnachtszeit hatten die vier bei Freunden in der Stadt verbracht, doch Carol meint, die Familie sei froh darüber, wieder hier zu sein.

Heute verlassen wir Macanche für einige Wochen. Michael hat das Nötigste in einen bereits aufgesetzten Rucksack gepackt. Die Motorräder lassen wir zurück; beide glauben wir, daß sie hier gut aufgehoben sind. Zum Abschied sind einige Leute gekommen. Antonia hat uns Tortillas und Frijoles für die lange Reise mitgebracht. Marcedonio und Catalino umarmen uns herzlich. Auch Ricardo, Carlos und viele mehr treffen ein. Orna, Catalinos Frau, drückt jedem von uns einen Kuß auf die Wange, und Soil gibt, alles Gute wünschend, die linke Hand, denn in der rechten trägt sie einen Säugling, der an ihrer Brust saugt. In Santa Elena werden wir versuchen, einen Piloten zu finden, der uns zur Hauptstadt fliegt, um dort die deutsche Familie zu besuchen.

Bereits nach einer halben Stunde hält ein Lastwagen an der Straße: Andere Passagiere heben mich auf die Ladefläche hinauf. Der Wagen poltert los, wirbelt Staub auf und läßt eine Traube winkender Menschen zurück. Wie oft habe ich dieses Bild während unserer Reise im Rückspiegel meiner Maschine gesehen! Und doch liegen mir solche Augenblicke immer wieder schwer im Magen. Hier hatten wir den Leuten gesagt: Wenn wir in ein paar Wochen wieder zurück sind, bleiben wir noch einige Tage bei euch. Aber wir wissen genau, daß uns der endgültige Abschied feuchte Augen bescheren wird.

## Unsere Gäste

Noch rechtzeitig treffen wir am Flugplatz ein, denn soeben will eine Maschine zur Hauptstadt abfliegen. Michael und eine Stewardeß bugsieren mich durch die Einstiegsluke, dann drehen sich schon die Propeller, und der kantige Aluminiumkörper rast lärmend dem Ende der Piste entgegen. Wir schweben. Dschungel, endloser Dschungel zieht sich unter uns dahin, bis sich eine gute Stunde später ein Meer von Häusern in Tälern vulkanischen Hochlandes ausweitet.

Hans Kiesling ist ein drahtiger Fünfziger. Er und Letti, seine guatemaltekische Frau, besitzen ein hübsches Haus am Stadtrand und betreiben zusammen ein Reiseunternehmen. Es sind offenherzige Menschen, für die es keine Frage ist, daß wir so lange bei ihnen bleiben, bis ich wieder laufen kann. Bis um Mitternacht wird erzählt, dann sinken wir in die weichen Kissen herrlich weißer Betten.

Es dauert nicht lange, bis sich in unserem Heimatdorf im Westerwald herumgesprochen hat, wo Michael und ich zu finden sind. Bald ertönen täglich vertraute Stimmen am Telefon, fragen danach, was passiert ist und ob wir die Reise nicht lieber abbrechen wollen. Doch damit nicht genug. Man bildet eine Gesandtschaft, die uns bereits in zehn Tagen aufsuchen will.

Wir nutzen die Zeit bis dahin, um Spanisch zu lernen: Im vierzig Kilometer entfernten Antigua, das früher als Kapitale des Landes galt, nehmen wir Unterricht. Der Klassenraum liegt unter freiem Himmel in einem ruhigen Innenhof. Wie alle Schüler bekommen auch Michael und ich einen eigenen Lehrer. Arturo heißt unser Meister. Wir lernen gut bei ihm und sind darüber verblüfft, wie wenig wir eigentlich noch wissen.

Nicht die Schule selbst, sondern eher die tägliche Anfahrt mit dem Autobus bereitet ungeahnte Schwierigkeiten. Das Hauptterminal der Stadt gleicht einem Hexenkessel. Wie soll man hier die richtige Tür finden? Von den etwa zwanzig Personen, die wir an einem Morgen befragen, bekommen wir die unterschiedlichsten Auskünfte. Da sich aber alle ihrer Sache sicher zu sein scheinen, richten wir uns nach der am häufigsten gegebenen Antwort und steigen in einen Bus. Meine Uhr zeigt, daß uns Arturo in wenigen Minuten erwartet. Doch erst muß der brüllende Kopilot es geschafft haben, den Kasten randvoll zu füllen, es darf keine Maus mehr in den Durchgang passen, der letzte muß sich aufs Trittbrett geschwungen haben und alle Körbe mit Bananen, Ananas und Kohlköpfen müssen auf dem Dach verzurrt sein, bevor das völlig überladene Gefährt gestartet wird. Danach schiebt sich der Kopilot von vorne nach hinten durch das Menschenpaket und sammelt das Fahrgeld ein. Dröhnend rollt das Vehikel stadtauswärts bald durch kleine Dörfer.

»Ob der uns wirklich zu Arturo bringt?« zweifelt Michael.

Am Ende eines staubigen Ortes sitzen wir plötzlich alleine in den Sitzreihen und fragen den Fahrer, wohin es nun geht.

»Endstation«, sagt er und packt seine Thermoskanne aus.

Michael stützt mich zurück zur Hauptstraße. Dort nehmen wir den nächsten Bus, der anhält, und quetschen uns in die Menschenmassen. Mir wird gleich ein Platz freigemacht – ein schöner Vorteil, solch ein Gipsbein!

Neben mir sitzt eine Indiofrau in herrlich bunten Kleidern. Zunächst denke ich, die Dame erwartet ein Kind, aber nein, was sie unter einem Tuch vor ihrem Bauch versteckt hält, ist ein Huhn. Das Federvieh streckt den Kopf hervor und zwinkert mir verschlafen zu. Ich grüße die beiden freundlich und frage, ob wir auf dem richtigen Weg nach Antigua sind. Die Frau schüttelt den Kopf. Sie hat recht. Erst nach viermaligem Umsteigen treffen wir dort am späten Vormittag ein.

Der Rückweg in die Hauptstadt ist einfach. Vor den Autobussen an der Station laufen die Kopiloten, aufgeregt wie Marktschreier, auf und ab, rufen immerzu ihren Zielort aus und sprechen vorbeigehende Leute an, ob sie nicht mitfahren wollen. Jeden Moment gehe es los. Gelegentlich zündet der Fahrer seinen Wagen, fährt zwei Meter vor, dann zwei wieder zurück und läßt dazu den Motor kräftig aufheulen. Ein solches Team erregt Aufsehen, erzeugt Hektik und vermittelt die Botschaft: Wenn du jetzt nicht einsteigst, jetzt nicht mitkommst, ist es für immer zu spät.

Zurück in der Stadt wechseln wir in einen anderen Bus und halten dem Chauffeur einen Zettel mit Kieslings Adresse unter die Nase: »Aber ja, rein mit euch!«

Erst später erfahren wir, daß hier nur jeder dritte das Alphabet beherrscht. Die Wege werden schmaler und holpriger. Es wird dunkel, und vor baufälligen Buden flackern rußige Feuer aus Ölfässern. Zone achtzehn. Endstation.

Hinter Michael her stöckele ich auf meinen Hölzern hinaus auf die Straße und habe das Gefühl, daß uns hundert Augenpaare verfolgen. Unser Glück will es, daß noch ein letzter Bus zurück ins Zentrum fährt. Sein Maschinenraum ist geöffnet, schwarz verschmiert steckt der Fahrer darin. Der Anlasser versagt den Dienst. Doch kein Problem! Klappe wieder zu, alle einsteigen bitte!

Gerade zeige ich Michael den langen Schriftzug vorne an der Windschutzscheibe »Gott ist mein Pilot«, als uns mit einem mächtigen Ruck die Köpfe zurückschlagen: Ein zweites Gefährt schiebt mit aller Kraft von hinten. »Paff, Paff.« Du meine Güte, der Motor läuft, und dicke schwarze Abgaswolken steigen an den Fenstern auf.

Zur Schlafenszeit treffen wir bei den Kieslings ein. Sie sind heilfroh, uns zu sehen. Sie hatten sich schon Sorgen um uns gemacht.

Ein paar Tage später holen wir unsere Gäste aus Deutschland vom Flughafen ab. Susanne und meine Eltern sind gekommen.

Michael und ich haben eine Pension in Antigua ausfindig gemacht, die recht preisgünstig ist. Als die Wirtin die Blechtüren der Schlafräume öffnet, lacht Mutter zuerst, läßt dann aber einen Aufschrei des Entsetzens hören. Doch die Müdigkeit ist stärker, bald schlafen alle sorglos ein.

Am nächsten Morgen sieht die Welt gleich viel freundlicher aus. Im Innenhof wäscht das Hausmädchen, ein Lied summend, in einem großen Steinbecken. Überall sind Blumen verteilt, und alles ist hell von Sonnenlicht.

Für eine Tour über Land hat uns Hans einen Kleinbus und seinen besten Fahrer zur Verfügung gestellt.

Durch kühles Hochland gelangen wir zum Lago Atitlan. Manche behaupten, es sei der weltschönste Bergsee. Er liegt auf fünfzehnhundert Meter Höhe, und seine glitzernde Wasserfläche ist rundum von gewaltigen Vulkankegeln eingerahmt. Wir nehmen ein Boot nach Santiago Atitlan, einem der zwölf Indiodörfer, die an den Ufern liegen. Man hatte uns erzählt, in diesem Ort werde ein gewisser Maximon verehrt. Also wollen wir sehen, was es damit auf sich hat. Nach unserer Landung führt uns ein Mann über derart steile Fußwege ins Dorf hinauf, daß ich bald auf allen vieren laufen muß und mir schließlich mit einem Knacks der Gips zerbricht. Michael schleift mich bis in den Hinterhof des Hauses, in dem sich Maximon aufhalten soll.

»Mist«, sage ich. »Jetzt sind wir aufgeschmissen!«

Über mir schließt sich ein Kreis neugieriger Augen. Die Frauen tragen lange Wickelröcke mit dicken Blusen, die Männer Hosen, denen zwanzig Zentimeter bis zum Boden fehlen. Wie alle Stoffe der Indios strahlen auch diese Kleider mit feinen Mustern und kräftigen Farben. Mutter und Susanne verteilen Schokolade und Bonbons an die Kinder. Es kommt Stimmung auf.

Die Runde öffnet sich für Michael und Vater: Zwei Rollen Gipsbinde bringen sie mit und ein Stück Drahtgeflecht, das, wie sie erklären, aus Gründen der Stabilität mit eingewickelt werden muß.

»Na gut«, beginne ich energisch, »den Eisendraht habt ihr aus dem Hühnergehege dort hinten. Aber wo kommt der Gips her?«

Doch Michael deutet, wie ich schon erwartet hatte, mit dem Zeigefinger gen Himmel. Das tut er immer dann, wenn er mir etwas vorenthalten will. Ich sollte es also nie erfahren.

Das Haus besitzt einen dunklen Raum, in dem am Boden Kerzen stehen. Links vom Eingang bietet sich eine Holzbank zum Sitzen an. Was wir hier beobachten, ist wirklich ein bemerkenswertes Ritual: Da steht eine etwa ein Meter zwanzig große Figur, die einen Menschen darstellen soll und mit Hut und bunten Tüchern bekleidet ist. Zwei Männer des Hauses, beide namens Nicolás, wachen rechts und links daneben, während eine alte Frau Gebete in indianischer Sprache murmelt. Verstört rücke ich näher zur Wand. Weinend eilt nach einiger Zeit die Bittstellerin ins grelle Mittagslicht hinaus. Jetzt beginnen die beiden Männer ihren großen Schützling regelrecht zu füttern. Sie flößen ihm Schnaps ein, wischen ihm den Mund ab und trinken auch selbst zügig mit.

Michael spendet eine Zigarette für Maximon, die dem Holzkopf gleich in den Mund gesteckt und angezündet wird. Weihrauch nebelt aus einer Blechdose, und Gitarrenspiel erklingt. Dann ist wieder alles ruhig.

Ein Nicolás meint: »Wenn ihr fotografieren wollt, dann solltet

*Hoffentlich beschert uns Maximon gute Fotos!*

ihr fünf Quetzal an Maximon entrichten. Wer dies nicht tut, dem wird auf seinen Bildern nichts erscheinen!«

Zum Beweis hält er uns ein weißes Fotopapier unter die Nase, auf dem tatsächlich nichts zu erkennen ist. Na gut, abgemacht. Doch dann gehen wir, wir haben genug von dem Zauber, und mein Gips ist inzwischen hart geworden.

In Guatemala-Stadt leisten wir uns ein modernes Hotel in der Nähe des Bahnhofs.

Am Morgen fliegen Michael, Susanne und meine Eltern nach Flores, um sich die Mayaruinen von Tikal anzusehen. Ich bleibe zurück und versuche herauszufinden, ob es eine Zugverbindung zur Karibik gibt.

Draußen stehen die Auspuffgase tausender röhrender Autobusse schwarz zwischen bröckligen Kolonialfassaden. Die Luft ist durchsetzt von dem Geruch von Kaffee, Grillhähnchen und Waschwasser. Jedem Schuhputzer, Geldwechsler oder fliegenden Händler muß ich erklären, warum ich nichts von ihnen will; Kinder schauen mich mitleidig von unten herauf an, während mich bettelnde Krüppel kollegial grüßen. Nie habe ich eine Metropole wie diese erlebt, aber ich fühle mich bereits selbst als Bestandteil dieses Chaos.

Letti hatte telefonisch versucht, am Bahnhof Auskunft einzuholen. Zuerst hieß es, der Zug fahre nur noch samstags, später auch, das sei nicht sicher. Am Schalter erzählt mir nun ein Uniformierter, der Zug fahre dreimal pro Woche. Auch gestern sei einer Richtung Karibik abgefahren. Hierauf werde ich in ein Büro verwiesen, in dem man mir beinahe das gleiche sagt. Nur wird hinzugefügt, gestern sei die Lok im Schuppen geblieben. Ratlosigkeit überfällt mich. Wie soll man mit der Bahn verreisen, wenn sich die Schalterbeamten nicht einig sind, wann ihre Züge abfahren?

Am nächsten Morgen geht alles sehr hektisch zu. Wir müssen sehr früh raus, meine Reisegefährten waren in der Nacht zurückgekehrt, als ich schon schlief. Der Bahnhof ist geschlossen. Nichts läßt darauf schließen, daß sich heute hier irgend etwas in Bewegung setzen könnte. Schnell wird umdisponiert. Michael findet einen Linienbus, der in unsere Richtung fährt.

Es ist einer dieser silbernen Überlandbusse, in denen jeder Fahrgast seinen eigenen Platz hat. Der Kasten ist aber so ausgeleiert, daß in jeder Kurve alles Glas und Blech um uns herum in Schräglage fällt. Doch der Motor hört sich gut an, und der hitzige Fahrer hat sein Lenkrad meisterhaft im Griff.

Mir wird von der gestrigen Tour nach Tikal berichtet. Sie sei soweit recht gut verlaufen, erklärt Mutter, außer daß vor dem Rückflug die Maschine gebrannt habe.

»Es ist wahr«, schalten sich die anderen ein, »sobald sich die Propeller zu drehen begannen, verlor ein Triebwerk Benzin und stand kurz darauf für einen Moment im Flammen.«

»Na und, was habt ihr gemacht?« will ich wissen.

»Die Stewardeß sagte, der Pilot lasse fragen, ob noch alle Passagiere gewillt seien, mitzufliegen. Dann nahm sie mit einem Feuerlöscher in der hinteren Reihe Platz. Niemand wagte aufzustehen, und die Maschine startete.«

Feuchte Hitze schlägt uns entgegen, als wir nach sechs Stunden Fahrt an der Brücke des Rio Dulce aussteigen. Es ist ein breiter, ruhiger Fluß mit Ufern aus undurchdringlichem Dschungel.

Frauen in Röcken stehen bis zum Bauchnabel im Wasser und waschen in hölzernen Kübeln. Es gibt ein kleines Buschhotel. Wir bleiben zwei Nächte und einen Tag, dann bringt uns ein schmales Boot in ein Dorf an die Flußmündung in die karibische See. Es heißt Livingston und erinnert ein wenig an Belize-City, nur daß es kleiner und noch heruntergekommener ist. Schäbige Hütten, teils im Morast stehend, sind bunt angestrichen und mit rostigen Blechtafeln gedeckt. Auf den Straßen tanzen Schwarze zu Reggae-Musik, man trinkt Zuckerrohrschnaps, spaziert herum, und alle scheinen unendlichen Zeitvorrat zu haben. Das erzeugt unzerstörbare Feierabendatmosphäre.

Ein Farbiger mit grauen Haaren und glasigen Augen führt uns zu einer Herberge, die von einer fünf Meter hohen Schutzmauer mit Stacheldraht umgeben ist. Die Hausherrin öffnet höchstpersönlich und dankt dem Mann für seine Mühe. Die Frau ist aus Hessen gebürtig, eine ungeheuer resolute Person, der ich gar nicht zutraue, daß sie unter Angst leiden könnte.

Im Innenhof, hinter dicken grünen Blättern, ruht sich ein Sonnenstrahl auf einer dunkelblonden Lockenmähne aus. Sie gehört einem Mädchen, das gerade seine Wäsche zum Trocknen über ein Geländer hängt, und das mit solcher Anmut, daß ich ins Gegenlicht blinzele, um sie schärfer zu sehen: Nein, Aphrodite ist es nicht, doch ist etwas an ihr, das meinen Magen empfindlich anrempelt. Ihr Name ist Emma, sie und ihre Freundin Nane sind uns irgendwie ganz vertraut. Die Wirtin bringt Kaffee an einen Tisch, und alle haben Lust zu reden.

Später, als die anderen bereits zu Bett gegangen sind, stehe ich allein mit Emma im Gang und drücke ihr einen Kuß für die Nacht auf die Wange. Sie schaut verlegen nach unten und bedankt sich erst am nächsten Morgen dafür.

Nach zwei Tagen reisen wir gemeinsam mit den beiden Mädchen wieder ab: Ein Holzkahn mit Außenbordmotor bringt uns zurück. Emma zwängt sich vorne neben mich auf den Schiffsbug, und wir beginnen voneinander zu erzählen. Dampfender Dschungel mit sich überschlagendem Grün erhebt sich an den Flußufern, und Gott läßt die Sonne von einem makellos blauen Himmel herabscheinen. Stelzige Mangrovenwälder und

Irrgärten aus Wasserkanälen ziehen an uns vorüber. Schwärme winziger Papageien flattern auf, Pelikane gleiten majestätisch neben dem Boot einher, und Fischer werfen Schmetterlingsnetze aus Einbäumen. Wir glauben uns auf der Fahrt durch ein tropisches Märchenbuch und rauschen frei durch eine phantastische Welt mit klaren Linien und Farben. Wohlgefühl erfüllt uns im Innersten. Emmas Haar weht mir ins Gesicht. Nie werde ich diese Reise vergessen.

An der Brücke trennen sich unsere Wege. Emma und Nane warten auf den Autobus nach Norden. Wir dagegen springen auf einen Pritschenwagen, der uns bis zur Atlantikstraße mitnimmt. Winkend schauen uns die beiden Mädchen über die Piste nach. Immer kleiner werden sie, und der Staub hinter uns verwischt ihre Konturen in Sekundenschnelle. Tief hängen schwarze Wolken über dem Land, als wir später im Autobus unterwegs sind. Regen perlt an den Scheiben herab, und monotones Motorengeräusch läßt mich einschlafen.

Am letzten Tag, an dem Susanne und meine Eltern bei uns sind, nehmen wir ein Taxi von der Hauptstadt aus zu einem noch aktiven Vulkan, dem Pacaya. Victors Taxi ist uralt. Der Wagen ruckt und hopst, ähnlich einem australischen Beuteltier, stadtauswärts.

»Schmutz im Benzin«, meint Victor.

Aber ich denke, daß es eher am Motor liegt, der bald seinen Geist aufgeben wird. Als eine Steinstraße beginnt, dringt den Atem bedrängender schwerer Staub durch die Öffnungen im Bodenblech. Wir halten uns Tücher vor die Nasen. Mich erstaunt Victors Mut, mit diesem Schrottkarren unseren Auftrag auszuführen.

In einem Hügeldorf will der Wagen nicht mehr. Wir lassen ihn stehen und finden Augusto, einen stolzen Kaffeebauern, der als einziger im Ort ein Auto besitzt. Es hat Vierradantrieb und eine starke Maschine. Routiniert nehmen wir auf der Ladefläche Platz, auch Victor kommt mit. Augusto bändigt das schlagende Lenkrad tadellos und läßt nur einmal an einer gefährlich schrägen Passage absteigen.

Schließlich klettern wir zu Fuß über steile Abhänge, auf denen meine Laufhölzer bei jedem Schritt in schwarzer Lava versinken. Als ich am Ende meiner Kräfte bin, packt mich der Taximann samt Gipsbein auf seinen Rücken und stapft schweren Schrittes unter mir weiter.

Immer lauter ist das Grollen des Vulkans zu hören, bis er schließlich hinter einem Hügel, dunkel und riesig, als gewaltiger Kegel sichtbar wird. Hinter uns im Westen stehen seine stillen Geschwister, Acatenango, Agua und Fuego, im Licht der untergehenden Sonne, während die Wolken zwischen ihnen, rosa eingefärbt, einzigartige Requisiten zu diesem Schauspiel abgeben. Augusto und Victor sammeln Zweige und zünden geduldig ein Feuer an, denn wir befinden uns auf etwa dreitausend Meter Höhe, so daß es lausig kalt wird. Als es dunkel ist, erscheint das Gespucke des Pacaya als prächtiges Feuerwerk; leidenschaftlich pustet er hellrot glühendes Lavagestein senkrecht zu den Sternen hinauf. Dabei knallt es nach jedem Ausbruch so heftig, daß die Erde bebt und uns der Berg ehrfürchtig erstarren läßt.

Für den Abschied am nächsten Morgen begleiten uns Hans und Letti zum Flughafen. Die Frauen halten ihre Tränen noch bis hinter der Absperrung zurück, doch dann rinnen dicke Tropfen aus traurigen Augen.

»Ich glaube, ihr habt Mittelamerika ganz gut im Griff«, meint Vater. »Seid vorsichtig und … ruf' deine Mutter an!«


## Mit der Eisenbahn

In einer Arztpraxis entsteht ein Röntgenbild von meinem rechten Bein. Der Knochendoktor weigert sich allerdings, einen Befund auszustellen, weil ihn der Hühnerdraht irritiert, der jetzt im Bild besonders hell und deutlich erscheint.

Zu dritt beurteilen wir nun selbst die geheimnisvollen Strukturen. Michael und ich schauen mit wichtigem Blick, und Hans benutzt seine fingerbreiten Augengläser, die ihm einen ungeheuer gelehrten Ausdruck geben.

»Sieht zusammengewachsen aus, oder was meint ihr?»

»Ja, ich denke, es wird halten!«

»Also ich hole jetzt Werkzeug«, entscheidet Hans.

Die beiden machen sich daran, mit Sägen und Zangen meinen stabilen Gips zu zertrümmern. Aber nur schwer und kraftlos lassen sich die befreiten Gelenke bewegen. Also werden mir Marcedonios Krücken noch ein paar Tage unter die Arme greifen müssen.

Michael und ich werden unruhig, regelrechte Aufbruchsstimmung macht sich breit. Wir wollen und müssen endlich weiter nach Süden. Doch die Behörden lassen es nicht zu: Die Permits unserer Motorräder haben keine Gültigkeit mehr. Im Zollgebäude der Stadt unterbreitet uns ein Beamter, die Verlängerung dauere mindestens eine Woche.

Der Amtmann spannt einen Bogen Papier in seine Maschine und erklärt uns, wir müßten mit diesem Schreiben zum Finanzamt gehen. Dann schaut er verwegen über seine Brille und fordert zwanzig Quetzal (sieben Mark).

»Entschuldigen Sie, darf ich mal sehen…«, sage ich, zupfe ihm den Wisch aus der Hand und verschwinde mit Michael durch die Tür.

Vor dem Finanzamt trippelt eine Menschenschlange, weil am Eingang jeder nach Waffen durchsucht wird. Am Schalter dann verkündet die zuständige Dame, daß uns noch ein sogenannter »notarieller Akt« fehle. Was ist das nun wieder?

»Oh, da kann ich behilflich sein. Für fünfzig Quetzal besorge ich, was Sie brauchen«, läßt sich eine Stimme von hinten vernehmen.

Da wir keine Ahnung haben, was es mit diesem »notariellen Akt« auf sich hat, gehen wir auf den Handel ein.

Als Señor Hilfsbereit zurückkehrt, verlangt er für seine Mühe mit einem Male hundert Quetzal. Höflich bitte ich um Einsicht in die Dokumente – es funktioniert wieder mal gut: Schon habe ich sie in der Hand. Michael zwinkert mir zu und zahlt dem Halsabschneider dreißig, worauf dieser so aussieht, als habe er Probleme mit dem Herzen.

Die Reise zurück zu unseren Motorrädern nach Macanche müssen wir nun also um eine Woche verzögern; so bleibt genug Zeit für eine Fahrt mit der Eisenbahn – sofern sie wirklich fährt.

*Zur Abwechslung mit der Eisenbahn*

Am nächsten Morgen sind wir um sieben am Bahnhof und tatsächlich, es geht heute ein Zug ab. An eine rußig-schwarze Diesellok sind fünf Westernwaggons gekoppelt, die so aussehen, als seien sie bereits mehrmals überfallen worden. In den Gängen stapeln sich die Kisten und Säcke, obendrauf Körbe mit Früchten oder sperrige Bündel handgebundener Besen. Hühner gacksen auf den Schößen der Frauen, Säuglinge, in Tücher geschlagen, liegen an blanken Brüsten, ein Ferkel quiekt. Männer mit breiten Hüten halten Macheten in schmutzigen Arbeitshänden. Einer trägt zwei erlegte Leguane.

»Fürs Mittagessen«, erklärt uns der Jäger, als er merkt, daß wir seine Beute verwundert anstarren.

Zum letzten Mal werden die Achsen geschmiert, dann schlagen die Kupplungen an; der Troß bewegt sich und beginnt sich rhythmisch zu wiegen, als liefe er auf oval geformten Rädern. Mit ängstlichem Blick quetschen wir uns in die Holzbänke, halten Abstand zu den schubsenden Außenwänden, fürchten, daß die Wagen umstürzen, bis uns die alte Frau von gegenüber zulacht und wir wieder Fassung gewinnen.

Ein frischer Wind weht durchs Abteil: Nahezu alle Scheiben fehlen in den Fenstern, und die Sonne steht noch tief, so daß sie staubige Lichtkegel in der Luft bildet. Gemächlich stampft der Eisenwurm aus der Stadt heraus, vorbei an gammeligen Hinterhöfen und Wellblechbaracken. Viele Menschen winken aus ihren Häusern oder schauen von ihrer Arbeit auf den Tabakfeldern auf. Frauen am Fluß lassen von ihrer Wäsche ab. Alle freuen sich, daß der Zug mal wieder fährt. Bald poltern wir durch eine faszinierende Berg- und Prärielandschaft, deren Täler mit furchterregenden Holzbrücken hoch überspannt sind. Unzählig oft hält der Zug: auf freier Strecke, wenn dort Leute mit ihrem Bündel warten, an urigen Bahnhöfen, wo die Dorfbewohner Eßbares durch die Fenster herein verkaufen, oder wenn ein Bauer mit seinem selbstgebauten Schienenwagen das Gleis räumen muß. Im Tiefland wird es am Nachmittag mächtig warm, die Landschaft grüner und üppiger. Wir dösen und hören oft das dumpfe Horn der Lok, und immerfort: »Tam, tam, … tam…, tam, tam….« Unsanft rempelt wieder etwas meinen Magen an. »Tam, tam…, tam, tam…«

Ich weiß, daß es Emma ist. Immer wieder sehe ich sie, wie sie uns nachschaut, dann den Staub, der ihre Konturen verwischt. »Tam, tam…« Mein Kopf schwirrt mir. Roatan! Hatte sie nicht Roatan gesagt?

»Du, Michael, haben Emma und Nane nicht Roatan gesagt? Eine Insel, auf der sie vielleicht ein paar Tage bleiben wollten?«

»Ja und? Ach du meinst … Aber wo soll die Insel sein?«

Zwei Bänke hinter uns pennt der Schaffner, die Dienstkappe aus Bast über ein Ohr gekippt.

»Entschuldigen Sie«, puste ich ihn leise an, »wissen Sie, wo Roatan liegt?« – Im Halbschlaf schüttelt er den Kopf.

»Hey«, rufe ich ins Abteil, »kann mir jemand sagen, wo Roatan liegt?«

Einige drehen sich schulterzuckend um, dann meldet sich der Leguanmann: »Das ist in Honduras …, eine Insel in der Karibik. Aber von der Küste Guatemalas gehen nur selten Schiffe dorthin. Probiert es besser von Honduras aus.«

Finstere Nacht bricht herein, nur schemenhaft läßt sich die

Umgebung erkennen. Doch auch ohne Licht ist auszumachen, daß wir durch dichten Busch unterwegs sind, denn große Blätter und Zweige schlagen durch die Fenster. Wir rücken weiter zur Mitte. Der Bahnhof Quirigua taucht auf. Benommen steigen wir nach dreizehn Stunden Fahrt aus. Jemand empfiehlt uns das »Hotel Royal«. Neben Michael taste ich auf meinen Laufhölzern über einige Gleise und einen zerfurchten Weg ins Oberdorf; hier und da schimmert ein Licht in den Häusern. Als wir oben angelangt sind, stehen wie schwarze Schatten drei Männer auf einem freien Platz. Michael geht hin, um zu fragen, kehrt aber hastigen Schrittes zurück und stößt hervor: »Einer von denen hat einen riesigen Revolver in der Hand!«

Kaum ist das ausgesprochen, als die drei Gestalten auf uns zustürmen. Einen Krückstock zur Abwehr erhoben, trete ich mit Michael zwei Schritte zurück. Doch wir sind gar nicht gemeint, sondern der Bewaffnete springt auf ein herbeibrausendes Motorrad, während die beiden anderen wie der Blitz davonlaufen. Polizisten rennen, mit Gewehren im Anschlag, an uns vorüber.

»Runter«, rufe ich.

Wir werfen uns zu Boden, während ein Dutzend Schüsse durch die Nacht knallen und sich diese Wahnsinnigen eine Schlacht liefern, was das Zeug hält. Zwei Dorfjungen pirschen sich von hinten an uns heran, und gemeinsam stellen wir fest: »Hotel Royal« liegt genau in der Schußlinie. Die beiden führen uns über Umwege zu einer primitiven Pension, die »San Martin« heißt. Weniger als zwei Mark kostet die Übernachtung. Gleich nebenan wird eine Bar betrieben, und wir lassen es uns nicht nehmen, einmal hineinzuschauen. Es gibt krächzende Musik, Nacktfotos von glänzendgeölten Dirnen, einen besoffenen Pflanzer und eine gelangweilte Prostituierte in rosa Arbeitskleidung. Hinter der Theke steht die Dame des Hauses. Wir berichten ihr, draußen sei eine Schießerei im Gange, doch das interessiert sie nicht.

»Seid ihr wegen der Ruinen hier?«

»Nein, sondern weil wir einer zauberhaften Frau auf der Spur sind!«

Sie nickt. Das versteht sie sofort.

»Ihr solltet euch die Ruinen anschauen, alle Europäer schauen sich hier die Ruinen an.«

Jetzt geht der Pflanzer zu der Dame in Rosa hinüber. Wir zahlen unser Bier und gehen.

Das bei Nacht so schäbig aussehende Dorf wirkt bei Sonnenschein viel freundlicher. Im Lokal auf der anderen Seite der Bahnlinie gibt es ein traditionelles Frühstück: Tortillas mit Bohnen und Kaffee. Kinder, Frauen mit beladenem Kopf und reitende Farmer ziehen draußen vorbei und schauen neugierig herein. Die meisten wünschen uns einen guten Tag, mancher lüftet sogar seinen Hut. Durch üppige Bananenplantagen folgen wir einem Schienenstrang bis zu den Ruinen. Am Eingang hängt aus, heute sei der Eintritt frei, weil man keine Billetts mehr habe.

Die Ruinen wurden 1840 von Catherwood entdeckt, einem englischen Maler und Mayaforscher. Tonnenschwere, aus braunem Sandstein gehauene Stelen stehen auf einer gepflegten Wiese, wie Figuren auf einem Spielbrett.

Im Augenblick, als Michael ein Foto von einer solchen Steinsäule aufnehmen will, macht noch ein anderer Besucher von unserem Motiv umfassende Detailaufnahmen. Als er fertig ist, kommt der junge Herr auf uns zu.

»Burkhard, schau!« ruft Michael. »Das ist ja Lou!«

Wahrhaftig, es ist Lou, mit dem wir vor drei Monaten in La Paz einen über den Durst getrunken hatten. Die Wiedersehensfreude ist groß, und unser Glück will es, daß Lou ein Auto besitzt und Richtung Honduras will.

Am Mittag des nächsten Tages stehen wir am Schlagbaum. Aber wir müssen uns schon wieder trennen, denn die Zollbeamten verlangen einfach zuviel von Lou, der seinen Wagen mitnehmen möchte. Sicher besuchen wir ihn später einmal in Zürich; ein lustiger Zeitgenosse, dieser Lou.

Über einem Schreibtisch im Grenzgebäude hängt ein Schild mit der Aufschrift »Vehículos«. Michael wird dort erklärt, wir dürften Guatemala keinesfalls ohne unsere Motorräder verlassen. Man deutet auf den gut sichtbaren Fahrzeugstempel in seinem Reisepaß. Unterdessen versuche ich es am gewöhnlichen

Schalter für Ausreise. Zu meiner Überraschung fragt der Mann hinter der Scheibe, ob ich deutsches Geld besitze.

Ohne ihm zu antworten, rufe ich quer durch die Halle: »Michael, komm schnell her, der Mann hier sammelt Münzen!«

Michael entschuldigt sich formell, nimmt seinem Beamten den Ausweis aus der Hand und geht. Dann schiebt er meinem Beamten ein Zweipfennigstück hinüber, das dieser fröhlich wegsteckt. Wir bekommen unsere Stempel ins Paßbuch gedrückt und werden gefragt: »Haben Sie ein Fahrzeug dabei?« – »Nein!«

»Jetzt aber nichts wie weg hier«, sage ich leise.
Bis zum honduranischen Grenzpunkt sind es einige Kilometer. Wir laufen ein Stück zu Fuß, dann stoppt ein Pick-up neben uns. Auf der Ladefläche sitzen vier harte Burschen. Einer trinkt Cola, die anderen haben Zigarren dick wie Besenstiele im Rachen stecken, die sie als Kaustangen benutzen. Die vier sind ehemalige Vietnamkämpfer aus den USA.

»Wer seid ihr?« – »Deutsche!« – »Was haltet ihr von den Amerikanern?« – »Oh, es sind die besten Menschen dieser Erde!« – »O.k., steigt auf!«

Am honduranischen Grenzposten nehmen wir einen Autobus, der uns weiter zur Karibik bringt. Der Blechkasten ist mal wieder völlig überfüllt, und Michael hält auf unserer Zweierbank einen Platz für die Dame mit dem tiefsten Ausschnitt frei. Die Reise führt durch herrliches Hochgebirge. Verträumt schaue ich durchs Fenster, denke an Emma und schalte die dröhnende Geräuschkulisse und das Stimmengewirr der Leute innerlich ab.

»Paff«, tut es einen Schlag in der Maschine. Die vorbeifliegende Landschaft verliert Tempo, bis sie stillsteht. Der Fahrer öffnet vorn neben sich die Klappe zum Motorenraum. In Sekundenschnelle ist der Wagen mit übelriechendem Dieselgas gefüllt, ich schmecke Benzol, alle stürmen nach draußen.

Für die Menschen scheint der Zwischenfall nichts Besonderes zu sein, viele lachen und machen ihre Witzchen. Manche kommen per Anhalter weiter, andere springen auf vorbeifahrende Pritschenwagen. Wir dagegen halten unserem Chauffeur die Stange.

Vier Stunden später, längst ist es schon dunkel, bearbeiten

zwei Männer immer noch standhaft die Maschine: Unter dem Schein unserer Taschenlampe versuchen sie aus einer leeren Orangensafttüte neue Dichtungen auszuschnipseln. Schließlich geben sie entnervt auf.

Als ein großer Lastwagen eintrifft, kann der Bananenkutscher davon überzeugt werden, er müsse uns übriggebliebene Fahrgäste nach San Pedro Sula bringen. Körbe und schwere Textilbündel werden auf der Ladefläche verstaut, und Kindern, alten Frauen und mir hilft man hinauf. Eine hübsche Mayafrau, die mit ihrer Mutter und ihren Geschwistern unterwegs ist, trägt den Namen Mara. Sie bietet mir einen Platz zu ihren Füßen an und reicht uns Tücher, mit denen wir unsere Köpfe vor dem schneidenden Fahrtwind schützen können. Nach drei Stunden treffen wir in San Pedro Sula ein, sortieren unsere malträtierten Knochen und folgen Mara mit ihrer Familie in ein kleines Hotel.

San Pedro Sula ist mit einer halben Million Einwohner die zweitgrößte Stadt in Honduras. Bananen, Zuckerrohr, Holz und Kaffee werden hier in großen Mengen umgeschlagen.

Am nächsten Morgen sind die Indios schon vor uns aufgebrochen. Sie wollen zum Karibikhafen Puerto Cortes, um dort ihre selbstgemachten Stoffe zu verkaufen. Mara hatte uns gesagt, in welchen Autobus wir steigen müssen. So erreichen wir nach fünf Stunden La Ceiba, eine karibische Stadt.

Wir fragen uns durch und enden am Flugplatz, wo wir für keine zwanzig Mark pro Person in einer kleinen Maschine starten. Der Pilot hat eine vernarbte Gesichtshälfte, was mir Anlaß gibt, darüber nachzudenken, ob er schon einmal abgestürzt ist, doch er und sein Kopilot sind guter Dinge und teilen ihren Kuchen miteinander. Schon nach kurzer Flugzeit tauchen unter uns drei Inseln auf; etwas hügelig sind sie und strotzen von Grün. Außenherum schmiegt sich weißer Sandstrand, der in eine türkisfarbene See ausläuft. Ehemals waren es Seeräuberinseln – die mittlere ist Roatan.

Coxen Hole ist der größte Ort auf Roatan. Es ist eine der wenigen Städte Südamerikas, wo Schwarze leben und man überwiegend Englisch spricht. Ich sehe eine Bank, eine Post und Hütten, die auf Stelzen im Morast stehen. Vor einem Laden, in dem

Michael Bananen besorgt, fragt mich ein dunkelhäutiger Bursche, ob ich Reef kaufen will.

»Was soll ich kaufen?« – »Mann, brauchst du Reef?« – »Was ist Reef?«

»Hey, Mann, du weißt nicht, was Reef ist? Reef ist Gras!«

»O.k.«, sage ich. »Wieviel kostet das Zeug?« – »Zwanzig Lempiras«, antwortet der Händler. Ich weiß nicht so recht, auf welche Menge sich das Angebot bezieht. Schließlich lehne ich ab, versichere jedoch, auf ihn zurückzukommen, wenn ich etwas brauche. Dann frage ich ihn, was hier auf Roatan »gut für uns« wäre.

»Go to West End«, wiederholt er immerzu und federt davon.

»Du, Michael, wir sollen nach West End gehen!« schlage ich vor.

»Na gut, gehen wir eben nach West End!«

Es ist dunkel, als wir dort eintreffen. Wir nehmen ein Zimmer im »Sunset-Inn«. Völlig fertig keile ich meine Laufhölzer in eine Ecke und genieße auf einer Matratze, wie der Schmerz in meinem geschundenen Bein langsam abnimmt. Michael raucht eine Zigarette. Wir schweigen. Schauen uns fragend an, und ich merke, daß auch Michael nicht klar ist, wie wir jetzt weiter vorgehen sollen.

Vier Tage lang haben wir auf abenteuerliche Weise achthundert Kilometer quer durch Mittelamerika hinter uns gebracht, auf der Jagd nach zwei Frauen. Obwohl sich unaufhörlich Probleme stellten, fanden sich auch hier sogleich Lösungen, zu denen wir selbst nichts beizutragen schienen. Wir kamen uns vor wie dirigiert, und warteten immer nur darauf, was Gott als nächstes für uns vorsehen würde. Und jetzt? – Was sollten wir in diesem winzigen Nest? – Was sollte jetzt passieren?

Die Zigarette ist bis zum Filter abgebrannt, und Michael schlurft zur Veranda, um den Stummel hinauszubringen.

»Emma … Nane …«, ruft er laut in die Nacht. »Burkhard, sie sind wirklich hier …, steh auf!«

Just in dem Moment, als Michael seine Kippe wegschnippt, spazieren Emma und Nane am »Sunset-Inn« vorbei. Ist so etwas möglich?

Schritte rasen die hölzerne Freitreppe hinauf, und schon steht sie mir gegenüber im Türrahmen. Wir lachen übers ganze Gesicht und gehen nicht einmal aufeinander zu, weil wir noch verarbeiten müssen, was wir sehen.

West End ist aus wenigen Lokalen und Hütten im Robinsonstil zusammengebaut, zwischen denen eine weiche Sandstraße hindurchfächert. Manche Bars sind auf Pfählen ins Wasser hinausgebaut; zwischen Pfosten spannen sich Hängematten, und wer danach verlangt, läßt sich aus ihnen hinaus direkt ins karibische Meer fallen.

Einige Tage bleiben wir zusammen. Ich habe ordentlich Feuer gefangen und hofiere Emma pausenlos. Es dauert eine Zeit, bis meine ungelenken Motorradhände soweit sind, daß sie sich den weichen Formen dieser Frau anpassen wollen, denn gleich bei der ersten Berührung raunzt mich das Mädchen an: »… geht das nicht zärtlicher?«

Merkwürdig, wie wir beieinander gehalten werden: Einmal spazieren Michael und Nane, die übrigens keinerlei Liebesbund anstreben, am Strand entlang und nehmen Emma mit. Verstimmt bleibe ich mit meinem Humpelbein zurück und greife nach einem Buch. Schon nach fünf Minuten sehe ich Emma alleine zurückkehren. Ein Hund, der des Weges kam, hatte sie angefallen und ihr einen derben Bauchriß verpaßt. Das Tier begleitet sie jetzt und liegt neben uns, während ich Emma die Wunde versorge.

In der Nacht träume ich, von Glückseligkeit erfüllt, daß ich auf meinem Motorrad mit ihr über ländliche Wege sause, vorbei an farbenprächtigen Blumenfeldern und fruchtbaren Äckern; daß Bauern aufsehen, die sich an uns freuen und uns fröhlich zuwinken; daß sich Emma ausgelassen an mich klammert, voll Behagen, Wohlgefühl, und in den frischen Fahrtwind jauchzt.

Berauscht, in den siebten Himmel entrückt, wache ich auf und wandle gänzlich auf der Schokoladenseite des Lebens. Von Tag zu Tag gräbt sich Emma tiefer in mein Inneres, so daß ich mich bald frage, ob ich noch imstande bin, ohne sie die Reise nach Feuerland fortzusetzen. Ich vergesse Raum und Zeit um mich herum, ja selbst Michael, mein Freund, kommt mir aus dem Sinn.

*Die Tage mit Emma und Nane*

Oft sitzen wir am Strand verschmolzen ineinander, bis Sand-flöhe unsere Haut in rotgefleckte Pelle verwandelt hat, kühlen danach unsere Körper im Meer, tauchen ab und bewundern die Schönheit der Korallen und marinen Tierwelt.

Einmal sind wir allein in einem klapprigen Taxi unterwegs. Es spielt Musik, die unsere Emotionen zum Explodieren bringt: Blicke senken sich ineinander, unsere Lippen greifen ineinander, so daß der Taxifahrer die Ohren aufstellt, als er in den Rückspie-gel schaut, und sich verlegen die Haare rauft.

Wir trinken Bacardi aus Kokosnüssen, liegen gemeinsam in Hängematten und beobachten die untergehende Sonne, wie sie Himmel und Meer in orange Glut verwandelt. Begrüßen den Mond, zählen die Sterne über uns, die im klaren Universum hän-gen, und lauschen dem paradiesischen Zauber dieser romanti-schen Tropenidylle, den leise rauschenden Palmen, dem sanften Gemurmel der See.

Der Tag naht jedoch, an dem Emma und Nane zurück nach Deutschland müssen. Michael und ich reisen vor ihnen ab. Meine Krücken nimmt Emma mit, ab jetzt werde ich wieder auf eigenen Beinen stehen. Das Taxi rollt. Die Hälfte einer bunten Murmel und einen heftigen Schnupfen schenkt sie mir zum Abschied. Das ist alles, was ich von ihr mitnehme. Der Taximann spricht mit Michael, doch ich höre die Worte nicht. Ich fühle mich wie ausgeleert und spüre innere Panik – adiós mi amor.

## Zwischen Pazifik und Karibik

Drei Tage verstreichen, bis wir nach Guatemala-Stadt kommen. Dort händigt man uns eine weitere Woche später die neuen Aufkleber für unsere Motorräder aus. Einem Rückflug nach Macanche steht also nichts mehr im Wege. Wir nehmen Abschied von den Kieslings und danken diesen hilfsbereiten Menschen für die Freundlichkeit, die sie uns erwiesen haben.

Als wir in unserem Buschdorf eintreffen, hat sich dort nichts verändert. Macanche liegt friedlich im Mittagsdunst.

Die Motorräder sind unversehrt. Zuallererst wischen wir ihnen den Staub vom Tank und ölen ihre schwergängig gewordenen Teile, danach wird unser Zeltlager gebaut. Wie gewohnt werden wir umringt, alle freuen sich, daß wir wieder hier sind, und Pastor Catalino müssen wir versprechen, heute in seine Kirche zu kommen.

Das Gotteshaus ist ein langer Raum, aus Brettern zusammengenagelt und mit Blechtafeln gedeckt. Orna, Catalinos Frau, nickt uns bedächtig zu, als wir eintreten: Die Sache ist bereits in vollem Gange. Dieser Gottesdienst ist ungewöhnlich. Der Pastor hat zwar die Leitung, predigt aber nicht nur selbst, sondern gibt auch anderen Gläubigen das Wort.

Plötzlich flüstert Michael: »Wir sind auf der falschen Seite!«

Richtig, hier nehmen die Frauen rechts auf Bänken mit Rückenlehnen Platz, während sich die Männer mit den einfachen Sitzbrettern linker Hand begnügen.

Jetzt folgen ein paar Minuten intensiver Buße. Die Männer liegen kopfüber mit der Brust auf ihren Bänken, während die Frauen aufstehen, um vor dem Altar zu knien, so daß etwas Lauferei entsteht. Wir erkennen unsere Chance, wechseln die Seiten und tun es den Männern gleich. Niemand bemerkt etwas. Vorsichtig schaue ich auf: Orna sieht mir gerade, aber gütig ins Gesicht.

Die Leute murmeln leise. Doch nach einer Weile geraten einige außer Kontrolle, sie rufen, ja schreien plötzlich, raufen sich die Haare und beben am ganzen Körper. Respektvoll liegen wir auf unserem Sitzbrett, starren den Boden an und trauen uns die Köpfe nicht zu heben.

Am nächsten Morgen starten wir zeitig unsere Motorräder. Mit Orna und Catalino möchten wir die Mayaruinen von Tikal besuchen. Orna wird Michaels Sozia. Sie trägt ihr Sonntagskleid mit einer weißen Handtasche. So fahren wir mit dem geistlichen Paar erst erlaucht winkend durch Macanche, dann zerschneiden wir den frischen Nebel über der Piste.

Der Eintritt in Tikal ist für uns gratis, der Pastor regelt das. Es ist ein besonderes Ereignis für Orna und Catalino, man spürt förmlich ihre Lebensfreude.

Ein anderes Mal unternehmen wir mit Catalino und den Kindern eine Erkundungsreise in den Dschungel. Als wir am Nachmittag wieder im Dorf zurück sind, hat Orna ein Huhn geschlachtet.

Das Pfarrhaus ist klein und besteht aus Brettern, zwischen denen so große Ritzen sind, daß stets eine luftige Brise durch den Raum zieht. Gleich neben der Tür steht ein Steintrog, in drei Becken geteilt: Im mittleren ist sauberes Wasser, das man in Eimern von draußen hereinbringt, im rechten wird abgewaschen, während das linke mit einem Rubbelbrett für die Wäsche ausgerüstet ist. In der Raummitte thront ein aus Lehm geformter Herd, in den zwei Metallteller eingelassen sind, der eine zum Kochen, der andere, um Tortillas zu backen.

Das Huhn dampft in einer Schale auf dem Tisch. Wir sitzen auf Kisten und Schemeln gemeinsam mit den Kindern drumherum, beten zunächst und essen dann. Hinter mir zwängt sich ein dickes Schwein herein, das auf Abfälle wartet, und eine Henne mit acht Küken spaziert auf dem lehmgestampften Boden umher. Nie habe ich eine so primitive Behausung gesehen, aber zugleich spüre ich die Zufriedenheit, die über allem liegt.

*Mittag bei Orna und Catalino*

Nachher sitzen wir unter schattigen Bäumen. Marcedonio findet sich ein, und man kommt wieder darauf zu sprechen, wo Michael und ich eigentlich herkommen. Michael malt die Kontinente in den Staub und zeigt, wo Guatemala und wo Deutschland liegen. Wir beantworten immer neue Fragen, holen immer weiter aus; erzählen vom weiten Ozean und von riesigen Flugzeugen, die Europa und Amerika verbinden. Nach zwei Stunden sind wir fertig: Der Pastor und der Bürgermeister schweigen beeindruckt.

»Das hat gesessen«, sage ich zu Michael.

Plötzlich stützt Marcedonio den Kopf in die Hände und fragt: »Gibt es eine Straße von Guatemala nach Deutschland?«

Bestürzt schaue ich Michael an, antworte aber: »Ja, vielleicht.«

Erst bin ich enttäuscht, daß unser Unterricht offensichtlich umsonst war, doch dann bin ich eigentlich froh darüber.

Am nächsten Tag nehmen wir Abschied. Catalino bekommt ein Taschenmesser von uns, er freut sich sehr darüber und fragt: »Quando regresan – wann kommt ihr wieder?«

Marcedonio umarmt uns, zwinkert still zweimal mit den Augen, dann dreht er sich um und geht. Wir steigen in die Sättel, nur Orna mit den Kindern steht vor ihrer Hütte, Catalino ist hineingegangen. Wir fahren hinunter zur Straße. Im See waschen sich zwei Frauen – sie winken. Adiós amigos, adiós Macanche.

Ich beiße die Zähne zusammen, Wasser rinnt mir in die Augen. Doch dann gebe ich Gas, damit es mir der Fahrtwind heraustreibt und ich wieder klare Sicht habe. Gänsehaut überzieht mich. Nach zweiundfünfzig Tagen Unterbrechung endlich wieder den Tank zwischen den Knien, ja, wir sind wieder auf Kurs.

Nach Poptún liegt die kleine Farm Finca Ixobel am Weg. Sie ist ein beliebter Treffpunkt für Reisende. Carol und ihr Mann Mike hatten den Hof aufgebaut. Dann wurde Mike Opfer eines Mordes, warum, will hier niemand wissen. Wir bleiben zwei Tage und wählen dann die Route nach Sebol, um im Reservat bei Cobán dem Quetzal, dem berühmten Nationalvogel Guatemalas, zu begegnen.

Die ersten vierzig Kilometer spielen wir noch mit dem aufgeweichten Fahrweg, doch dann zeigt er sich von seiner bösen Seite. Tiefer werden die Spuren und Wasserlöcher. Bald versinken wir auf unseren Maschinen in kurzen Abständen und stehen bis zum Bauch im Sumpf, um sie wieder herauszubringen. Lehmsoße trieft von uns herab, Schlamm und Schweiß verkleben die Kleidung mit der Haut.

Nanu, denke ich, was schaukelt uns denn da entgegen?

Ein Lastwagen wühlt sich durch den Morast, er trägt die Aufschrift »Pepsi«. Der Fahrer verkauft uns zwei Flaschen seiner Ladung. Ich fotografiere die Szene, damit man uns glaubt.

Eine halbe Stunde weiter erwischt es Michael. Ein Schlammloch verschlingt seine Maschine zur Hälfte. Mit hochrotem Kopf stehe ich in der Brühe, schiebe, was ich kann, und lasse mich vom rotierenden Hinterrad einschlämmen. Plötzlich ein Knall, das Rad steht still. Ärgerlich springt Michael von seinem Roß und taucht bis zu den Schultern ab, um die Antriebseinheit zu prüfen. Dann brüllt er dreimal »Scheiße«.

»Kette abgesprungen«, sagt er wütend und schlägt mit der Faust auf die Sitzbank. Wir drücken, heben und ziehen, doch das

Ding liegt festgesaugt auf Grund und bewegt sich keinen Fingerbreit.

Wie vom Himmel gefallen schlendern plötzlich fünf Bauern auf uns zu. Sie benutzen aber nicht die Straße, sondern den bewachsenen, sauberen Rand. Als sie uns so wirtschaften sehen, flüchten zwei von ihnen in den Busch, die anderen drei wollen uns gleichgültig passieren.

»Halt, wo wollt ihr hin?« rufe ich.

Sie rümpfen die Nase, als ich sie bitte, uns zu helfen, schlagen aber nicht ab und legen ihre Macheten beiseite. Michael bindet ein Seil um die Gabel, dann stemmen wir uns vereint hinein, bis sich der Schlamm schmatzend von der Maschine löst und sie widerwillig freigibt.

Wieder kämpfen wir uns in den tiefen Spuren voran. Mein eben geheiltes Bein schmerzt heftig, und bald schwinden mir die Kräfte, so daß mich bereits die zarteste Schmiere stürzen läßt.

In Chajmaic, einem Strohhüttendorf, geht nicht nur mir, sondern auch meinem vorderen Reifen die Luft aus. Hundert Kilometer in acht Stunden haben wir heute geschafft, es wird dunkel. Wir zelten unter dem Dach, wo man am Tag den Markt abhält. Den Bewohnern hier klarzumachen, was wir wollen, ist schwierig, denn sie sprechen eine Indiosprache, die sich wie asiatisch anhört. Lacht man die Leute an, lachen sie zurück, fragt man sie, so weiß niemand etwas, aber gesellig sind sie und sitzen um uns herum.

Aus dem Dorf führt eine Felsenstraße weiter. Zwei weitere Male müssen wir unser Reifenflickzeug auspacken. Schwere Brocken und tiefe Löcher lassen die Stoßdämpfer durchschlagen, als wären wir in einem trockenen Flußbett im Gebirge unterwegs. Stunde um Stunde rütteln die Lenkstangen unsere Arme, schlagen die Sättel unsere Hinterteile, knallen Steine unter die Maschine und kommen wir nicht aus dem ersten Gang. Ich befürchte, daß jeden Augenblick der Rahmen bricht oder ein kantiger Stein die Reifen zerreißt. Doch was ist das? – Michael hält an und dreht sich zu mir um. Ein Autobus begegnet uns: Er wankt, daß mir schwindlig wird. Die Menschen, die aus den Fenstern heraushängen, jubeln uns zu. Schubsend treibt der Motor seine Ladung voran, dröhnt rasselnd an uns vorüber. Michael zeigt auf die Reifen: Sie sind mit Lappen alter Profile überklebt, damit sie durchhalten.

In San Pedro Carcha beginnen Betonpisten. Nun ist es nicht mehr weit bis zum Reservat. In tiefschwarzer Nacht kommen wir an und finden ein Gasthaus, in dem es jedoch keinen Platz mehr gibt. Also setzt uns die Wirtin mit einem Teller Hühnerbein mit Reis und Bohnen in die Vorratskammer auf Kisten.

Wir zelten am Hang.

Am nächsten Morgen ziehen kalte Nebelschwaden durch den Regenwald: Wolkenwald nennen ihn die Leute hier. Einige Naturfreunde starren mit Feldstechern in riesige Bäume.

»Psst«, zischen sie, als ich zu ihnen gehe, »vor fünf Minuten flog einer vorüber!«

Nach einer Stunde bin ich durchgefroren, gehe zurück in meinen warmen Schlafsack und schaue mir mit Michael, der soeben aufwacht, den berühmten Quetzalvogel auf einer Geldnote an. Dort ist er nämlich abgebildet.

Hinunter zur Atlantikstraße durchqueren wir trockene Täler, es wird merklich wärmer, und unerwartet wachsen sogar hohe Kakteen im Land. Bis zur honduranischen Grenze ist es nicht mehr weit. Im Handumdrehen wären wir dort, würde nicht Michaels Hinterrad Scherereien machen. Der Reifen hat stark unter den Anstrengungen der letzten Tage gelitten, seine Karkasse ist gebrochen, und der Luftschlauch hält nicht mehr stand. Viermal in Abständen von vierzig Kilometern flicken wir die schwarze Gummiwurst, wobei uns die letzte Reparatur derart zur Raserei bringt, daß mit einem Male Schrauben und Montierhebel in die Luft fliegen, die umstehenden Kinder das Weite suchen und Michael und ich uns mit hochroten Köpfen ans Leder gehen. Danach teilen wir uns mürrisch eine Zigarette und beschließen, noch vor der Landesgrenze neue Reifen zu besorgen.

Am honduranischen Zoll umzingeln uns Burschen, die den Reisenden für etwas Handgeld behilflich sind. Ein jeder wedelt mit Formularen und drängt sich als Wegweiser auf.

»Das kriegen wir auch ohne die hin«, rufe ich Michael zu, ohne zu wissen, was uns erwartet.

Erhobenen Kopfes schreite ich zur Tat, während mein Gefährte die Motorräder bewacht. Die Einwanderungsbehörde stempelt meinen Paß ohne weiteres.

»Wo muß ich nun hin?« frage ich den Mann hinter der Scheibe.

»Das ist sehr kompliziert, laß mich das machen«, meldet sich Pedro, einer der Burschen.

Aus dem Sprechloch tönt es: »Zum Schalter für Fahrzeuge.«

An diesem wird mir erklärt, ich müsse zuerst das Kontrollblatt für die Fahrzeugprüfung besorgen.

Ich frage mich durch, finde den Beamten draußen an einer Verladerampe, die er zu seinem Schreibtisch gemacht hat. Der Mensch legt seine Zeitung weg und füllt einen rosafarbenen Wisch aus. Pedro wartet.

»Fünfzig Lempiras ...«, fordert der Beamte.

»Nein«, sage ich. Der Mann greift nach seiner Zeitung.

Gut, denke ich, warten wir eben. Pedro lacht, ich nicht.

Nach einer halben Stunde schließe ich die Verhandlung, zahle und gehe zurück zum Schalter für Fahrzeuge. Pedro folgt mir. Als ich an der Reihe bin, fragt der Beamte nach dem weißen Formular. Pedro ergreift mein rosa Blatt und eilt voraus – ich folge ihm. Das weiße Formular gibt es beim Chef. Pedro beschafft es und läßt es stempeln: am Einwanderungsschalter, an der Verladerampe, bei einem Herrn, der ein Telegrafiergerät besitzt, am Schalter für Fahrzeuge, wo man einen Zusatzschein ausfüllt, draußen an einem Auto, an dem ein Beamter vor der Motorhaube sitzt, die ihm als Schreibtisch dient. Schließlich geht's zu einem Schalter, an dem man einen Berechtigungsschein für die Straßenbenutzung ausstellt.

»Wo müssen wir jetzt hin, Pedro?« – »Zum Chef!«

Vor dem Schreibtisch des Chefs kämpft eine Front Lastwagenfahrer. Pedro streckt das weiße Blatt zwischen zwei Leuten hindurch, läßt es stempeln und wirft die übrigen Blätter in einen großen Korb.

Ich besitze nun ein Blatt mit sieben Stempeln, bin mir aber immer noch nicht klar darüber, ob dieses Szenarium behördlich oder privat veranstaltet wird.

Anschließend wiederholt Pedro die Zeremonie mit Michael. Drei Stunden später sind wir fertig und fahren an den Schlagbaum vor. Der Uniformierte nimmt uns die weißen Blätter ab und winkt uns wohlwollend durch. Jetzt haben wir nichts mehr, nur etwa vierzig Mark gezahlt, und zusätzlich fünf an Pedro.

Der Weg bis Santa Rosa entschädigt für die entnervende Einreise: Auf guten Straßen kurven wir durch bewaldetes Mittelgebirge. Santa Rosa ist ruhig. Wir trinken einen Kaffee, den man hier magenschonend, wie die Wirtin erklärt, mit ein wenig Mais und Reis aufbrüht. Danach klopfen wir, auf ihren Rat hin, an der Pforte der Zigarrenfabrik.

Der Betriebsleiter freut sich über den Besuch und verlangt, daß wir uns alles genau anschauen. In hell beleuchteten Sälen sitzen Frauen hinter langen Werkbänken, rollen und schneiden den Tabak mit Geschick.

Freundlich beantworten sie alle Fragen und zeigen uns jeden Handgriff. Als der Betriebsleiter beobachtet, wie Michael, unter dem Gelächter der Damen, selbst versucht, ein solches Rauchrohr zu bauen, schenkt er ihm, mit dem Ansatz einer Verneigung, ein paar fertige Exemplare.

Am Abend treffen wir in Gracias ein, wie Santa Rosa ein freundlicher Ort im Kolonialstil, mit Straßen aus Kopfsteinpflaster. Für sieben Lempiras (1,70 Mark) pro Person bekommen wir ein Zweibettzimmer, für acht Tortillas, Bohnen, Eier, Käse und sogar ein kleines Stück Fleisch.

Honduras macht einen verpennten Eindruck. Es ist vermutlich das sicherste und preiswerteste Reiseland Mittelamerikas, steht aber im Schatten des spektakuläreren Guatemala.

In der Dämmerung kommt Tegucigalpa in Sicht. Wie ein Flickenteppich liegen die roten Dächer der Hauptstadt in einem Talkessel.

Wir heuern einen ortskundigen Mopedfahrer an, um Doña Muki, die Mutter von Roberto, ausfindig zu machen.

Wir hatten Roberto in Mexiko getroffen, als wir bei Hector, dem Tierarzt, wohnten, den wir durch Andreas, einen deutschen Motorradfahrer, kennengelernt hatten. Es war eine Straßenbekanntschaft, die uns ohne weiteres zufiel.

*Clint Eastwood?*

Doña Mukis Haus liegt an einem Hang über der Stadt. Mit Lockenwicklern im Haar öffnet sie die Tür.

»Un momentito – ein Momentchen«, sagt sie.

Aber wer steht da plötzlich im Rahmen? Roberto selbst!

»Freunde, meine Freunde«, ruft Roberto und umarmt uns so innig wie verlorengegangene Söhne. »Schön, daß ihr lebt!«

Michael hat schon den ganzen Tag eine Clint-Eastwood-Stimme und fragt Roberto, ob er in Ordnung sei.

Roberto hat seinen Urlaub hier zu Hause verbracht. Morgen fliegt er zurück nach Mexiko; wir haben also Glück, ihn noch anzutreffen.

Er erzählt, daß man sein Auto auf der Fahrt hierher in Guatemala überfallen habe: »Ich habe zwei Mädchen und einen guten Freund in meinem VW-Käfer mitgenommen. Wir waren schon eine Weile hinter Zacapa, als drei Männer in einem Geländewagen damit begannen, uns von hinten zu beschießen.«

»Und was dann?« hake ich aufgeregt nach.

»Die Mädchen fingen zu schreien an, wir zogen alle die Köpfe ein. Ich gab Gas. Aber die Männer hörten nicht auf, fuhren ne-

*Die Los-Dolores-Kirche in Tegucigalpa*

ben uns heran, schossen ein Fenster heraus und brüllten, ich solle sofort anhalten.«

»Und dann hat man euch ausgeraubt?« frage ich besorgt.

»Nun, ich weiß nicht, warum, aber trotz der vorgehaltenen Pistole tat ich nicht, was sie befahlen, sondern riß wütend mein Lenkrad nach links und rammte ihren Wagen in die Seite, und wieder und wieder, bis er von der Straße abkam. Die Mädchen schrien, und es roch nach verbranntem Gummi …«

»Hut ab!« sagt Clint Eastwood anerkennend und schlürft seinen Kaffee, den Doña Muki inzwischen gebracht hat.

Doña Muki arbeitet im Ministerium und ist eine gebildete Frau. Wir bleiben ein paar Tage bei ihr und hören ihr gerne zu. Sie meint, die Zeiten seien in Honduras unsicher geworden. Eine Menge Räuber und Diebe trieben sich auf den Straßen herum. In Tegucigalpa merken wir jedoch nichts davon, es lebt sich hier wie in einer Provinzstadt. Befindet man sich außerhalb des Zentrums, grüßt man sich sogar.

Bei der Ausreise aus Honduras halbiert uns der Grenzer die Gebühr, weil Michael mit ihm Fußballergebnisse austauscht.

123

Auf der Seite Nicaraguas jedoch legen wir mit dem Beamten eine Stunde der Besinnung ein: wir mit übereinandergeschlagenen Beinen auf den Motorrädern, er an seinem Freilichtschreibtisch, auf dem ein großes Buch liegt. Jeden, der in sein Land will, muß er darin eintragen. Aber der Mann ist unseren Mätzchen gewachsen. Mit zwanzig Dollar für jede Maschine gehört der Sieg ihm. Ganz schön gesalzen! Schon das Einreisevisum kostet fünfundzwanzig.

Jetzt im Februar ist das Land trocken und die Luft heiß. Einige Bauern bewässern ihr Feld, was zur Folge hat, daß die Saat darauf förmlich explodiert. Erst in Esteli wird es kühler, die Stadt liegt im Mittelgebirge mit guten Böden, die Mais, Reis, Kaffee und Tabak wachsen lassen. Esteli zeugt noch heute davon, was Nicaragua während der Revolution 1978/1979 erlebt hat. Zerschossene Gemälde auf Mauern und Häuserwänden zeigen, daß sich das Volk gewehrt hat. Man forderte Arbeit, Brot und nie mehr Kinder an Gewehren. Wir wollen wissen, was hier passiert ist, und treffen am nächsten Morgen im Kulturhaus der Stadt auf Guadalupe, die zur Zeit eine Veranstaltung für Kinder vorbereitet. Es ist eine gewöhnliche junge Frau, die gar nicht studiert redet, und gerade das ist es, was so interessant an ihr wirkt. Mit Leib und Seele hängt sie an Nicaragua, zeigt stolz vor, was geschaffen wurde, und spricht mit Bescheidenheit und kraftvoll von dem, was sie von der Zukunft erwartet.

»Während der Revolution hat die große Masse zusammengehalten«, berichtet sie. »Viele Männer haben wir verloren, Frauen und Kinder sind übriggeblieben. So ist nun die Hälfte des Volkes unter fünfzehn Jahre alt. Aber die Somoza-Diktatur wurde gestürzt, und heute führt sogar eine Frau unser Land.«

Als die Sandinisten nach der Revolution die Macht übernahmen und man Ortega als ersten Demokraten wählte, entstanden in Europa und in den USA Solidaritätsgruppen, die Nicaragua unterstützten. Die Staatsmänner der USA sahen allerdings in der neuen Regierung eine Bedrohung und päppelten die aus der Somoza-Garde hervorgegangenen Contras, die die Sandinisten bekämpften. Entwicklungshilfe aus den USA, auch aus Deutschland, blieb aus. Trotzdem reisten junge Aufbauhelfer nach Nicaragua, arbeiteten an Projekten für Bildung, Gesundheit und Versorgung, und zwar auf eigene Kosten.

Heute morgen gehen Michael und ich zum Friedhof in Matagalpa. Zwei Jungs, Diego und Filipe, zeigen uns die Gräber eines Franzosen, eines Schweizers und des Deutschen Bernd Koberstein: 1986 wurden die drei von den Contras ermordet. Auch der US-Amerikaner Benjamin Linder liegt hier begraben. Er fiel den Söldnern ein Jahr später zum Opfer. Er hatte an einer Wasseranlage mitgewirkt und bei der Baumwollernte geholfen, überdies wurde er durch seine Vorstellungen als Clown auf einem Hochrad zum Liebling der Menschen hier.

In einem Lokal in der Nähe der Kirche entdecken wir Fotos von Benjamin. Juana Centeno ist die Wirtsfrau. Als sie merkt, daß wir uns für ihn interessieren, fragt sie wie Guadalupe gestern, ob wir Entwicklungshelfer seien.

»Hier hat er mittags immer gegessen«, sagt sie mit wackliger Stimme. »Es war ein wunderbarer Mensch, wir haben ihn alle sehr gerne gehabt. Dann hieß es, er sei tot. Dem Trauerzug gingen damals Daniel Ortega mit seiner Frau und Benjamins Eltern voran, und tausende Bauern kamen aus den Dörfern und folgten.«

Diego und Filipe sind still geworden.

»Dürfen wir die Bilder von Benjamin fotografieren?« frage ich.

»Ja«, sagt sie, »zeigt sie euren Leuten in Deutschland!«

Dann nimmt sie die Bilder ab und stellt sie nach draußen ins Sonnenlicht.

Für die Jungs ist es Zeit für die Nachmittagsschule. Wir fahren die beiden nach Hause und erklären ihrer Mutter, welch anständige Kinder sie großzieht. Sie lacht, und alle drei winken uns nach.

Wir wohnen im Hotel Plaza. Die Wände unseres Zimmers sind etwa zwei Meter hoch, das restliche Stück bis zur Decke fehlt. Jedes Geräusch, jeden noch so schlichten Duft aus den Nachbarräumen dürfen wir über diesen Weg direkt miterleben. Von rechts ertönt eine langweilige Fußballreportage, und der Fan schnarcht dazu, zur Linken arbeitet ein Feldbett im Takt.

Eine besondere Sitte in Zentralamerika und Mexiko, deren Erwähnung längst überfällig ist, ist das Spucken. Ein jeder Mann, der etwas auf sich hält, spuckt nach Herzenslust soviel und soweit er kann und an jeden Ort, der ihm gefällt. Es gehört zum guten Ton. Niemand stößt sich daran oder findet es unpassend. Was man uns jedoch heute morgen geboten hat, läßt uns das Frühstück vergessen. Gerade hat die Kirchenuhr sieben geschlagen, als unsere Nachbarn erwachen. Kurz darauf entlädt sich eine Serie rekordverdächtiger Spuckanfälle, denen jeweils ein kräftiges Hochziehen in den Kehlen vorangeht. Die Pappwände geraten bei jedem Gewürge ganz außer sich und in Schwingung. In der Latrine, in den Gängen, auf Schritt und Tritt prangen Teile des morgendlichen Auswurfs. Wir raffen eilig alles zusammen und ergreifen die Flucht.

Aus Matagalpa herausgekommen, sind wir unsicher, ob diese Straße nach Jinotega führt. An einem Seitenpfad steht ein Mann, als warte er nur darauf, uns zu erklären, auf welchem Weg wir sind.

»Entschuldigung, können Sie …« Die Frage bleibt mir im Halse stecken: Mit einem Satz nimmt der Mensch auf dem Gepäck hinter mir Platz. Neben mir erschallt Gelächter: Michael trommelt grölend auf seinen Tank. Um mich besser mit dem Mann unterhalten zu können, klemme ich meinen Helm an den Windschild und fahre los.

»Wie heißt du?« – »Carlos. Danke, daß du mich mitnimmst.« »Wo willst du hin?« – »Was?« – »Wo willst du hin?« – »Wo auch ihr hinwollt!« Wir sind also richtig, denke ich.

Eifriger denn je winken uns die Menschen von den Straßenrändern aus zu. Erhöht und erhaben sitzt Carlos wie der Prinz von Matagalpa hinter mir. Feierlich winken wir zurück. Die Straße steigt weiter ins Hochland an. Schwarzweiße Kühe grasen auf saftigen Weiden, und unsere Blicke wandern über wogende Nadelwälder in weiten Tälern. Nach zehn Kilometern halten wir an einem Schild: »Hotel Selva Negra«.

»Un aleman loco – ein verrückter Deutscher«, sagt Carlos ungeduldig. Er möchte, daß es weitergeht.

Ein Schwarzwaldhotel in Nicaragua! Das muß ich sehen!

Michael ist auch begeistert. Nur meinem Prinzen gefällt die Idee nicht, jetzt muß er wieder zu Fuß laufen.

Am Ende der Zufahrt steht ein Wachmann. Über Funk meldet er uns an. Das Haupthaus, wunderschön an einem Weiher gelegen, ist von Ferienhäuschen umgeben, die tatsächlich im Schwarzwälder Stil gebaut sind. Wir nehmen Kaffee und Kuchen und plaudern mit David, der eigentlich US-Amerikaner ist. Seit Anfang der achtziger Jahre betreibt er dieses Hotel. Sein Großvater stammte aus Oldenburg und seine Frau ist aus Nagold bei Freiburg. Auf der Empore im Gastraum gibt es eine Bibliothek mit deutschen Büchern, ein Bild von Willy Brandt und ein Poster von Schloß Neuschwanstein. Ein Schwarzwaldhotel im tiefsten Nicaragua: unglaublich, aber offensichtlich nicht unmöglich.

An einem heißen Februarmittag geistern wir durch die Hauptstadt Managua. Im wahrsten Sinne »geistern«. Denn lange, gerade Straßen, meist doppelspurig, führen durch Areale, auf denen Wellblechhütten wie körperlos im Staub flimmern. Hin und wieder protzige, moderne Einkaufsmärkte, dann ein Erste-Klasse-Hotel oder eine Tankstelle. Die Gebäude stehen nicht eng beieinander wie in einer wirklichen Stadt, sondern dehnen sich weitläufig in die Ebene hinaus. Wir fragen Einheimische nach dem Stadtkern. Sie sind ganz unterschiedlicher Meinung. Die meisten schauen uns erstaunt an, als hätte diese Frage noch nie jemand gestellt.

Bei vierzig Grad im Schatten kommen wir endlich auf einen riesigen Platz, der an zwei Seiten vom Nationalpalast und einer monströsen Kathedrale eingerahmt ist.

»Aha«, sage ich zu Michael, »ich glaube, wir sind angekommen.«

»Na ja, schau dir die Kirche mal genau an.«

Vom Gotteshaus stehen nur die Außenwände und die Türme. An den Eingängen schaut man durch ein baufälliges Dach geradewegs in den Himmel; das Innere ist völlig zerstört.

Unsere Blicke schweifen über die Ebene, bis dorthin, wo Berg- und Vulkanland der sich ausdehnenden Stadt Einhalt gebieten: breite, mit Palmen gesäumte Straßen, ein paar Denkmäler. Einige Gammler, Penner oder Betrunkene schleichen herum, Betonskelette oder halb umgerissene Häuser erinnern an Bilder nach dem Krieg.

Zur anderen Seite erstreckt sich der Managua-See. Am Ufer patrouillieren drei Wachmänner mit den üblichen Schnellfeuergewehren. Die Männer wollen wissen, wer wir sind, und fragen, ob wir beim Aufbau ihres Landes helfen.

»Nein«, sagt Michael, »wir wollen uns euer Land nur ansehen!« Das können die drei nur schwer begreifen.

»Warum ist hier alles dermaßen kaputt?« frage ich. »Wegen der Revolution?«

»Es war das Erdbeben von 1972. Die Leute verließen das Zentrum und bauten Neues drumherum. Ja ... und den Rest erledigte die Revolution.«

Auf den Rat der Männer besuchen wir einen Ort am Nicaragua-See. Er heißt Granada und war einst wichtiger Warenumschlagplatz, weil von hier aus die Spanier über den See, den Río San Juan und den Atlantik direkt nach Hause fahren konnten. Die Stadt kam daher zu großem Reichtum, jedoch mit dem Ergebnis, daß sie gerne von Piraten besucht wurde. Granada wurde regelmäßig ausgeplündert und niedergebrannt.

Die Stadt verfügt noch immer über einen beachtlichen Teil kolonialer Gebäude: In bester Verfassung sind die an der »Plaza Central«, die offensichtlich als Vorzeigestück ganz Nicaraguas angesehen wird. Die Fußwege sind bunt gekachelt. Fassaden, Säulen und Schnörkel strahlen in frischen Pastelltönen und wirken, besonders in der Nachmittagssonne, faszinierend.

Am Abend sitzen wir in einem weißgetünchten Lokal an der Ecke. Die Seitentüren sind aufgeklappt, so daß wir das bewegte Straßenbild lückenlos verfolgen können. Sitte ist es hier, daß die Männer ihre Frauen auf der Mittelstange ihres Fahrrades mitnehmen. Zwei verwahrloste Kinder, die nackten Füße schwarz vom Straßendreck, mit verschlissenen Lumpen am Leib, treten ein, laufen mit einer Blechdose in der Hand von Tisch zu Tisch und betteln um Essen. Der eine oder andere gibt etwas Reis oder Brot. Der Wirt steht dabei hinterm Tresen und beobachtet die beiden. Ist es nicht so, daß die Wirte Bettler gewöhnlich vor die Tür setzen? Dieser Wirt sagt nichts und läßt die Kinder gewähren. In Esteli hatten wir das schon einmal erlebt, doch uns nichts dabei gedacht.

»Wenn ihr Hunger habt, setzt euch zu uns«, schlage ich den Kindern vor, als sie zu uns treten. Sie senken die Köpfe, werfen sich einen fragenden Blick zu und setzen sich dann. Der Wirt reagiert sofort und bringt zwei Teller. Die Gäste um uns herum werden vorübergehend still. Es dauert fünf Atemzüge, bis die alte Geräuschkulisse wieder hergestellt ist. Kein Wort erwidern die Kinder, sie essen hastig, nicken, ohne uns anzuschauen, zum Dank und sind schon wieder draußen.

»Seid ihr Entwicklungshelfer?« fragt uns der Wirt.

»Ja …, oder was meinst du, Burkhard?«

Ich stimme zu und merke, daß der Wirt seine Unsicherheit, was er von uns halten soll, mit einem kurzen Lachen vertreibt.

Wir beginnen, Sympathie für Nicaragua zu empfinden, nähern uns nach und nach seinen Menschen. Sie sind unterdrückt worden, verloren aber den Sinn für Poesie niemals. Sie sind arm und besitzen dennoch Muße, sie haben gekämpft und Kraft dabei gewonnen. Das Land ist noch nicht aufgeräumt und hat vieles nötig. Aber es schaut aufrecht und hoffnungsvoll in eine bessere Zukunft.

Wie aus einer Loge führt uns die Panamericana den schönsten Teil Nicaraguas vor. Linker Hand treten aus dem Mittagsdunst zwei gewaltige Vulkankegel hervor, die miteinander die Insel Ometepe im Nicaragua-See bilden.

Den Raum zwischen Straße und See füllen weitgeschwungene, grüne Wiesen. Wir halten für eine Rast, um uns von Nicaragua zu verabschieden.

Nicaragua grenzt an Costa Rica. Bevor wir jedoch in den neuen Staat hineinfahren, desinfiziert man unsere Motorräder.

Dürres Land öffnet sich. Hier, an der pazifischen Seite, fällt erst im Mai Regen. Manche Bäume aber entwickeln gerade jetzt zur Trockenzeit eine leuchtend gelbe Blütenpracht.

Auf der Nicoya-Halbinsel feiern wir drei Tage Michaels 27. Geburtstag, hängen in Matten unter Palmen bei erbärmlicher Hitze, chilenischem Rotwein und Zigarren aus Honduras. Träge saunieren wir in der Nacht im Zelt.

*Am Nicaragua-See*

Am vierten Tag reißen wir uns zusammen, springen aus dem Meer in die Sättel, erwischen in Paquera noch ein Fährschiff zum Festland und arbeiten uns durchs Gebirge hinauf zur Hauptstadt San José: Hier oben sind die Temperaturen passabel.

Im November haben wir in Mexiko Axel und Peter aus Thüringen getroffen. Die beiden waren seit der Wiedervereinigung mit ihren Fahrrädern um die Welt unterwegs. Eine junge Frau aus Berlin begleitete die beiden für ein paar Wochen und gab uns ein Empfehlungsschreiben an eine Familie in San José.

Die Frau des Hauses ist Katharina: Ihr Vater ist Ägypter, die Mutter Österreicherin und ihr Mann Costaricaner. Er ist Arzt hier in der Stadt. Eine wahrhaft internationale Familie. Drei nette Kinder, alle perfekt dreisprachig, und zwei kläffende Hunde gehören zum Hausstand. Katharina stellt uns ihr altes Haus zur Verfügung, es befindet sich gleich um die Ecke und wird gerade neu angemalt.

In San José spielt Musik an der »Plaza de la Cultura«. Es gibt Schmuckverkäufer, Maler und Clowns, nur wenige Bettler und keine Schuhputzer. Sauberkeit und Ordnung prägen das Bild.

Damit aber der Tourist aus den Vereinigten Staaten seine Eßkultur nicht zu sehr entbehren muß, haben hier namhafte Fastfoodketten Wurzel geschlagen. Doch auch die Deutschen besuchen Costa Rica: Aus allen Winkeln ertönt unsere Muttersprache.

Im Süden des Landes zieht sich die Trans-Amerika-Straße schmal durch Ananasplantagen, die im Osten bis an eine Bergkette reichen. Auf einem der Felder wird geerntet; niemals zuvor habe ich gesehen, wie das gemacht wird, ja auch einen Ananasstrauch sehe ich hier zum ersten Mal. Die Luft flimmert kochend über der weiten Fläche. Einige Dutzend Arbeiter sind beschäftigt, jeder hat sich Tücher über den Kopf gehängt und trägt eine schwarze Sonnenbrille. Die Männer schneiden die Früchte aus der Mitte der agavenähnlichen Sträucher heraus und legen sie auf ein Förderband, das von einem Traktor gezogen wird. Damit die Leute nicht ausdörren, hängen große Wasserkanister an einer Stange über dem Band: Schwitzen gehört hier zum Beruf.

»Darf ich euch bei der Arbeit fotografieren?« rufe ich.

Die Maschine verstummt. Die Männer legen eine Pause ein und treten im Halbkreis zu mir heran. In die Augen kann ich ihnen nicht sehen, doch spüre ich förmlich, was sie denken.

»Was willst du?« fragt einer mißmutig.

»Ich will ein Bild von euch machen.« – »Woher kommst du?« – »Aus Deutschland.« – »Ah…, Claudia Schiffer!« – »Was?« – »Claudia Schiffer!«

Ich zucke mit den Schultern, denn ich kenne den Namen nicht. Da werden die Herren vergnügt. »Was, du kennst sie nicht?« quiekt einer und zeichnet mit den Händen kurvige Formen in die Luft. Ich drehe mich zur Straße nach Michael um, der das Spiel aus der Ferne beobachtet. Als ich noch immer nicht anspringe, werden die Männer mißtrauisch, zweifeln, ob ich wirklich Deutscher bin, und fragen, ob ich denn wenigstens weiß, wer Steffi Graf ist – ja, das weiß ich natürlich.

Nur mit Mühe gelingt es mir, zu erklären, daß wir seit langem aus Deutschland fort sind. Doch dann ist alles klar. Sie wissen nun, wer wir sind, und ich von Grund auf, wer Claudia Schiffer ist. Aber um was ging es mir eigentlich?

»Darf ich nun fotografieren?« – »Aber ja, mein Freund!«

Ich muß alles genau ablichten und sogar auf dem Traktor mitfahren. Dann bekomme ich soviel Ananas, wie ich tragen kann, womit klar ist, wovon wir uns den Rest der Woche ernähren.

Während wir auf dem Weg zur Osa-Halbinsel sind, brechen vor der Dämmerung die letzten Sonnenstrahlen durch tiefhängende Quellwolken. An der Straße liegt das »Las Palmeras«. Wir beschließen, die Nacht dort zu verbringen, und lassen uns zwei Portionen Casado auftischen. Eine gnadenlose Hitze drückt in den Abend. Es scheint, als kondensiere die feuchte Luft an mir, denn dicke Tropfen rinnen an meinem Bauch herunter.

Aus der Umgebung kommen die Männer zum Gastwirt, wegen des Fernsehers auf der Veranda. Wir plaudern mit ihnen und machen auch den Claudia-Schiffer-Test: Niemand fällt durch. Eine fette Kröte hopst über den Boden, worauf ein alter Mann fragt: »Gibt es solche Tiere auch in Deutschland?«

»Ja«, antworte ich. »Nur etwas kleiner.«

»Was, noch kleiner? Wir haben welche, die sind so groß!« Dabei zeigt er die Größe eines Fußballs.

Auf der Weiterfahrt läßt uns die asphaltierte Straße im Stich. Ein staubiger Fahrweg hängt sich an, der sich verschlafen durch Puerto Jimenez zieht und nach weiteren vierzig Kilometer im Corcovado-Nationalpark endet. Unter Mandelbäumen, nicht weit vom Meer, schlagen wir unser Lager auf.

Endloser Sandstrand. Palmen und tropisches Buschwerk säumen das Ufer; hinter uns die grüne Hölle des Dschungels, vor uns die unfaßbare Weite des blauen Pazifik, der mit wildem Getöse seine Wellen an Land wirft.

Der Parkaufseher begrüßt uns mit einem Kaffee. Über seiner Hütte sitzen in riesen Bäumen Schwärme roter Papageien. Schreiend drehen die Vögel immer mal wieder eine Runde. Unten im Busch rangeln sich hellbraune Affen und schaukeln lebenslustig, mit ihren Schwänzen an Ästen hängend. Wir laufen bis zur Mündung des Río Madrigal am Strand entlang. Pelikane segeln über die See, indem sie dicht hintereinander nur eine Handbreit über den Wellentunnels fliegen. Wenn die Wassermassen in sich zusammenstürzen, schießen die Langschnäbel nacheinander nach oben weg.

Am Abend stützen wir die Ellenbogen in den Sand und schauen zu, wie sich die Sonne riesig-rund und tiefrot dem Meer nähert. Im Augenblick, da sie es berührt, läßt sie eine Glutwelle über den Horizont laufen. Dann aber versinkt sie in Sekundenschnelle als gewaltiger Feuerball im Pazifik. Die Bewegung, die Farben: Man traut seinen Augen nicht.

Als wir nach ein paar Tagen vormittags aufbrechen wollen, rennen zwei aufgeregt winkende Leute über den Strand – wir sind gemeint. Es sind Michael und Tamara, zwei Peace Corps Volunteers aus den USA. Wir räumen unsere Soziussitze und nehmen sie mit. Der Weg ist anfangs sandig. Zweimal stürzen wir, und die Passagiere fliegen in großem Bogen aus den Sätteln. Bei Durchquerung einer Wasserfurt rudert Michael aufgeregt mit seiner Lenkstange, arbeitet sich aus dem Bachbett heraus den Hang hinauf, steigt mit dem Vorderrad in die Luft und landet im Sumpf einer Senke. Nun, wir sind zu viert und haben ein Seil.

Die Einreise nach Panama geht ohne Schwierigkeit vonstatten. Nicht weit nach der Grenze fahren wir für drei Tage ins kühle Hochland nach Boquete. Rund um das Dorf herum wachsen Kaffeesträucher und Blumen, vor allem Orchideen.

Die Menschen hier oben sind ausgesprochen freundlich, so daß wir auf einer Hacienda gleich einen Lagerplatz bekommen. Guaymi-Indios, die auf den Feldern arbeiten, wohnen ein Stück unterhalb von uns in Holzbaracken. Die Frauen tragen wundervoll bunte Kleider, wie wir sie nie zuvor gesehen haben. Einige Kinder schauen uns beim Zeltbau zu. Sie geben zu verstehen, so ein Ding hätten sie noch nie gesehen. Sie sind zwar ein wenig scheu, aber abends können wir zwei Indiokinder zu Michaels Gemüsesuppe einladen. Von großer Unterhaltung kann jedoch keine Rede sein, denn sie sprechen kein Wort Spanisch.

Nach dreißig Kilometer Talfahrt sind wir wieder in trockener Hügelprärie, und die Panamericana treibt uns geraden Weges weiter zur Hauptstadt, die etwa in der Mitte des Landes liegt.

Das Thermometer schnellt von zwanzig auf vierzig Grad. In der Ferne ragt eine hohe Gebirgskette auf, über der sich dicke Schichtwolken stapeln. Wir passieren kleine Dörfer, dann geht's wieder durch die Pampa mit einzelnen palmblattbedeckten Hütten. Kühe mit einem voluminösen Buckel, ähnlich einem Kamel-höcker, weiden in der Dürre, nur Gott weiß, wie sich die Tiere hier am Leben erhalten. Eigenartig ist nur, daß es immer wieder grüne Laubbäume gibt. In der Erde muß es also doch Wasser geben.

Als sich die Straße der Pazifikküste nähert, flaut der heiße Wind ab. Riesige Zuckerrohrfelder, auf denen Männer mit weißen Hüten arbeiten, tauchen auf. Ist ein Feld abgeerntet, werden die Strünke verbrannt. Oft steigen kilometerlange Rauchschwaden neben uns in den Himmel.

Kurz bevor wir nach Panama-Stadt hineinfahren, überqueren wir die Kanalbrücke »Las Américas«. Der Kanal und das unmittelbar an ihm angrenzende Areal sind im Besitz der USA. Dazu gehören der Balboa-Yacht-Club, Schulen, Universitäten und ein McDonalds-Restaurant: eben die notwendige Infrastruktur für einen US-Amerikaner. Als sich 1903 Panama von Kolumbien trennte, kauften die USA für zehn Millionen Dollar das Hoheitsrecht im heutigen Kanalgebiet und bauten die künstliche Verbindung zwischen Atlantik und Pazifik.

Wir wohnen in Panamas alter Stadt, die neue ist uns mit ihren modernen Geschäften und Bankhäusern zu kalt. »Hotel Central« ist ein Haus im Kolonialstil gegenüber der Kathedrale. Die Türen stehen offen. Also fahren wir gleich bis zur Rezeption vor und fragen, ob wir die Motorräder in der Halle parken dürfen – aber selbstverständlich. Man gibt uns ein Eckzimmer mit Blick auf die Plaza. Gut, die Toilettenspülung setzt man in Gang, indem man in den Wasserkasten greift und den Stopfen aus dem Rohr zieht, aber für acht Mark pro Kopf nehmen wir das, ein Liedchen pfeifend, hin.

Es hat zu regnen angefangen. Jeden Tag um die Mittagszeit regnet es für ein bis zwei Stunden. Wir verlassen gerade das Nationalmuseum und sind innerhalb von Sekunden naß. Von den Dächern strömen derart große Wassermassen auf die Straßen, daß keine Chance besteht, trockene Füße zu behalten. Die Menschen hier haben sich an so etwas gewöhnt, die meisten lachen einander freundlich an, wenn sich der andere ebenfalls ein Stück Karton oder die Prensa über den Kopf hält.

134

*Guaymi – Indiomädchen*

Wir flüchten ins Restaurant »Manolo«. Pepe und seine Frau
stammen aus Spanien. Die beiden sagen, sie hätten uns schon
vor zwei Tagen gesehen, als wir mit unseren Motorrädern in die
Stadt kamen. Immer wieder versuchen wir herauszufinden, wie
wir von hier nach Kolumbien weiterkommen könnten. Denn
knapp dreihundert Kilometer östlich von Panama-Stadt endet
die befestigte Straße in Yaviza, einem kleinen Ort inmitten des
Dschungels von Darien.

Pepe gibt den Rat, im Fremdenverkehrsbüro nachzufragen.

Als der Regen nachläßt, nehmen wir einen Autobus dorthin.
Es ist ein sehr altes Modell, Lenkung und Schaltgestänge sind
schon sehr verschlissen, und an allen Kanten dringt Wasser ein,
selbst an den Armaturen. Doch der Fahrer ist sehr fröhlich und
redselig. Wir unterhalten uns mit ihm und anderen Fahrgästen.
Ich berichte, daß es in Deutschland verboten ist, in einem zwölf-
sitzigen Autobus mehr als fünfzig Leute zu befördern. Das hört
ein junger Mann, der draußen auf dem Trittbrett steht: »Warum
gebt ihr den Polizisten nicht etwas Geld, damit sie euch weiterfahren lassen?«

Um mich herum wird es still. Alle wollen hören, was ich antworte, und Michael schaut mich mit einem »Was-sagst-du-nun-Blick« an.

»Das wäre eine gute Idee«, sage ich verständnisvoll und betrachte dabei die Beine, die außen vom Dach herunterbaumeln.

Die Damen und Herren im Fremdenverkehrsbüro sind sehr erfreut, als wir eintreten. Mehr als zwanzig Leute, vor allem hübsche Damen in einheitlich roten Kleidern, sind hier beschäftigt. Wir erklären, daß wir ein Schiff suchen, das uns nach Kolumbien bringt. Von einer Frau bekommen wir Kalenderkärtchen zugesteckt, während uns der Mann, der sich für uns zuständig fühlt, bunte Klebebilder mit typischen Motiven des Landes überreicht.

»Ja, es gibt ein Fährschiff«, sagt er. »Es ist jedoch im Moment kaputt, und eine Reparatur ist vorerst nicht in Sicht, aber bestimmt gibt es im Hafen von Colon ein Schiff für euch.«

Colon liegt am Atlantik und neunzig Kilometer entfernt. Zwei Stunden lang schieben wir uns über kochenden Teer von einem Lkw zum nächsten, während die Fahrzeuge Abgase in die Luft blasen, daß ich mir manchmal nicht sicher bin, ob ihre Motoren verbrennen oder brennen.

In Colon angekommen, treffen wir auf einen bärtigen dicken Menschen, der uns ein Schiff besorgen kann. Im Taxi fährt er voraus und bringt uns zum Hafen »Coco Solo«. Er regelt unser Vorbeikommen am Wachmann und bringt uns zu einem Kapitän, der für die Überfahrt zweitausend Dollar sehen will, was wir als übertrieben ablehnen.

Der Hafen ist groß, die Anleger sind voller Kisten, Karren und Lastwagen, die von Männern aller Hautfarben in Bewegung gehalten werden. Durchweg sind es wüste Figuren mit zerrissenen Klamotten am Leib und mächtigen Muskeln. Von Frachter zu Frachter laufen wir, fahren die Anleger auf und ab und klettern die Leitern an Bordwänden hinauf, um die Besatzung nach ihrem nächsten Hafen zu fragen. Aber ein jeder will uns nur loswerden und nennt uns die Namen anderer Schiffe.

Am Ende führen alle Wege zu einem Schiff. »La Gloria« soll es heißen, und ich vermute schon, daß man sich über uns lustig macht. Die »La Gloria« ist ein alter Holzkahn mit gut und gerne fünfzehn Meter Länge. Auf und neben dem Kajüthaus liegt ein Wust fransiger Leinenwäsche zum Trocknen ausgebreitet, und eine singende Crew räkelt sich bei halbleeren Flaschen Zuckerrohrschnaps. Eher aus Neugier frage ich, welcher Hafen das nächste Ziel sein soll. Ein Mann schaut mich aus glasigen Augen an, sagt nichts und raucht unbeirrt sein süßes Kraut weiter. Ein Vorbeikommender aber ruft uns lachend zu: »Die legen am Mittwoch ab!«

Wir haben genug von der Seefahrt und wenden uns der Luftfahrt zu. Der Cargo-Flugplatz von Panama-Stadt besteht aus den gammeligen Überresten des internationalen Flugplatzes, den man nicht weit entfernt neu erbaut hat. Eine ganze Reihe kleiner Gesellschaften hat sich in den alten Gebäuden eingenistet. Wir finden die Gesellschaft LAC, bei der uns eine Dame den Flug nach Kolumbien für sechshundertfünfzig Dollar offeriert. Sie sagt jedoch, die Motorräder müßten vor dem Transport von einem Sachverständigen überprüft werden. Heute am Freitag sei es dafür jedoch zu spät, wir sollten am Montag noch einmal kommen.

Wie abgemacht, fahren wir also montags zur Abnahme. Im Büro von LAC sitzt heute am Schreibtisch der Dame vom Freitag ein sehr von sich eingenommener Mann. Wir erklären ihm den Sachverhalt, doch er will offenbar nicht verstehen. Plötzlich wirft er seine Füße auf den Schreibtisch und sagt mit einem fetten Grinsen, morgen sei im Flugzeug kein Platz mehr. Außerdem koste der Transport eines Motorrades allein schon dreihundertfünfzig Dollar, und die Mitreise von Passagieren komme auf keinen Fall in Frage.

»Sie wissen nicht zufällig, wo sich Ihre Kollegin aufhält?« frage ich dennoch höflich. »Oh, Sie kennen sie bestimmt. Es ist eine nette Dame mittleren Alters, blond, mit guter Figur!«

Meine Worte gefallen dem Dickwanst, seine Kulleraugen leuchten.

»Kennst du die Frau?« fragt er seinen Kollegen. Der sagt nichts, schüttelt nur seinen Kopf.

Eine Stunde später spüren wir Sandra auf. Sie arbeitet für »Aerovías las Américas« und kann uns einen Flug für vierhundert Dollar nach Bogotá verkaufen. Gleich morgen soll es losgehen.

Am Abend tanzen Cuna-Indianer auf dem Platz vor der Kathedrale. Sie tragen bunte Kleidung, die aus kunstvoll übereinandergenähten Stoffen bestehen. Wir sitzen auf dem Boden vor ihnen und vertreiben uns plaudernd die Zeit. Plötzlich hält mir jemand von hinten die Hände vor die Augen, auch Michael sieht anscheinend nichts mehr, denn er ruft nach mir. Wir bleiben ruhig. Ist es ein Überfall? Oder überraschen uns Bekannte? Doch wer? Unser Hotelier? Der Dicke von LAC und seine blonde Kollegin? Oder die rot uniformierten Damen von der Touristeninformation?

Zwei Stimmen lachen hinter uns, dann reden sie Englisch.

»Hey, Burkhard, hey, Michael, how are you?«

Es sind Michael und Tamara, die beiden vom Peace Corps. Sie zeigen uns in der Stadt das Büro ihrer Organisation, danach nehmen wir beim Abendessen Abschied von ihnen.

Um zehn Uhr am nächsten Morgen melden wir uns bei Sandra. Um zwölf soll unser Flugzeug starten. Nachdem wir acht Stunden gewartet haben, ist es dann wahrhaftig soweit. Es ist eine zweimotorige Transportmaschine, die den hinteren Teil ihres Rumpfes aufgeklappt und bereits zwei Autos geladen hat. Über eine steile Laderampe bringen wir unsere Motorräder mit aufheulenden Motoren in den Flugzeugbauch und kommen mit quietschenden Reifen gerade noch hinter dem letzten Wagen zum Stehen.

Der Pilot begrüßt uns standesgemäß, dann steigen wir vorne die Leiter hoch und sind überrascht über die Plätze, die wir einnehmen sollen.

»Meine Herren, Sie dürfen sich eins aussuchen!« ruft uns der Flugkapitän zu und zeigt auf die beiden Autos.

Die Propeller drehen sich, die Maschine rollt in Startposition, dann bebt sie am ganzen Körper und prescht über die Betonpiste. Es ist heiß. Durch runde Gucklöcher sehen wir, wie die Erde unter uns wegflitzt. Rasch verschwinden die Häuser, und der Dschungel, der Darien im Abseits der Zivilisation, bedeckt schwarz-grün als geheimnisvolles Buschwerk das Land.

»Es ist wohl das erste Mal, daß wir in einem Auto fliegen«, sage ich zu Michael.

Er lacht und schaut wieder hinaus. Dann schlafen wir ein.

## Zur »Mitte der Erde«

Ich wache auf. Unser Wagen schwingt in den Federn – der Flug ist unruhig geworden. Ich sehe die Hand vor Augen nicht, durch das Guckloch aber einige Lichter unter uns. Eine gute Stunde haben wir geschlafen, unsere Maschine setzt zum Sinkflug an.

Schon in unserem Reiseführer war uns aufgefallen, daß in Bogotá nicht mehr von kalten, sondern von warmen Duschen die Rede war. Dabei sind wir geradlinig zum Äquator unterwegs. Kolumbiens Hauptstadt aber liegt auf zweitausendsechshundert Meter Höhe. Eine steife Brise jagt Regenschauer über den Flughafen.

Der Zoll hat bereits geschlossen, also bietet man uns zur Übernachtung ein Auto an, das wie wir auf die Abfertigung wartet.

Am nächsten Morgen warnen uns die Beamten, wir sollten in Kolumbien keine Sturzhelme tragen.

»Ratatatam«, stößt einer von ihnen hervor und tut so, als halte er ein Gewehr.

»Wer soll auf uns schießen?« – »Die Polizei!«

Na gut, fahren wir eben ohne Helm, wie alle anderen auch. Es dauert keine Viertelstunde, und wir werden von vier Polizisten angehalten. Die kommen uns gerade recht, denke ich und frage sie nach ihrer eigenartigen Methode, mit dem Blei umzugehen. Sie sind etwas betreten und erklären, sie müßten sich wegen der häufigen Überfälle mit Motorrädern so verhalten. Aber in uns vermuteten sie bestimmt keine Räuber, so wie wir bepackt seien.

Bogotá liegt am Fuße der Cordillera Oriental, dem östlichen Gebirgszug der Anden. Es ist groß, modern und hektisch. Riesige Hochhäuser dominieren zwischen alten Kolonialfassaden, während Modegeschäfte und Einkaufspassagen die Straßen säumen.

Zwei Tage sehen wir uns in der Stadt um, dann lassen wir uns von der Straße 13, in der der Verkehr wie ein Pfropfen klemmt, aufs Land ausspucken.

»Wohin fahren wir?« fragt Michael.

»Zum Äquator«, rufe ich und zeige ihm die Linie auf der Karte.

Gegen Mittag bewegen wir uns nur noch auf zwölfhundert Meter Höhe. Die Hügel, die sonnigen Hänge, ja die gesamte wellige Landschaft sind mit Kaffeepflanzen bedeckt. Nur hier und dort lockert das rote Dach einer Finca das monotone Grün auf.

Finca »Veracruz«, in der Nähe von Fresno, ist eine davon. Die Arbeiter sind beschäftigt, sie kümmern sich nicht um uns, und es dauert eine Ewigkeit, bis uns der Patron das Zelten erlaubt. Ich höre, wie er den anderen, die still sind, »verrückte Gringos« zumurmelt. Erst als der Boß nach Hause fährt – er wohnt in der Stadt –, tauen die Leute auf. Alirdio, der Verwalter, und seine Frau Consuelo laden uns ein und bringen jedem eine Schale heißen Kakao. Ihr Haus ist aus Stein gebaut und besteht eigentlich nur aus zwei Räumen: dem Wohnraum, der einen Wandtisch, drei Stühle und zwei Matratzen aufweist, und der Küche, die bis auf einen Herd kahl ist. Wir sitzen auf einer Bettkante, während hinter uns ein Säugling schläft. Consuelo zeigt uns ihr Familienalbum: Die Blätter sind vergilbt, ganze zehn abgegriffene Bilder kleben darin.

Sind zwei Abenteurer lange Zeit unterwegs, entsteht zwischen ihnen eine Beziehung, in der sich Liebe, Haß und Rivalität mischen. An Rivalität fehlt es auch bei uns nicht. Michael setzt sie dann und wann in Spott um. An diesem Abend sollte etwas geschehen, das unbedingt erzählt werden muß.

Wir räumen unsere Zeltbehausung auf. Die Arbeiter schauen interessiert zu, fragen das übliche und möchten wissen, wie teuer der Kaffee in Deutschland ist. Wie in Mittelamerika verkauft man die Kaffeebohnen grün nach Europa, hier für etwa hundertdreißig Mark pro Zentner. Es ist eine lockere Unterhaltung. Wem etwas einfällt, der spricht es ohne Scheu aus. Schwarz und rund heben sich die Hügel vor dem Himmelszelt ab. Die Blätter der Kaffeepflanzen flirren im letzten Hauch des Tages. Ich plaudere mit einem Dutzend Landarbeitern.

*In Consuelos Küche*

Michael stopft emsig Wäsche in seinen Rucksack.

»Burkhard, gibst du mir mal den Handschuh dort?« bittet er und weist mit dem Kinn zu Boden.

Nur der Mond bescheint unseren Lagerplatz diffus durch eine dünne Wolkenschicht. Ich greife nach dem dunklen Ding und merke sofort, daß dies kein Leder ist. Michael hat Augen und Mund offenstehen, hält den Atem an. Was ich da in der hohlen Hand wiege, ist ein großes Stück Eselscheiße. Die Kaffeebauern, die zwar nicht die Worte, wohl aber die Gestik verstehen, husten vor Lachen, zeigen mit dem Finger auf mich und halten sich die Bäuche. Michael, der Schelm, triumphiert und ergreift die Flucht. Ich hole aus und werfe ihm den Mist durch ganz Kolumbien nach. Die Bauern wenden vergnügt die Köpfe und verfolgen den Animateur und den fliegenden Dung mit ihren Blicken.

Traumhaft schön schlängelt sich die Straße durch subtropisch bewachsenes Gebirge. Über hochliegende Bergkämme balancieren wir unsere Maschinen, schauen in weite Täler, deren Tiefe kaum vorstellbar ist, und atmen reine Luft. Gewaltige sanfte

Berge reihen sich wie riesige, mit einem grünen Teppich bezogene Sanddünen nebeneinander. Wie so oft in den Megalandschaften Amerikas kommen wir uns unbeschreiblich klein vor.

Wie das Land öffnen sich uns auch die Kolumbianer selbst. Mit unseren Maschinen sind wir etwas Besonderes für sie: Autos lassen ihre Scheinwerfer aufblitzen oder hupen freundlich, und die Leute winken uns mehr als anderswo zu.

In Manizales werden wir zur Sensation. Um Brot zu kaufen, halten wir gegenüber einer Bäckerei. Als ich aus dem Geschäft zurückkehre, blicke ich auf eine Menschenansammlung; hupend zwängt sich der Verkehr drumherum. Michael steht auf den Fußrasten seiner Maschine und beantwortet brav alle Fragen.

»Woher kommt ihr? – Warum macht ihr diese Reise?«

Auffällig oft will man wissen, ob wir Probleme mit der Polizei oder der Guerilla gehabt hätten. Wie der Zollbeamte am Flughafen macht der eine oder andere das Rattern eines Maschinengewehrs nach: Ich kann nicht sagen, daß mich das beruhigt.

Jeden Tag werden wir tatsächlich einmal überprüft, doch Ärger gab es bisher nicht. Manche Beamte sammeln ausländische Münzen, wodurch die Kontrolle sich immer schon erübrigt. Ja, soviel wissen wir auch, daß Kolumbien die ältesten Guerilla-Streitkräfte des Kontinents unterhält. Aber was sollten die von uns schon wollen?

Zwei Polizisten schlendern jetzt hinzu, weil der Verkehr in der Gasse zum Erliegen gekommen ist. Die Herren fordern die Besucher auf, die letzten Fragen an uns zu richten, damit wir weiterfahren können. Wir heben uns in die Sättel, winken dem Volk zu und fahren aus der Stadt hinaus.

In Pereira bleiben wir in einem Verkehrsstau stecken. Unermüdlich erkundigen sich die Leute aus ihren Autos heraus, und bis unsere Stimmen versagen, rufen wir zurück: »Deutschland..., achthundert Kubik ..., nach Argentinien ...«

Zur Rechten mogelt sich ein Moped mit scharfem Tempo durch die Blechlawine. Als der Fahrer uns entdeckt, ist er wie gelähmt.

»Vorsicht ...«, schreit Michael.

Aber es hilft nichts, der Junge, von uns abgelenkt, schmettert in voller Fahrt auf einen Autobus! Der Verkehr rollt weiter, nicht einmal helfen können wir.

In Kolumbien gibt es ungeheuer viele Mopeds. Dabei drängeln sich auf einem Gefährt oft ganze Familien, oder ein Freier fährt seine Liebste auf dem Tank spazieren.

Federico und Patricia, auf einem solchen Fahrzeug unterwegs, treffen wir am Abend in Cartago und landen mit ihnen in einer Bar. Wie immer wird das beliebte Ländervergleichsspiel betrieben. Die beiden berichten, daß ein Arbeiter in der Stadt etwa zwölftausend Peso (25 Mark) an einem Tag verdiene, auf dem Land jedoch nur dreitausend. Wir erkundigen uns nach dem Drogenhandel, worauf Federico gleich den Hals reckt, um nach einem Dealer auszuschauen.

»Nein, nein«, halte ich ihn in seinem Stuhl zurück, »ich meine nur, daß uns hier mehr als anderswo Kokain angeboten wurde, meistens für weniger als tausend Peso das Gramm.«

»Nun ja, Drogen zu besorgen ist leicht«, sagt Federico. »Von einem Kartell in Medellin und einem anderen in Cali werden die Geschäfte gelenkt. Die beiden Kartelle sind verfeindet. Während sie in Medellin mit Häusern und Autos protzen, benimmt man sich in Cali zurückhaltender, vielleicht intelligenter. Im Dezember des vorigen Jahres wurde Pablo Escobar, der oberste Drogenboß, in Medellin auf offener Straße erschossen. Man sagt, seine Familie sei nach Deutschland geflüchtet.«

In Cali treffen wir am Tag darauf pünktlich zum Vier-Uhr-Gewitter ein. Die Blitze zerreißen den Himmel, und aus den Wolken donnert es, daß der Boden wackelt. Innerhalb von Minuten steigt das Wasser in den Straßen so hoch, daß unsere Räder bis zu den Achsen eintauchen.

Nach dem Wolkenbruch lebt Cali normal weiter: Die Schuhputzer schwingen ihre Bürsten, die Lotterielosverkäufer bauen ihre Stände wieder auf, die Lohnschreiber ihre Schreibmaschinen. Ein sehr warmes Klima drückt hier ins Tiefland, die Mädchen liefern den Beweis dafür: Dünne Röcke tragen sie, unter denen knappe Wäsche leuchtet, und offene Blusen, die den Verschluß des BH erkennen lassen. Michael tut mir leid, zittert er doch oft am ganzen Körper.

An einem späten Vormittag fahren wir von Popayan, einer Stadt mit blendendweißen Kolonialhäusern, in die Berge nach Coconuco hinauf. Wir treiben die Maschinen bis auf zweitausendsiebenhundert Meter hoch. Es ist bitter kalt, regnet ohne Unterlaß, und ich spreche die großartigen Worte des Mannes nach, der uns in Köln die »atmungsaktiven« Anzüge verkauft hat: »Hunderprozent wasserdicht! Auch wenn Sie glauben, daß Wasser eindringt, ist es nicht so. Es ist nur Feuchtigkeit, die sich zwischen zwei Stofflagen angesammelt hat und sich auf der Haut kühl anfühlt.«

Nun, hier in Zentralkolumbien, am anderen Ende der Welt, droht mich das Wasser in meinem Anzug zu ertränken!

Coconuco ist ein stilles Bergdorf, in dem Pferd und Kuh unbesorgt die Straße queren. Wir campieren neben der Kirche, und eine Familie überläßt uns Gemüse aus ihrem Garten. Die Frauen staunen, was Michael alles in den Topf wirft. Zwei fragen sich, wie dieses Gericht wohl heißen mag. Dabei kennen wir selbst den Namen nicht.

Am Morgen klatschen nur noch einzelne Tropfen aufs Zelt. Blau ist der Himmel. Die Kühe springen übermütig auf ihren Weiden, Schweine grunzen neben uns im Morast und drei Bauern, hoch zu Pferd, mit Seil und Machete in der Hand, wünschen »Buenos días«. Ich sehe aus der Ferne den frühen Autobus nach San Augustin ins Dorf schaukeln, während sich Michael mit Kindern an einem Ball austobt. Hier von der Anhöhe aus habe ich die Talstraße noch im Blick. Aber sehe ich auch richtig? Ein schweres Motorrad mit Licht?

»Michael«, schreie ich. »Ein Motorrad, ein Motorrad!« Wie angewurzelt bleibt er stehen – ebenso die Spieler hinter ihm.

»Ich halte sie auf«, ruft er und rennt mit den Kindern los.

»Lauf, lauf, daß sie uns nicht entkommen!«

Michael stürmt übers Feld, reißt die Arme hoch …, aber er schafft es nicht, die Maschine ist zu schnell; enttäuscht bleibt er stehen und sieht den Fremden nach.

Doch der Polizeiposten am Eingang des Dorfes, der fängt sie und schickt sie uns geradewegs in die Arme.

Aus den Helmen rutschen zwei strahlende Gesichter: Annick,

eine Französin, und Helmut, ein Deutscher. Die beiden hatten drei Jahre in Brasilien als Entwicklungshelfer gearbeitet, und bevor sie jetzt nach Europa zurückkehren, bereisen sie für ein halbes Jahr Südamerika. Bis nach Mittag, bis der Regen kommt, reden wir: Wie angenehm, mit Menschen zu sprechen, die wie wir reden und denken!

Am Abend, Annick und Helmut sind längst nach San Augustin unterwegs, drängen sich neugierig die Kinder in unser Zelt. Sie interessieren sich für alles, was herumliegt, während wir wie gewöhnlich nachprüfen, wieweit der Bildungshorizont in einem solchen Dorf reicht. Und da sind wir doch erstaunt. Die Kinder nennen europäische Hauptstädte und wissen, daß Deutschland bis vor kurzem durch eine Mauer getrennt war. Coconuco ist ein armes Dorf, aber die Leute kommen gut miteinander aus, wohnen in Steinhäusern, die sie vor der nassen Kälte schützen, leben abseits vom Streß der Welt und sind ihr doch nicht fremd. Um so mehr erschreckt uns später ein Abschnitt auf der Panamericana vor der Stadt Pasto.

Über die Straße ist ein Seil gespannt. Ein Ende hält ein Holzpflock, das andere eine dünne Frau. Als wir halten, läßt sie die Sperre zu Boden fallen.

»Was wollen Sie von uns?« – »Oh, ich bitte um etwas Geld!« »Warum?« fragen wir.

»Damit ich den Arzt bezahlen kann, ich muß operiert werden!«

Nun, das leuchtet ein. Außerdem die Idee mit dem Seil – nicht schlecht! Also rücken wir einige Pesos heraus.

Wir fahren weiter und – was ist das? Hinter der Kurve ist das nächste Seil gespannt. Aber unsere Geschwindigkeit läßt erkennen, daß wir nicht noch einmal zahlen wollen. Die Sperre fällt, und der Sieg gehört uns. Die Straße steigt an. Bald haben wir dreißig, vierzig Seile passiert, und ich frage mich, ob all die Leute wirklich zum Arzt wollen. Zerlumpte Mütter kauern mit ihren Kindern im Gebüsch, halten ihr Seil oder strecken ihre Arme flehend nach den Fahrzeugen aus. In den schwarzen, stinkenden Abgaswolken der Lastwagen warten die ausgemergelten Kreaturen. Anscheinend sind sie kurz davor, ihr erbärmliches Dasein aufzugeben. Wie gestorben sehen sie aus. Manch kräftezehrende Straße hat uns das Leben schon zur Qual gemacht, doch an diesen zerstörten Wesen vorüberzufahren, kostet mehr Kraft als alles bisherige.

Als der Schauder hinter uns liegt, löst sich mein verkrampftes Inneres. Dann denke ich an das saubere Coconuco zurück.

Ein riesiges grünes Schild hängt jetzt hoch über der Straße, in weißen Buchstaben steht »Ecuador« darauf geschrieben. Im Grenzhäuschen, das nicht größer als ein geräumiger Kiosk ist, sind drei Schreibtische aufgestellt, jeder mit einer wichtigen Uniform besetzt. Wir tragen unser Anliegen dem Kommandeur in der Mitte vor, was eine erregte Diskussion zwischen den Leuten entfacht. Sie wissen nicht recht, wie sie unseren Fall bearbeiten sollen, und sagen, Durchreisende wie uns gebe es hier nicht. Die Leute, die hier einreisen, reisten auch wieder zurück. Schließlich holen sie den Kommandanten.

»Aha«, stupse ich Michael an, »der hier ist gar nicht der Chef.«

Der Mann, der jetzt kommt, war wohl gerade beim Mittagessen, denn er schleckt sich die Mundwinkel. Schon am festen Schritt hört man, daß dies der echte Kommandant sein muß. Gestärkte Uniform, die Abzeichen sitzen lotrecht. Man sieht ihm an, daß er Ecuador repräsentiert. Mit viel Luft im Brustkorb betritt er den Raum und schenkt uns einige englische Worte, die zwar keinen Sinn ergeben, aber seine Mannschaft in Ehrfurcht versetzen. Er möchte ein spezielles Reisepapier von uns, das man stempeln kann. Wir geben ihm die Cargopapiere der Fluggesellschaft, die uns von Panama nach Bogotá transportiert hat und auf die die Kolumbianer bereits ihren Stempel gedrückt haben. Sogleich wird der Wisch akzeptiert, und alle freuen sich. Wir verabschieden uns allerseits, und der Chef persönlich führt uns mit seinem Gefolge nach draußen. Er wünscht uns eine gute Reise und erklärt, er habe es schön gefunden, uns kennenzulernen.

Zwei Stunden vor Quito kommen wir in ein Dorf, das Pinsaqui heißt. Es ist ein gewöhnliches Andendorf: An einem Hang zieht sich eine Reihe Steinhäuser, durchquert von einem geraden Pfad, hinauf. Am unteren Ende ist die Schule und eine große Wiese, die uns von einigen Männern als Lagerplatz angeboten wird. Sie hatten nicht gleich geantwortet, sondern uns mit langem Blick geprüft, der fragt: Was wollt ihr in Ecuador, und was ausgerechnet in unserem Dorf?

Die Bauern hier tragen lange, geflochtene Zöpfe und schwarze Hüte, sie haben markante Gesichtszüge, schmale Augen und hellbraune Hautfarbe. Deli Maria geht mit mir den Dorfweg hinauf zur Quelle, wo ich unsere Wassersäcke füllen will. Kleine Schweine tollen um uns herum, Hühner gehen uns gackernd aus dem Weg. Aus den Fenstern lachen freundliche Menschen und erkundigen sich, welchen eigenartigen Begleiter Deli Maria da bei sich hat, und wünschen auf spanisch einen guten Tag. Drei barfüßige alte Frauen mit dicken schwarzen Kleidern begegnen uns. Ebenso wie die Männer tragen sie Hüte. Sie wechseln mit Deli Maria einige Worte in Quechua. Ich verstehe nichts, aber als die drei mich respektvoll anschauen, weiß ich, daß sie erfahren haben, wir seien mit dem Motorrad aus Deutschland gekommen. Eigenartig, denke ich, eine halbe Stunde sind wir im Dorf, waren soeben noch auf der Panamericana unterwegs nach Süden, und jetzt sind wir hier schon anerkannt, wie selbstverständlich. Ich gehöre zu dieser Frau: Sie ist zufrieden, daß sie mir helfen kann, ich, weil sie mir hilft – das ist Menschlichkeit. Zur richtigen Zeit trifft man die richtigen Menschen. Ich merke, daß mich ein mir völlig fremdes, aber ungeheuer warmes Gefühl durchdringt. Ich erlaube mir, dieses Wegstück bewußt zu genießen, und bin froh, daß diese Gemeinsamkeit noch eine Weile dauert. Inzwischen helfe ich Deli Maria in eine Senke hinab, in der die Quelle liegt.

Als ich zurückkomme, haben sich gut und gerne fünfzig Menschen an unserem Lagerplatz versammelt. Sie betrachten skeptisch unsere Ausrüstung und erklären, sie sähen zum ersten Mal ein solches »Planenhaus«. »Casa rápida« nennen sie es. Es gibt viel zu lachen, und wir trinken Kaffee, den sie abscheulich finden. Hinter dem Mond leben die Leute hier nicht. Sie sind hellen Verstandes, und ein jeder beherrscht das Alphabet.

Bis zum Morgen regnet es ohne Pause. Kaum haben wir unsere »casa rápida« geöffnet, schauen auch schon ein Dutzend Kinderköpfe herein. Fast alle Kinder laufen barfuß. Das naßkalte Wetter stört sie nicht. Die Mädchen tragen wie ihre Mütter lange, schwarze Wickelröcke mit bunten Einlagen. Lacht man sie an, strahlen sie mit einem makellos reinen Gesicht und weißen Zähnen zurück. Ein Mädchen schenkt uns eine Schürze voll Maiskolben und fragt, warum wir nicht noch länger bleiben.

Als wir aufbrechen, schaue ich noch lange in den Rückspiegel: Eine Menge Menschen hat sich wie für ein Gruppenbild aufgestellt und sieht uns nach. Eine ganz besondere Begegnung! Vielleicht deshalb, weil es unser erster Kontakt mit den Inkas war.

In Quito hat »Hotel Huasi« die weiteste Schwingtür: Man sieht auch hier keine Ungehörigkeit darin, daß wir die Motorräder an der Rezeption abstellen. Nachdem das Zimmer bezogen ist, entledigt sich Michael seiner Kleidung. Sie soll die Abenteuer der letzten Tage ausdünsten.

Als die gestrickten Kniestrümpfe an der Reihe sind, wirft er sie mir zu und ruft: »Hier hast du was zum Einschlafen!«

All das Gelumpe am Kopfende meines Bettgestells auslüften? Michael, das geht zu weit! Ich schleudere das speckige Wollzeug durchs Fenster auf die Straße hinunter. Entsetzt lehnt sich Michael hinaus und sieht, wie seine noch warmen Socken schon von fremder Hand davongetragen werden. Wir ahnen nicht, welches Klima uns noch bevorsteht, zwei Monate später würden wir wer weiß was für ein Paar Socken geben.

Quito ist Hauptstadt Ecuadors. Es besteht aus einem modernen und einem alten, kolonialen Teil. Obwohl die Einwohnerzahl eine Million übersteigt, ist das Leben hier ruhig. Viele Plazas gibt es und mehr als achtzig Kirchen, die heute, am Ostersonntag, brechend voll sind. Vor allem aber ist Quito voll für den Tourismus erschlossen. Das erste Mal seit Costa Rica treffen wir eine Reisegruppe, die obendrein aus Deutschland kommt.

Eines Morgens peilen wir einen Berg an, auf dem die Radiostation der Stadt errichtet ist. Sein höchster Punkt liegt etwa siebenhundert Meter über der Stadt, was eine gute Aussicht verspricht.

Nach einer ausgedehnten Irrfahrt durch Eukalyptuswälder kommen wir am Spätnachmittag oben an. Bei acht Grad pfeift ein scharfer Wind, der den Wolkenhimmel auf grandiose Weise verändert. Quito liegt anfangs offen, aber die Berge stecken in

*Blick in die »Casa rápida«*

fettem Dunst. Doch plötzlich wird er vom Wind weggeblasen, fällt über die Stadt wie ein Deckel, und eine großartige, weite Vulkanlandschaft atmet frei auf. Sieben Kegel auf einmal sind zu sehen – ein Panorama, das uns begeistert. Stille liegt über dem Land, die Luft wird weich. Quito dehnt sich länglich zwischen zwei Bergketten. Aber die Stadt ist nun dunkel, verdeckt durch den Dunst. Unter uns schieben sich graue, hoch über uns rote Dampfschichten. Und dann flammt plötzlich die Sonne durch dieses parallele Wolkenwerk, wie in einen gewaltigen Lichtschacht hinein, und beleuchtet die verschneiten Vulkane, die bis zu sechstausend Meter in den Himmel ragen und die grelle Flut, erst weiß, später rot, einem Feuerwerkfinale gleich, als gigantische Zuckerhüte reflektieren. Am nächsten Morgen stehen wir vor einer Nebelwand. Keine zehn Schritte weit sieht man. Wir steigen in die Sättel und fahren ins Tal hinab.

Wir haben sie erreicht, »la mitad del mundo« – die Mitte der Erde, den Breitengrad Null, den Äquator. Eine halbe Stunde von der Hauptstadt entfernt steht bei San Antonio ein haushohes Betonmonument, darauf geschrieben steht:

ALTITUD 2483 m LONG. OCC. DE GREENWICH 78°27″8′
LATITUD 00°00″0′

Dieser Augenblick hat für uns historische Bedeutung. Selbstverständlich machen wir ein Foto, wir, die Helden vor dem Monument, aber ich kann nicht sagen, daß wir sentimental werden. Vielleicht, weil wir uns den Äquator so ganz anders vorgestellt haben. Hatte man uns in der Schule nicht gesagt, daß es am Äquator heiß ist? Jetzt aber stehen wir hier zwischen Souvenirläden wie auf einem Weihnachtsmarkt am Polarkreis.

Als wir wieder losfahren, brauen sich schwarze, sich dahinwälzende Regenwolken über uns zusammen, die Minuten später ganze Straßenzüge ersäufen. Die Panamericana steigt hoch ins Gebirge auf, der Regen wird zu Hagel, der bald die Straße bedeckt.

Im Cotopaxi-Nationalpark suchen wir Unterschlupf. Ein Stichweg führt ins Gelände hinein, doch ist er gefährlich mit Schneematsch aufgeweicht und bietet den Reifen wenig Halt. Mehr als eine Stunde zieht sich der Weg durch niedrigen Nadelwald. Wir haben die Hoffnung, auf Menschen zu treffen, schon aufgegeben. Es wird dunkler, der Himmel droht uns auf den Kopf zu fallen. Doch dann sehe ich plötzlich eine Koppel, auf der uns Lamas entgegenschauen, und einige Hütten. Den Parkhüter überkommt Mitleid, als er uns wie gefroren und regungslos in eiswassergetränkten Anzügen vor sich sieht. Er schleppt uns in eine Hütte von Waldarbeitern, die er uns für die Nacht überläßt, und nach zwei Stunden sind wir halbwegs wiederhergestellt. Heute morgen hatten wir uns glücklicherweise in Quito mit Lebensmitteln eingedeckt. Draußen jagt der Wind Eiskugeln an die Fenster, während drinnen zwei glückliche Menschen Steaks mit Salat verzehren. Und nach einem heißen Kaffee finden wir Ecuador mit einem Male doch wieder nett.

Über weite Hochebenen und kleine Pässe geht es nach Süden weiter. Gegen Mittag schlagen erste Tropfen in den Pfützen Wellen, und die Landschaft trieft in grauem Naß.

Wir staunen, wie wetterfest die Kleinbauern hier sind. Mit Poncho und Hut, aber barfuß, hüten sie den ganzen Tag über Kühe und Schafe. Dicker Nebel und schwere Regenschauer lö-

sen einander ab. Manchmal wird die Fahrbahn stundenlang von
herabgestürzten Felsbrocken versperrt, bis sie von Männern ge-
sprengt werden. Im dritten Gang fahre ich hinter Michael und
sehe plötzlich auf der Straße eine braune Schicht, so lang wie ein
Fußballfeld. Ich bremse ab. Ein Erdrutsch, der sich flach, aber
mannshoch auf die Fahrbahn geschoben hat. Doch Michael, mu-
tig wie er ist, treibt sein Motorrad wie eine Baggerschaufel in den
Lehm und säuft mit ihm bis an den Zylinderfuß ab. Vier Männer,
die auf der anderen Seite ein Auto ausgraben, waten auf uns zu
und helfen uns, das Motorrad wieder flottzumachen. Wir bleiben
im nahegelegenen Dorf und fahren am nächsten Tag zurück, um
eine andere Straße über Chunchi nach Cuenca zu nehmen.

Danach wird das Land immer abwechslungsreicher. Dem Re-
gen geht das Wasser aus, und in klarer Luft liegen saftige grüne
Hügel und Täler. Mais und Zuckerrohr schimmern hell auf den
Feldern, und viele Bauern beschlagnahmen einen Streifen am
Rand der Straße, um Mais, Kakao oder Kräuter darauf zu trock-
nen, weil die Sonne den Asphalt so herrlich wärmt.

Wir fahren hinab aufs flache Land. Sprunghaft steigt die Temperatur an, Schweiß bricht mir aus allen Poren, und plötzlich
fahren wir durch nicht zu überschauende Bananenplantagen der
Firma Dohle. Die Sonne steht tief, und es ist Freitagabend.

Links zweigt ein staubiger Fahrweg nach Porioquio el Retira
ab, einem Dorf, das wie eine Insel in der Plantage liegt. Es ist Fei-
erabend, und die Hälfte der Bewohner tanzt vergnügt vor den
Hütten herum. Nach anstrengender Kontaktaufnahme lernen
wir Alonso und seine Familie kennen. Er ist Bananenpacker und
besitzt ein Steinhäuschen ohne Fensterscheiben. Er lädt uns ein,
und wir dürfen seine Dusche benutzen: ein Lehmplatz mit Was-
serschlauch – seine Kinder halten uns die Seife.

## Die Kinder der Sonne

Die Kleinstadt Huaquillas, in Peru Aguas Verdes genannt, klebt
wie ein großer Jahrmarkt auf der Grenzlinie. Die Straße ist voll-
gepackt mit Verkaufsständen für Früchte, Textilien und Fleisch,

abzweigende Wege verschwinden im Dunkel von Überdächern und Sonnenschirmen. Im Fluß, einer zähfließenden Kloake, wälzen sich Schweine im Abfall. Der Ort ist schmuddelig, aber grell bunt, alles bewegt sich, von überall her dröhnt Musik – nirgends ist Ruhe. Es kostet Mühe, zur Zollstelle zu gelangen. Fortwährend stoßen wir auf uns entgegenströmende Grenzgänger mit ihren Holzkarren voller Bambusstangen oder Kokosnüsse oder schlägt man uns, »Gringo« rufend, an die Motorräder, während uns die Geldwechsler, »Cambio« schreiend, nachstellen.

Nachdem die Ausreise aus Ecuador gemeistert ist, kommen wir über eine Brücke zu den Peruanern und halten vor ihrem Grenzhäuschen. Michael zahlt den Beamten ein Mittagessen und bearbeitet mit ihnen unsere Papiere. So lange überlasse ich mich der Menschentraube, die unsere Motorräder einkesselt. Immer wieder werden dieselben Fragen gestellt, immer wieder gebe ich dieselben Antworten. Meist aber beantworten sich die Leute ihre Fragen gegenseitig und ersparen mir die Schinderei.

Ein Schlitzohr in gelbem T-Shirt möchte auf unsere Sachen aufpassen. Ich danke ihm für seine Besorgtheit und lehne höflich ab. Ungeduldig rufe ich durch die Tür: »Hey, Michael, wie weit bist du?«

Wieder zwei Schritte zurück, öffne ich, wohl einer Eingebung folgend, den Tankrucksack meiner Maschine: Meine Hand tastet ins Leere – unsere Kamera fehlt. Mit aufgerissenen Augen drehe ich eine Runde, einige weichen zurück, andere schauen unschuldig in die Welt. Das gelbe T-Shirt ist verschwunden. Niemand hat etwas gesehen, auch nicht die Obstfrau hinter ihren Äpfeln. Eilig nehme ich alles lose Zeug von den Motorrädern und werfe es Michael und den Uniformierten zu.

»Zehn Dollar, wenn du mir hilfst«, greife ich mir einen Burschen. Das wirkt. Er tänzelt ein wenig auf der Stelle, läuft dann voran und bringt mich zu Leuten, die sich Rondas Campesinas nennen. Mit einer aus sechs Mann bestehenden Gruppe strömen wir sofort aus. Durch Winkel und Gassen geht es hinaus aus der Stadt, über brennende Müllkippen, vorbei an streunendem Getier und Menschen, die vom Abfall leben. Dann wieder durchstöbern wir Markthallen und Straßenstände. Allerorts fragen meine Spürhunde, jeden Händler, jeden Bettler kennen sie. Dieses Nest bietet tausend Winkel und Ecken. So ist die Spur bald verwischt, das Chaos verschluckt den Dieb.

Die Rondas besprechen die Lage im Büro, das heißt, eigentlich ist es nur eine alte Garage mit einem Schiebetor. Es gibt einen Tisch mit Schreibmaschine, vier Hocker und eine Holzbank, und ein Metallschild an der Wand mit einem Bild der Gerechtigkeitswaage drauf. Die Männer glauben zu wissen, wo sich der Dieb versteckt hält. Doch um ihn aufzuschrecken, heißt es, brauche man Munition für die Gewehre.

»Für diese dort?« frage ich. Hinter einem Balken klemmen drei kümmerliche verrostete Flinten.

»Ja, ja, die sind jetzt ganz wichtig«, erklärt der Anführer, als hinge der Fund der Kamera nur von einer Schachtel Patronen ab. Also lege ich, wie verlangt, zehn Dollar vor.

Im nächsten Ort, er heißt Tumbes, steigen wir im Hostal »El Estoril« ab. Kaum sind wir angekommen, tut es einen mächtigen Donnerschlag. An den Lichtleitungen blitzt es durch die Nacht, und Dachplatten fliegen mit Getöse auf die Straße: Ein Lastwagen war von der Fahrbahn gedrängt und an einen Strommast geworfen worden. Es ist stickig und heiß. Wir legen uns vorsichtig auf Matratzen mit Blümchenbezug und hoffen, daß uns nicht noch der Himmel auf den Kopf fällt.

Am nächsten Morgen sieht sich Michael in der Stadt um, ob unsere Kamera nicht schon zum Verkauf ausliegt, während ich die Rondas aufsuche. Das Büro ist mit Leuten gefüllt, auch Señor Salina, der grauhaarige Vorsitzende, ist zur Stelle. Man begrüßt mich mit Handschlag und stellt mir den Räuber vor. Er sitzt zusammengesunken auf einer Pritsche, ein hagerer Mann mit aufgesprungenen Lippen.

»Sie haben die Kamera gestohlen?« frage ich. Es ist mir unfaßlich, daß diese Armseligkeit so schnelle Finger haben soll. Der Mann nickt. »Aber warum?«

»Ich brauche Geld für meinen Arzt, ich muß operiert werden!«

Ich bin erstaunt, wie sich diese Antwort in Südamerika offenbar herumgesprochen hat. Als ich frage, wo die Kamera jetzt sei, winkt er ab.

»Er hat sie an einen Händler nach Ecuador verkauft«, erklärt mir Señor Salina, der einem seiner Leute den Tathergang umfassend in die Schreibmaschine diktiert.

Zeit vergeht. Ein kleiner Greis mit buschigen Augenbrauen packt seine Wahrsagekarten aus. Er küßt das Paket, bekreuzigt sich damit und deutet jedem im Raum sein Schicksal.

Endlich ist der Schrieb fertig, abgezeichnet und mit meinem Zeigefinger gestempelt. Salina und ich, gefolgt von einem Dutzend Rondas, suchen jetzt die Policía Nacional in Ecuador auf. Lange Verhandlungen. Darauf kehren wir zurück ins Lager der Rondas, um einen zweiten Wisch anzufertigen und wieder in Ecuador vorzusprechen.

Der Grenzübertritt bereitet übrigens keine Schwierigkeit. Im Gegensatz zu Kraftfahrzeugen werden Fußgänger nicht kontrolliert, während die Besitzer von Handkarren mit großartiger Selbstverständlichkeit die Beamten schmieren.

Die Begebenheiten reihen sich eine an die andere, als wäre es so vorherbestimmt. Ich merke, wie mir die vorbeiströmenden Menschen, die Gerüche der Straßenküchen, der Staub, Lärm und die Hitze zur Nebensache werden. Wie einfach ist es doch, das, was da auf einen zukommt, ohne Gier anzupacken! Claudio, einer der Rondas, nimmt sich eine Schnur mit Anhänger vom Hals und legt sie mir um. Das wundert mich gar nicht. Mir ist nicht mehr wichtig, wohin das alles führt. Ich weiß nur, daß es gut ausgeht.

Zurück in Ecuador, begleiten uns die Polizisten, den Dieb im Schlepp, zu dem verpfiffenen Händler.

»Ja, ich habe die Kamera. Was bietest du?« spricht er mich an.

»Bedeutet das, daß ich meine eigene Kamera kaufen soll?«

Die Polizisten schicken ihren Colonel vor. Der Händler wird weich, schließt sein Geschäft und bittet um Geduld. Er habe den Apparat in seiner Wohnung. Kurz darauf ist er mit einem Moped zurück, hinter ihm sitzt seine Gattin mit einer Tasche.

»Dreihunderttausend Soles«, fordert er und legt in der Tat unsere F90 auf den Tresen.

Das entspricht gut und gerne zweihundertvierzig Mark. Ich bin entsetzt, wie billig diese Stümper unsere Kamera verhökern wollen. Doch besinne ich mich und äußere, daß dies sehr viel Geld sei.

»Soviel habe ich dafür gezahlt«, sagt der Händler.

So frage ich den Dieb: »Wo haben Sie das Geld?« – »Versoffen!«

Da wird es dem Colonel zu bunt. »Schluß jetzt!« ruft er.

Der Händler bekommt einen Schubs in die Seite, dann schiebt er den Apparat zu uns herüber. Ich küsse seiner Gattin die Hand – wir gehen.

Eine stattliche Zuschauermenge gibt respektvoll den Weg frei, während der Colonel das eroberte Beutegut in Brusthöhe vor sich hält, um es der vorbeiströmenden Menge feierlich zu präsentieren. So geht er die ganze Straße hinauf, bis zum Polizeibüro, gefolgt von den Rondas mit dem Vorsitzenden, den Polizisten, dem Dieb und mir selbst. Bald begegnet Michael dem aufsehenerregenden Umzug. Mit großen Augen reiht er sich neben mir ein, fällt ebenfalls in Gleichschritt und wagt nicht zu fragen, was hier gespielt wird.

Natürlich wird der Vorgang zuerst im Polizeibüro und später im Lager der Rondas mit Berichten abgeschlossen.

»Nun, was ist euch die Sache wert?« fragt Señor Salina.

Es genügt ihm, daß wir eine Spende von zwanzig Dollar machen und alle Anwesenden zu Tisch laden. Auch den Dieb nehmen wir mit – irgendwie gehört er schon dazu.

Als das Gelage mit vierzehn Personen zu Ende geht, laufe ich rasch, um Dollar zu tauschen, zu den Geldwechslern hinaus. Da empfangen mich nun einige Herren, die angeblich an der Suche beteiligt waren. Sie zerren an mir und wollen ihr Honorar sehen. Mit knapper Not türme ich ins Restaurant zurück.

Endlich geben uns die Rondas mit drei vorgehaltenen Flinten bewaffneten Geleitschutz bis zum Autobus, der uns nach Tumbes bringen soll.

Er steht bereit, wir sprinten hinein, der Kasten fährt los, wir winken zurück.

»Seit wann hast du Jesus um den Hals hängen?« fragt Michael.

*Rechts außen Señor Salina. Zweiter von links in der hinteren Reihe der Dieb*

»Es ist ein Geschenk von Claudio«, antworte ich stolz, obwohl mir der Anhänger eigentlich nicht gefällt, weil er kitschig aussieht.

Zwei Tage später suchen wir verzweifelt nach ihm: Die Schnur hängt mir lose um den Hals, der Anhänger ist verschwunden.

Peru beginnt für uns als flaches Land unter wolkenlosem Himmel. Bananen und Reis werden angebaut, Pferd und Esel übernehmen hier noch Zug- und Transportarbeit. Nachdem wir einen halben Tag gefahren sind, reißt das Grün jedoch plötzlich ab, und weite Wüstenflächen bestimmen das Bild. Die Panamericana, erst im letzten Jahr erneuert, ist in guter Verfassung und entfernt sich heiß und staubig vom Pazifik in eine endlose Sandöde. Nach wie vor sind die Menschen ausgesprochen entzückt, wenn sie uns entdecken. Im Hotel »Hispañola« in der Oasenstadt Piura erleben wir es ein weiteres Mal, daß man gar das Mobiliar der Rezeption aus dem Wege schafft, damit wir einfahren können. Statt sich belästigt zu fühlen, zeigen sich die übrigen Gäste nur erfreut über uns.

In kleineren Oasen läßt sich Benzin, Pepsi und die für Peru berühmte Inca Kola besorgen. Um diese Orte herum gedeihen Mais, Reis und Zuckerrohr. In einem dieser Orte warten wir auf dem Hof von Hernando auf unsere Motorräder. Achtunddreißigtausend Kilometer zeigen die Tachometer. Nun tauschen wir Zündkerzen, Bremsbeläge, Ketten und Ritzel aus. Die meisten Ersatzteile haben wir bereits in den USA gekauft oder sie uns von zu Hause dorthin schicken lassen.

Ohne größere Aufenthalte legen wir jeden Tag mehrere hundert Kilometer zurück. Manchmal bietet uns eine eilige Wanderdüne Einhalt, weil sie versucht, die Straße zu queren. Ein paar Männer helfen ihr dabei, indem sie den Sand zur anderen Seite schaufeln. Auch von uns treiben sie den Lohn dafür ein.

Aus dem Guckloch meines Sturzhelms glaube ich manchmal in ein Traumland zu sehen. Über dem Asphalt weht eine feine, helle Körnung und prickelt leise unter den Stiefeln. In herrlich geschwungenen Formen, in roten und gelben Pastellfarben, liegen weite Dünen in der Ebene. Links taucht eine hohe Bergkette mit farbenprächtigem Gestein auf, zeigt ihre senkrechten Türme und verschwindet wieder. Rechter Hand langt der dunstig blaue Pazifik, wenn er Lust verspürt, mit kleinen Buchten nach uns. Die Andeutung einer Kurve ..., dann wieder streckt sich, gähnend leer, ein schnurgerades Teerband zum Horizont aus. Stunde um Stunde, Tag für Tag. Würde nicht dann und wann eine Fischmehlfabrik mit ihrem Geruch auf sich aufmerksam machen, flögen wir wie in Trance schwerelos durch diese märchenhafte, wellige Sandlandschaft.

Vor Lima stehen Militärs. Jeden einzelnen Reisenden kontrollieren sie. In der Stadt nächtigen wir im Schlafsaal des Hotels »España«: ein Kolonialbau, der einmal bessere Tage gesehen hat, aber seinen eigentümlichen Charme noch immer bewahrt hat.

Mit Lima, der Hauptstadt Perus, wollten die Spanier der Welt offenbar beweisen, welchen Reichtum man aufhäufen konnte, wenn man die Indios zur Minenarbeit versklavte: Die Stadt wimmelt von stolzen Kirchen, Palästen und Plazas.

Abends schäumt das Leben auf. Verkehr preßt sich hupend durch die Gassen. Während wir über die kaputten Gehsteige stolpern, hält man uns Sonnenbrillen, Uhren, Nachttischlampen und Hemden laut schreiend vor die Nase. Die Leute schieben und stoßen und nennen uns je nachdem »Amigos«, »Gringos« oder »Caballeros«. Blecherne Musik strömt aus jedem Kaufladen. Für Lotterielosverkäufer, Bauchladenhändler, Bettler, Drogendealer und Taschendiebe ist Hauptgeschäftszeit. Tausend Düfte steigen uns in die Nase – eine erregende Kollektion aus Bratfett, Schuhcreme, Zigarettenrauch, Auspuffgasen, Urin und Schweiß. Die Stadt lebt.

Am Vormittag schläft Lima – man könnte sagen, es ruht von der Nacht aus.

Weiter nach Süden ändert sich die Landschaft nicht im geringsten: Sand in allen nur denkbaren Formen. Kurz vor Ica, Michael fährt voraus, fällt mir ein, daß in der Nähe ein hübsches Oasendorf liegen muß, dessen Name mir jedoch entfallen ist. So zupfe ich während der Fahrt die Karte heraus und spreche ihr zu: »... willst du wohl, du störrisches Ding ... Wie heißt der Ort? Huacachinaaa...«

»Hee!« – mein Roß springt einen Radfahrer an. Die Bremsen arbeiten zwar, aber zu spät. Paff..., großes Gepolter, Hämmer und Zangen fliegen umher. Mein Motorrad steht – und hält unter sich einen Handwerker gefangen, der um Hilfe schreit.

Des redlichen Mannes Lehrling, ebenfalls mit einem Drahtesel unterwegs, hilft mir, den Meister zu befreien. Der hört gar nicht auf mit seinem Geschrei und zeigt auf sein demoliertes Rad und die Hose, die ihm, aufgerissen bis an den Schritt, am zerschürften Bein weht.

»Sí, sí ich zahle den Schaden«, sage ich. Sofort kehrt Ruhe ein.

Nur, woher das Geld nehmen? Michael, der von all dem nichts bemerkt hat, fährt frohgemut seines Wegs. Er hat unser Portemonnaie.

Was bleibt mir anderes übrig, als... als meine Rückleuchte aufzuschrauben und die dort versteckten Dollars herauszunehmen! Das Staunen der Männer ist kolossal. Ich hoffe, das Ganze hat für sie nicht die Auswirkung, daß sie den Berufsstand wechseln, um fortan alle verdächtigen Rücklichter zu schlachten.

Nach Sonnenuntergang treffen wir in Nazca ein, einer Stadt, die bei den Archäologen der Welt Berühmtheit erlangte, als die ersten Flugzeuge über ihr flogen, genauer gesagt, als Dr. Kosok über ihr flog. Der Amerikaner, der 1939 in Peru nach alten Bewässerungssystemen forschte, entdeckte dort unten auf einer riesigen Ebene nahe der Stadt das geheimnisvolle Vermächtnis einer Kultur, die bereits lange vor den Inkas existiert hatte.

Wir leisten uns ein Sechs-Dollar-Zimmer im Hotel »Nazca« und fahren frühmorgens zum Flugplatz. Die Auswahl an Maschinen ist nicht groß: Nur ein Pilot ist da und auch bereit, mit uns zu starten, nur leider sein Flugzeug nicht. Eine Cessna ist es, mit glänzendem Lack, und macht auch den Eindruck, sie könnte fliegen. Aber ihr Motor läßt sich heute morgen noch etwas bitten. Auf einer Leiter stehend, steckt der Pilot den Kopf in den Maschinenraum. Er bittet uns, noch etwas zu warten, und fliegt eine Runde mit seinem Vogel.

»Brääääng… Bräng… Brääääääng«, macht es in der Luft.

Ein Kanadier, der zu Fuß des Weges kommt, will auch mitfliegen und setzt sich neben uns in den Sand. Die Maschine landet, der Pilot packt seine Leiter aus und öffnet erneut die Motorendeckel. Der Kanadier sieht uns an, dann die Maschine, dann wieder uns und fragt: »Everything O.K.?« Michaels Gesicht gibt stumm die Antwort, wie bei Clint Eastwood in seiner besten Zeit.

Nach einem weiteren Probeflug geht es dann auch wirklich los. Unter uns taucht mit einem Male, und wir staunen wie Dr. Kosok damals, ein unbegreiflicher Wirrwarr von Figuren und Linien am Erdboden auf: Tiersymbole, größer als Fußballplätze, und kilometerlange Linien, exakt gerade, wie mit dem Lineal gezogen, liegen da in der Wüste. Manche weiten sich zu breiten Bahnen, und man könnte Erich von Däniken glauben, daß dies Landebahnen von Außerirdischen seien.

Die Ebene besteht aus einer hellen Lehmschicht, darüber aber liegt eine Decke von feinem, dunkelbraunem Gestein. Scharrt man diese obere, dunkle Schicht beiseite, erscheint das Helle darunter. So läßt sich wunderbar zeichnen. Die Gegend ist die trockenste der Welt, weshalb die Linien jahrtausendelang bestehen geblieben sind.

Was bedeuten die Symbole? Geht man dieser Frage nach, so stößt man automatisch auf den Namen Maria Reiche. In Dresden geboren, kam sie nach einem Studium der Mathematik und Geologie nach Peru und ließ sich von Kosok begeistern. Die Dame wird am 15. Mai dieses Jahres in Nazca einundneunzig Jahre alt – hat somit ihr ganzes Leben mit der Erforschung dieser Linien verbracht. Sie fand heraus, daß die Scharrbilder vor zweitausend Jahren von einem Volk als astronomischer Kalender angelegt worden sind. Markante Linien stehen z. B. in exaktem Verhältnis zu den Sonnenwenden. Vermutlich dienten sie zur Bestimmung von Aussaat und Erntezeiten. Die Symbole dagegen stellten eine Beziehung zu den Göttern her, die den Bauern bei der Arbeit helfen sollten. Wie es jedoch den Leuten damals gelang, derart präzise zu zeichnen – die Linien sind so ausgedehnt, daß sie erst aus der Höhe übersichtlich werden –, ist ein Geheimnis und wird es wohl auch bleiben.

Der Pilot öffnet ein Fenster. Die ganze Zeit über hat er die Maschine mal nach links, mal nach rechts gekippt, damit wir jedes Figürchen gut sehen konnten. Mir wird speiübel. Ich halte mich am Pilotensitz vor mir fest, und der Mann stellt besorgt den Kragen seiner Jacke hoch. Jetzt geht er runter, ganz langsam.

Die Route 26 verläuft von Nazca nach Cuzco siebenhundert Kilometer durch die Anden. Wir hören, sie sei nicht in bester Verfassung, und den Guerilleros in den Bergen sei das Leben eines Reisenden nicht viel wert.

Die Leute hier in Nazca wissen zwar nichts Näheres, fragen uns aber, ob wir was zum Schießen bei uns hätten. Der Hotelwirt treibt einen Freund auf, der einen Teil des Weges in der vorigen Woche gefahren ist.

»Die Straße wird von den Militärs kontrolliert«, berichtet der Mann. »Kommt nicht von ihr ab, und erzählt niemandem, was euer Ziel ist!«

Innerhalb fünfzig Kilometern steigt die mit Teer belegte Route 26 durch Wüstengebirge auf nahezu dreitausend Meter. Gigantische runde Berge aus hellem Stein gibt es hier, auf denen Kakteen verschiedener Art wachsen. Dann endet der Asphalt, es wird sehr kalt, Wolken ballen sich zu einer dunklen Decke, und kurz darauf stoppt uns der erste Militärposten. Zehn Männer mit Maschinenpistolen umstellen uns, was ich nicht als besonders gastlich empfinde. Forsch überprüfen sie unser Gepäck und fragen, warum wir ausgerechnet diesen Weg nehmen. Sie geben uns zu verstehen, daß wir hier nicht gern gesehen sind.

Weite Plateaus mit Steppenbewuchs bestimmen jetzt das Gesicht der Andenlandschaft. Ein Gewitter zieht auf, Hagelkörner prasseln aus finsterem Himmel, und durch den Schlitz meines Helmvisiers schneidet ein frostiger Seitenwind. Als wären sie vergessen worden, stehen Arbeiter am Weg und füllen mit Steinen Löcher in der Fahrbahn auf. Sie bitten mit ausgestreckten Armen um Zigaretten, aber wir gehen sparsam damit um, denn die Militärs sind ebenso scharf darauf.

Die Straße wird zunehmend schlechter: Schotter, Fels, Schlamm und tiefes Steinmehl wechseln sich ab. Michael kann sein Hinterrad plötzlich nicht mehr in der Spur halten. Seine Maschine fährt krachend in einen Abhang. In Puquio hilft ein Mechaniker mit großen Hebeln die verbogenen Teile zu richten. Die Leute tragen hier Hüte und dicke Ponchos, vorwiegend sprechen sie Quechua, doch Spanisch ist allen geläufig. Im Hostal »Galeras« gibt man uns einen Raum ohne Fenster, aber mit einer Tür zur Straße. Eine Menge Menschen hat sich davor eingefunden. Einige sind uns behilflich: Es ist das erste Mal, daß wir unsere Motorräder ins Zimmer mitnehmen dürfen.

Der Fahrer im Frühbus hinunter nach Nazca trommelt hupend seine Fahrgäste zusammen. Ich krieche unter meinen drei Pferdedecken hervor, die man hier sehr gut gebrauchen kann, denn Puquio liegt immerhin auf dreieinhalbtausend Meter Höhe. Durch die Luftlöcher über der Tür glänzt königsblauer Himmel. Ich öffne einen Spalt und staune. Eine alte Inkafrau sitzt auf der Schwelle und läßt geschickt Wolle durch ihre Hände zu einem Faden zusammenlaufen – na, wenn das kein Foto wert ist.

So alt, wie die Frau auch sein mag, schwerhörig ist sie jedenfalls nicht. Ohne Verzug reagiert sie auf das Klicken: »Na, mein Junge, wieviel ist dir das Foto wert?«

Ich setze mich neben sie in die warme Morgensonne: »Sie sehen doch, wir sind nur armselige Motorradfahrer ...«

Sie lacht und glaubt mir kein Wort.

»Frühstück!«

»Hab' keinen Hunger«, hustet Michael.

Schweißperlen stehen ihm auf der Stirn, ihm ist schlecht, sein Kopf schmerzt, und in der Nacht hatte ihn der Schüttelfrost gepackt.

Zuerst fällt mir »Höhenkrankheit« ein. Doch das Fieberthermometer zeigt fast vierzig Grad – also eine Infektion. Was mag es sein? Womöglich Malaria.

Ich gehe zur Krankenstation unten im Dorf.

»Du bist doch einer von den beiden Deutschen«, werde ich begrüßt. Mit dem Landrover des Doktors – ein rotes Kreuz ist draufgemalt – wird Michael abgeholt, damit sein Blut untersucht werden kann. Auf den ersten Blick sieht das Labor recht primitiv aus, aber es gibt eine Frau in weißem Kittel und zu unserem Erstaunen ein nagelneues Mikroskop und eine Zentrifuge. Spritzen und Kanülen haben wir selbst. Die Laborantin nimmt sie gerne an. Die Analyse muß jedoch noch warten, denn erst am Nachmittag um fünf gibt es wieder Strom. Zwei Ärzte diskutieren darüber, was aus Michael werden soll, das heißt, wir denken, daß es Ärzte sind. Ein Mann mit Baseballkappe ist auch dabei, er sieht aus wie der Gärtner, stellt sich aber vor:

»Dr. Leandro. Ich bin hier der Chef.«

Nun spritzt man Michael ein fiebersenkendes Mittel und bringt ihn mit dem Krankenwagen zurück in sein Bett.

Am nächsten Morgen ist Michaels Körper wieder auf Normaltemperatur, nur sein Magen-Darm-Trakt ist kaum zu hemmen, was unserem Zimmerklo gehörig zu schaffen macht – ich halte mich häufiger draußen auf.

Im Labor berichtet mir Dr. Leandro, die Analyse sage nichts aus, da wir Antimalariatabletten genommen hätten und dieser Wirkstoff das Erkennen einer Infektion unmöglich mache. Eine Woche aber brauche es, bis der Wirkstoff abgebaut sei. Aus seiner Kitteltasche holt er jetzt lose Tabletten heraus, die, wie er sich ausdrückt, mit der Malaria kurzen Prozeß machen. Ich weiß nicht recht, was ich über die Medikation denken soll, nehme sie aber an. Für Michael bekomme ich drei Liter warmes, keimfreies

Wasser. Der Arzt warnt: Puquios Trinkwasser könne Cholera- und Typhuserreger enthalten.

»Wir in Deutschland bereiten unser Wasser chemisch auf«, sage ich. »Was aber machen die Leute, die hier leben?«

»Die trinken es ohne Aufbereitung und haben allesamt Durchfall!«

Michael schläft, und ich gehe einkaufen. Eine Menge Gemüsestände sind in den Gassen mit buckligem Pflaster aufgestellt. Die Marktfrauen fragen, wie es meinem Amigo geht und was ich kochen will. Auch gibt es viele kleine Krämerläden mit Regalen voller Konserven und Haushaltskram. Vor den Verkaufstischen stehen offene Säcke, gefüllt mit Mais, Reis, Bohnen und Cocablättern. Korbmacher gehen mit ihrer Ware von Tür zu Tür, und Straßenküchen verkösten Passanten. Man fühlt sich in alte Zeiten versetzt.

Am Tag darauf ist Michael wieder halbwegs hergestellt.

Dr. Leandro besucht ihn, um seinen Blutdruck zu messen. Zum Dank schenken wir ihm eine Handvoll Spritzen und Kanülen, die er mit Freude wegsteckt. Er wünscht uns eine gute Weiterreise, denn morgen verlassen wir Puquio wieder.

Eine grobe Steinstraße, die beständig die Aussicht aufs Dorf freigibt, windet sich aufwärts. Dann bleibt das Tal zurück, und eine große Hochebene breitet sich um uns aus. Den Horizont überragen einige verschneite Gebirgsspitzen; in weiten Senken laufen blauleuchtende Seen aus. Der Bewuchs ist spärlich, nur dünnes Gras beugt sich im kalten Wind über steinigem Boden. Eine Lamaherde stolziert am Weg entlang. Die Tiere rennen eine Weile vor uns davon, bleiben schließlich stehen und beobachten uns neugierig. Wir stellen die Motoren ab und lauschen dem böigen Wind, der uns steif um die Ohren rauscht. Ein Land, rauh, schlicht, aber phantastisch. Kraft und Reinheit strahlt es aus. Eine Gegend, in der wir einander nicht auf die Natur aufmerksam machen, sondern nur unsere Augen weiden, bis uns die Haut spüren läßt, daß wir leben.

Killccaccasa, ein Dutzend aus Wackersteinen aufgeschichteter Häuser, liegt auf viertausend Meter Höhe. Vor den Hütten sitzen alte Frauen und Männer auf der Erde.

Militär kontrolliert uns, als eine junge Frau, die am Rücken einen Säugling im Wickel trägt, hinzukommt und wissen möchte: »Aus welchem Land seid ihr?«

»Aus Deutschland.«

»Habt ihr nicht Lust, euch hier niederzulassen?«

Der Soldat wird hellhörig.

»Warum sollten wir das tun?« gebe ich zurück.

»Wir könnten anderes Blut gebrauchen!« sagt sie und sieht uns dabei geradewegs in die Augen.

Nun, ich denke, es wäre schon eine Ehre, einer attraktiven Peruanerin beim Aufbau ihres Dorfes helfen zu dürfen.

Alle werden still: der Soldat, die Frau, jeder wartet auf eine Antwort. Der Wind bricht sich pfeifend an den Hütten. Ich merke, daß Michaels Blick unscharf wird, er unternimmt einen Gedankenflug in eine mögliche Zukunft. Seine Stirn wirft Falten.

Ein Hund bellt, da frage ich zurück: »Gibt es wenigstens ein Hotel hier?«

»Ja«, lacht die Frau. »Dort hinten ist ein Sheraton!« Ihre Hand zeigt in die leere Pampa.

Die Straße kostet eine Menge Kraft, und der Höhe wegen machen uns Kopfschmerzen zu schaffen. Am Ende des Tages haben wir in sieben Stunden einhundertdreißig Kilometer zurückgelegt. Im Tal des Río Chalhuanca liegt ein Ort aus Lehmsteinhütten. Er heißt La Promesa, zu deutsch »Das Versprechen«, und ich überlege, ob hier vielleicht einmal Durchreisende ihr Wort gebrochen haben.

Vor einem Haus sitzen einige Weiber in dicken Röcken und mit Hüten vor dampfenden Töpfen.

»Hey, Gringos, wollt ihr essen?«

»Was gibt es denn?« fragt Michael und schaut in einen Pott, in dem ein Stück Fleisch mit borstiger Schwarte schmort.

Mir ist die Küche zu exotisch. Michael dagegen geht mutiger an die Sache heran, kämpft eine Weile mit dem Leder, gibt aber letztlich auf.

Zur Freude der Kinder bleiben wir im Dorf und schlagen hinter einer Mauer aufgelegter Steine das Lager auf.

Am nächsten Vormittag folgen wir dem grünen Flußtal über eine weiterhin anstrengende Straße; zu allem Felsschutt und Schlamm sucht nun auch noch Gebirgswasser seinen Abfluß darauf. Außerdem begleitet uns ständig ein mulmiges Gefühl. Wir werden immerfort daran erinnert, daß der Terrorismus in Peru noch lebt, wobei mir regelmäßig eine Litanei blutgetränkter Erzählungen einfällt. Jede Sekunde sind wir hellwach und beobachten Mensch und Gegenverkehr genau. Aber nach wie vor sehen wir nur winkende Hände.

Einmal jedoch bleibt mir beinahe das Herz stehen: Die Piste führt über eine kahle Ebene, als wir vor uns zwei Männer sehen, die, jeder ein Gewehr haltend, vorangehen, sich aber nicht umdrehen. Wir passieren sie und geben unseren Maschinen die Sporen. Ich erwarte förmlich den Schuß hinter uns.

In Abancay wohnen wir auf dem Rasen des Hotels »Turistas«.

Gerade ist eine Hochzeitsfeier in Gange. Mädchen in weißen Spitzenkleidern und Jungs mit Krawatten kreisen uns staubige Gesellen ein. Die Erwachsenen machen sich indessen über ihre gutgefüllten Menüteller her.

»Haben Sie vielleicht etwas Wasser für unseren Teebeutel?« frage ich etwas kläglich in der Küche nach, während Michael unser Besteck auswickelt.

Keine fünf Minuten später sitzen wir vor Fleisch mit Kartoffeln. Wie üblich ist die Schwarte recht stachelig, worauf Michael bemerkt: »Immer diese unrasierten Schweine!«

Anschließend lassen wir uns als den Höhepunkt des Abends feiern: Gut vierzig Leute sitzen im Halbkreis um uns herum, um gespannt unseren großartigen Geschichten zu lauschen.

Am Morgen fragen wir den Chef des Hauses nach unserer Schuld.

»Keine Ahnung, aber ich glaube, nichts«, sagt er, schließt das Tor auf und wünscht viel Glück.

In ständigem Auf und Ab schrauben wir uns an schwindelerregenden Berghängen entlang weiter durch die Andenwelt. Vorwiegend werden hier Kartoffeln angebaut. Während sich die Väter und heranwachsende Kinder um die Feldarbeit kümmern, hüten die Mütter, mit einem Säugling auf dem Rücken, Kühe oder Ziegen. Die fruchtbare Landschaft wirkt friedlich. Jeder, an dem wir vorbeifahren, hebt die Hand zum Gruß. Wir grüßen zurück.

An der tiefsten Stelle der Straße liegt Kuñiac. Hier gedeiht hellgelber Anis, ja, es wachsen sogar Bananen. Im Ort überprüfen uns noch einmal die Militärs. Das letzte Mal tragen wir uns in ihre Listen ein und nehmen dann die letzte Etappe nach Cuzco. Kurz vor der Stadt ist der Weg asphaltiert. An so eine Möglichkeit hatten wir bereits den Glauben verloren.

Mit Pirmin, einem Schweizer Motorradfahrer, teilen wir uns einen Kellerraum im »Royal Qosqo«; feuchter Gruftgeruch dringt uns in die Lungen – Wasser gibt es nur bis um halb sechs. Pirmin ist über Afrika nach Südamerika gekommen, seit dreieinhalb Jahren ist er auf Achse. Wir erzählen uns Geschichten bei einer Pizza, die uns dreien derart einheizt, daß wir die Nacht hindurch abwechselnd auf unserem Zimmerklo logieren.

Cuzco war einst die Hauptstadt der Inkas. Ihre Hochblüte erlebte sie im elften Jahrhundert. Im sechzehnten wurde sie von den Spaniern erobert, die ihr in der Folge ihren Kolonialstil aufprägten. Beide Epochen sind in Cuzco auf einmalige Weise noch präsent. Auf den ersten Blick sieht man Plazas, Kirchen, Arkaden – protzig, dominant und mächtig. Aber die Grundmauern und steilen Gassen geben noch einen Eindruck von der großartigen Architektur der Inkas: Jeder Stein, sei er noch so wuchtig, paßt sich nahtlos seinem Nachbarn an.

Der größte Teil der Einwohner besteht auch heute noch aus Inkas. Mischungen mit Weißen gibt es selten. Die beiden Rassen verleben die gemeinsame Erdenzeit bevorzugt nebeneinander.

»Inkas« bedeutet übersetzt: Kinder der Sonne. Ihren Ursprung leiten sie von der Sonne her, der höchsten Gottheit. Außer ihrer Metropole haben die Inkas in der Umgebung noch weitere Orte hinterlassen, zum Teil völlig unversehrt. Die Spanier entdeckten sie nicht, da sie bei ihrem Eintreffen bereits verlassen waren, und dann wurden sich schlichtweg vergessen. Allen voran ist Machu Picchu zu nennen, einhundert Kilometer entfernt und mit der Eisenbahn erreichbar.

Bereits um halb sieben Uhr morgens setzen sich vier Wagen in Bewegung, zu einem Drittel mit Landsleuten und zu zwei mit Touristen besetzt. Frauen in Schürzen verkaufen Kaffee und Cocatee, der hier Mate genannt wird. Junge Burschen dagegen werben mit Süßigkeiten, wobei sie sturen oder schlafenden Kunden hartnäckig mit Pastillendöschen an den Ohren rasseln, weshalb sie Michael die »Rasselmänner« nennt.

Der Zug verläßt den Talkessel, in dem die Stadt liegt. Die Schienenstränge verlaufen im Zickzack an einem steilen Hang hinauf, wobei an jeder Kehre eine Weiche mit einem Stück Rangiergleis angebracht ist. So wird der stählerne Wurm, einmal vorwärts, einmal rückwärts fahrend, in die Höhe gebracht. Oben angelangt, folgt er dann, ständig bergab rollend, dem Flußlauf des Urubamba. Gerade noch sehen wir über Cuzco die Sonne aufgehen und wie sie sich daran macht, Morgentau und Wolkenschleier aufzulösen. Aber schon kurz darauf poltern wir über eine weite Ebene und schauen bei Mate den Bauern auf den Feldern zu. Dann rücken die Berge näher und stellen sich zu einem engen Tal zusammen, in dem der Río Urubamba temperamentvoll sein Wasser dem Amazonas entgegenführt.

Machu Picchu diente den Inkas als Klosterstadt. Sie liegt einige hundert Meter hoch versteckt am Hang eines Berges. Vom Tal aus ist sie kaum zu sehen. Wann der Grundstein der Stadt gelegt wurde, weiß niemand. Aber es heißt, sie sei bereits um 1500 verlassen worden. Erst im Jahre 1911 stieß der amerikanische Forscher Hiram Bingham auf die mit Pflanzen vollständig überwucherten Ruinen.

Wie in Cuzco sind die Gebäude aus exakt gearbeiteten Steinblöcken zusammengesetzt. Man erkennt sofort, welche Meister hier am Werk waren. Nur etwas Wichtiges fehlt den Häusern: die Dächer, denn die bestanden einmal aus Stroh.

In Terrassen senkt sich die Ruinenstätte über eine Seite des Machu Picchu (alter Berg) ab und läuft flach an den Fuß des Huayna Picchu (junger Berg) heran, der sich, wie der Hinkelstein eines Riesen, vor der Stadt plaziert hat. Rundum stürzen die Hänge in unermeßliche Täler, hinter denen sich aufs neue Berggiganten in den Himmel wölben, dicht in subtropisches Grün

*Machu Picchu*

verpackt. Der Machu Picchu aber thront wie ein gewaltiger Vogelhorst mit nur wenig Abstand zur Wolkendecke über der Welt.

In Cuzco gibt es ein ordentliches Labor, das Michaels Blut auf Malariaviren untersucht. Zu unserer Freude wird nichts festgestellt. Welche Ursache das Fieber und die Schüttelfrostanfälle hatten, bleibt ungeklärt.

Wir verlassen die Stadt in Richtung Titicaca-See, kommen aber nicht weit, denn die Metallträger unserer Koffer präsentieren uns die Rechnung für die schlechten Straßen der vergangenen Woche. So verbringen wir den Nachmittag bei einem Schweißer, der sich mit Geduld all der Bruchstellen annimmt.

Wir übernachten in Occobamba, weil dort einige Bauern einen riesigen Haufen Kartoffeln sortieren, womit unser Abendessen gesichert ist. Die Leute sind sehr freundlich, und einer nimmt uns mit auf seinen Hof.

In Sicuani hört schon am nächsten Tag die gute Straße wieder auf, und was – zunächst wenigstens – nach anständiger Schotterpiste aussieht, wird wenig später zu einer üblen Lehm- und Steinstraße. Die Regenzeit ist hier bereits vorüber, nur hüfttiefe

*Zwischen Cuzco und Puno*

Wassermulden, in denen einmal Räder schwerer Lastwagen durchdrehten, erinnern an die nasse Saison. Einsam verläuft die Straße an der Eisenbahnlinie entlang über Perus Altiplano. Fast immer erstreckt sich die Ebene leer in den Horizont, mit brüchigen Gräsern bewachsen und beständig auf einer Höhe um viertausend Meter. Hin und wieder mustern uns Lama- oder Alpakaherden. Plötzlich stampft uns ein Güterzug entgegen. Der Lokführer winkt begeistert, und wir halten und grüßen ihn.

Vor Juliaca leitet ein Fahrweg um den Fluß herum, weil die Brücke weggeschwommen ist. Wir stürzen immer wieder und schieben einander aus dem Morast. Obwohl die Nacht hereinbricht, fahren wir dennoch weiter bis Puno, einer Stadt am Titicaca-See. Halb tot fallen wir in die Bettgestelle eines Hauses, das sich großspurig »Hotel Presidente« nennt. Duschen fällt aus, zu dieser Zeit gibt es ohnehin kein Wasser.

Die Hotelbetten haben Mulden wie eine ausgewaschene Lehmpiste, so daß wir am Morgen alle Knochen zusammensammeln müssen, bis wir wieder laufen können.

Puno ist zweifellos keine Schönheit, doch wegen der Ausflüge,

*Markttag in Puno*

die man zu den Inseln in der Nähe unternehmen kann, von Touristen gut besucht. Außerdem sorgt der Markt am Samstag für buntes Leben. Inkafrauen und -männer schließen nach alter Sitte ihre Geschäfte auf dem Boden ab. Inmitten von Äpfeln und Kartoffelbergen hocken die Frauen in voluminösen Röcken, kauen pausenlos auf Cocablättern und lassen sich von ihren flachen Melonenhüten Schatten geben. Die Käufer probieren die Waren und feilschen um jeden Centavo. Sind die Käufe getätigt, wird alles in Tücher verschnürt und auf eines der ungeduldig wartenden Fahrradtaxis gepackt. Ein solches Ding besteht aus einer Ladefläche mit zwei großen Rädern zur Seite, an die hinten ein halbes Fahrrad montiert ist. Kämpferisch tritt der Chauffeur in die Pedale. Eine Inkafrau, die mit ihrem Einkauf auf einem solchen Gefährt thront, läßt das Herz eines Fotografen höher schlagen. Doch lassen sich die Leute ungern ablichten, die meisten halten sich die Hüte vors Gesicht oder werfen gar mit Tomaten.

Wir planen eine Bootsfahrt zu den Inseln, zuvor aber nehmen wir einen Milchkaffee. Milchkaffee bedeutet eine Tasse heiße Milch, wozu eine Dose Instantkaffee gereicht wird.

170

Um neun legen wir ab und steuern geradewegs der aufsteigenden Sonne entgegen. Zehn weitere Touristen sind mit an Bord. Baciano hält mit seinem Sohn die Pinne. Die hellen, kahlen Hügel um die Bucht von Puno werden kleiner, und der grasgrüne Algenteppich vor der Stadt verschwindet. Nach einer Stunde Fahrt rasten wir auf den Uros, den schwimmenden Inseln. Die Menschen hier leben davon, ihre selbstgemachten Textilien an die Touristen zu verkaufen, die tagtäglich zu Kurzbesuchen herangeschippert werden. Die Inseln sind künstlich hergestellt. Geschnittenes Schilfrohr liegt dick gepackt auf der Wasseroberfläche. Darauf zu gehen ist ein merkwürdiges Gefühl: wie auf einem Wasserbett. Auch die Hütten sind aus Schilf, ja selbst die Boote. Sie halten jedoch nur acht Monate, denn dann ist das Schilf so aufgeweicht, daß es nicht mehr trägt. Ein sehr eigenartiges Leben ist das: Kinder spielen und Ferkel tollen umher, sogar eine Schule gibt es, nur daß eben der Boden ständig schaukelt.

Der See ist weit größer, als wir angenommen haben. Er umfaßt achttausend Quadratkilometer und ist der größte Südamerikas, obendrein das höchste schiffbare Gewässer der Erde. Auch sauber muß er sein, denn während der Weiterfahrt schöpft Baciano seinem Sohn einen Trinkbecher voll daraus.

Um eins legen wir in Taquile an. Die Insel, diesmal eine echte, besitzt weder Elektrizität noch Fahrzeuge. Sie ist ein klobiger Berg, dessen Hänge die Inkas bereits in Terrassen verwandelt hatten, um kleine Felder für Tier und Frucht zu schaffen. Die heutigen Bewohner bezeichnen sich jedoch nicht als Nachfahren der Inkas und haben ihre eigene Kultur entwickelt.

Bei Faustino finden wir eine Bleibe. Während er durch das unwegsame Gelände vorausgeht, strickt er an einer Mütze. Hier auf Taquile stricken alle Männer, die Frauen dagegen übernehmen das Weben. Die Insel strahlt einen außergewöhnlichen Frieden aus. Korn, Mais, Bohnen, Kartoffeln und Oca, eine möhrenähnliche Frucht, gedeihen auf den Terrassen. Dazwischen liegen Lehmhäuser, mit Stroh oder Wellblech gedeckt, und Kühe grasen gemächlich. Wer sich begegnet, wünscht sich einen schönen Tag. Niemand ist gehetzt. Oft sehen wir Mäner strickend beieinanderstehen, man pflegt brüderlich Geselligkeit. Freundschaftlich werden Cocablätter ausgetauscht, die hier jeder in einem Strickbeutel an der Bauchbinde trägt. Die Idylle wird von einem strahlendblauen Himmel überdacht und vom glasklaren Wasser des Titicaca-Sees eingerahmt. Man hält es nicht für möglich.

Als bekannt wird, daß wir Deutsche sind, kommt es am Nachmittag zu einem Fußballspiel zwischen den Nationen. Michael kämpft gegen die bunten Zipfelmützen, soviel auf viertausend Meter Höhe in seiner Macht steht. Ich zähle die Punkte. Die Spielregeln aber sind allen Beteiligten ziemlich gleichgültig.

Sobald es dämmert, wird es bitter kalt. Faustino überläßt uns eine Lehmhütte, in der es zwei Pritschen aus gebundenem Schilfrohr gibt. Seine Frau bringt uns Maissuppe und Mate de Muña, einen Tee, der zubereitet wird, indem man in eine Tasse heißes Wasser einen Ast mit grünen Blättchen stellt. Das Kraut wächst hier überall wie Heide.

In der Frühe liegt ein Duft von Stroh im Raum. Michael redet mich wach, dann setzen wir uns still nach draußen. Kein Laut ist zu hören, nur der Wind weht linde durch Eukalyptusbäume. Hellgelb flammt die Sonne hinter Boliviens Bergen auf und wirft auf die noch dunkle Seefläche einen glitzernden Lichtkegel. Jeder Strahl, jedes Quentchen Wärme mehr macht die Luft milder, spannt uns die Haut, belebt unter dem Beifall aller Sinne tausend neue Zellen und tankt Körper und Seele auf mit Licht.

Als wir am Abend wieder in Puno einlaufen, stehen dort bereits Auto- und Fahrradtaxis Spalier. Die Fahrer preisen lauthals ihre Dienste an. Aber sie rühren uns nicht. Wir haben Kraft genug und gehen ruhig zu Fuß zum Hotel.

Sechs Uhr dreißig. Der Himmel, hell und ohne den geringsten Schleier, verspricht strahlend blau zu werden. Ein guter Tag also, Peru zu verlassen, damit wir es in guter Erinnerung behalten.

Während Michael einen Brief an Susanne schreibt, ziehe ich mit unserem Tankrucksack los, den wir gewöhnlich als Fototasche benutzen. Ein Motiv schwebt mir vor: das schon erwähnte einer Inkafrau auf einem Fahrradtaxi.

Im Handumdrehen ist die Sache erledigt. Ich nutze die Zeit, um die erwachende Stadt zu beobachten, und lasse mich auf einem Betonabsatz der Avenida Titicaca nieder – vielleicht huscht mir noch was Gutes vor die Linse. Auf der anderen Seite der Eisenbahnschienen starten die ersten Autobusse, die Copiloten rufen ihre Fahrtziele aus. Eine Frau öffnet ihren fahrbaren Verkaufsstand und sortiert Schokolade von links nach rechts. Nur fünf Schritte von mir entfernt schaut ein Friseur verschlafen aus seiner Werkstatt, vermutlich spekuliert er auf frühe Kundschaft. Ich schaue auf, als im Gegenlicht plötzlich zwei Herren neben mir stehen.

Der dickere fragt: »Guten Morgen, der Herr, wollen Sie heute mit dem Boot zu den Inseln hinaus?«

»Nein, danke«, sage ich, »dort war ich gestern schon!«

»Ach ja! Dann entschuldigen Sie.«

Ich schaue den Männern nach und greife unbewußt nach der Kamera im Rucksack, der auf der anderen Seite an mir lehnt. Ich greife noch einmal …, greife ins Leere. Adrenalin fährt mir ins Blut. Schweinerei! Ich springe auf, den Ganoven hinterher, und pack' sie am Kragen, durchwühle ihre Jacken und Hemden, während sie sich den Spaß gefallen lassen und erstaunt wissen wollen, was denn passiert sei.

Jetzt erst verstehe ich.

Der Friseur und ein Schweizer Tourist haben den Vorfall beobachtet: Zwei Burschen in blauen Jogginganzügen sollen es gewesen sein und dann in eine Seitenstraße getürmt sein. Mit dem Schweizer renne ich los. Die Verständigung mit ihm ist jedoch schwierig, er spricht nur französisch. Nach zweihundert Metern stehen wir auf einer leeren Kreuzung, die Spur hat ein Ende. Michael wird alarmiert, und wir gehen zur Polizei. Hier in Puno gibt es leider keine Rondas Campesinas.

»Bitte Ihre Personalien!« verlangt eine Schreibtischuniform.

Von Leuten, die gerade auf nüchternen Magen bestohlen worden sind, derartiges zu fordern, halte ich für unangebracht.

»Wir wollen suchen und nicht schreiben!« fauche ich.

Zwei danebenstehende Polizisten werden aktiv, bitten uns in den Streifenwagen. Der Schweizer, Michael und ich nehmen hinten Platz. Man läßt das Gefährt im vierten Gang die Gasse hinunter anrollen, während der Kollege von vorhin mit seinem

Schreibblock hinter uns herläuft und fleht, wir sollten ihm wenigstens die Namen sagen. In diesem Moment aber beginnt der Motor zu knattern, und der Wagen braust los. Fünf Straßen weiter verstummt der Motor wegen Treibstoffmangels.

»Wir haben kein Geld für Benzin«, verkündet man vorne.

»Na gut«, stupst sie Michael an, »hier habt ihr zehn Sol, besorgt welches!«

Am Tatort wird der Friseur befragt: Er ist der einzige, der die Gesichter der Diebe kennt. Der Schweizer verabschiedet sich, er kann nicht noch mehr Zeit für uns verlieren, er muß nach Bolivien. Ohne großes Aufsehen zu erregen, streunen wir mit Blaulicht weiter durch die Straßen, bis das Rad links vorne versagt.

»Es muß Luft nachgefüllt werden«, erklärt man uns.

Wir haben die Nase gestrichen voll und steigen aus.

Ein paar Stunden später haben wir jeden An- und Verkaufsladen und Schwarzhändler, der sich auftreiben läßt, darüber informiert, daß wir bereit sind, die Kamera für einen guten Preis zurückzukaufen, und jeweils unsere Hoteladresse hinterlassen.

Viele Leute sind der Meinung, es handle sich um Diebesbanden, die aus anderen Orten nach Puno kämen und nach ihrem Beutezug gleich wieder verschwänden. So steigen wir in den nächsten Autobus nach Juliaca, weil uns dieser Ort am häufigsten genannt worden war.

Wir haben allerdings Pech. Dort ist alles geschlossen. Es ist der 3. Mai: Auf einem Hügel hinter der Stadt feiert man die »Invención de la Cruz«.

Bis morgen soll also unser Fall ruhen. Das Quartett heute früh hat erstklassige Arbeit geleistet. Es grenzt an Zauberei, wie die Burschen die schwere Kamera in derartigem Tempo aus meinem Rucksack herausnahmen und ohne daß ich sie sah, spürte oder hörte, hinter meinem Rücken davonliefen. Wie auch immer, ich bin dem ältesten Trick der Welt auf den Leim gegangen. Darüber bin ich verärgert, kann der Arbeit dieser Leute aber meinen Respekt nicht versagen.

Am nächsten Morgen observiere ich den Tatort. Bekanntlich kehrt der Täter immer dorthin zurück. Diese Arbeit aber übernehme ich alleine, da Michael mit seinem Blondschopf stets gleich für einen Gringo gehalten wird.

Mehr als interessant ist es, die Menschen hier gezielt zu beobachten. Die Szenerie ist dieselbe wie gestern, nur heute früh sehe ich sie mit anderen Augen. Einige Burschen bilden kleine Gruppen, zerstreuen sich aber rasch wieder. Zwei eilen zu einer Plaza, ziehen weitere drei mit sich, kehren auf einem Umweg mit ihnen zurück und drücken sie in einen Autobus – es riecht nach verschobener Beute.

Etwas später tritt ein Bilderbuchcapo auf: langes, ockerfarbenes Jackett, schwarzer Hut und Sonnenbrille. Mit seinem Adjutanten geht er Kontrolle. Im großem Abstand passiert er eine Gruppe und dreht sich fast unbemerkt nach ihnen um.

Aha, alles auf dem Posten, höre ich ihn geradezu denken.

Als der Boß verschwindet, geselle ich mich zu seiner Bande.

»Wartet ihr auf den Zug?« beginne ich, denn der Schienenstrang befindet sich unmittelbar neben ihnen.

Mit zaghaftem Nicken bestätigen sie.

Ich sage ihnen, sie hätten gestern ein kriminalistisches Meisterstück geboten, aber wir seien zum Rückkauf ohne Polizei bereit. Selbstverständlich haben sie mit der Sache nichts zu tun und erklären mir, Beutegut werde immer blitzschnell weiterverkauft, was das Wiederfinden nahezu unmöglich mache. Wie viele andere reden sie in diesem Zusammenhang von der Stadt Arequipa. Die Leute gehören mit Sicherheit der Räuberzunft an und wissen mehr, als sie zugeben. Ich sage ihnen, wo wir zu finden sind, und füge hinzu: »Übrigens, die Eisenbahn fährt erst am Abend gegen acht!«

Im Halbkreis gruppiert, schauen mir die Männer mit ernsten Mienen nach.

In einer verruchten Billardhalle schlagen durchtriebene Gestalten den Vormittag tot. Als ich im Türrahmen stehe, wird alles still – ich fühle mich wie der Cowboyheld, der im Gegenlicht in der Saloontür steht, beidseitig mit der Hand am Abzug eines Revolvers. Ich berichte den Sachverhalt, den ich bereits vor- und rückwärts auswendig weiß.

Der Nachtzug nach Arequipa setzt sich mit zweieinhalb Stunden Verspätung in Bewegung: Angeblich hat die Lokomotive gefehlt.

Kurz nachdem wir rollen und die Waggons mit ihrem monotonen Rattern und Wanken begonnen haben, ist unser Abteil vorübergehend mit Dieselabgasen gefüllt. Ich frage vier beieinanderstehende Schaffner: »Ist der Qualm hier drin normal?«

»Das macht die Maschine ...«, erwidern sie ernsthaft.

»Ja, das weiß ich auch!« sage ich, erstaunt über die Antwort.

Die hellen Streifen, die das Lichtermeer Punos auf den See wirft, werden immer länger, dann verschluckt sie die Dunkelheit.

Michael schläft. Ich gehe umher, finde ein Abteil, das einmal die Küche gewesen sein muß, und lege mich auf einer Anrichte am Fenster nieder. Aber bald wird es so kalt, daß ich lieber wieder herumgehe. Die Müdigkeit läßt mich fast schon im Stehen einschlafen. Ich nehme meine Bank gegenüber von Michael wieder ein und döse wie er, so gut ich kann. Gerade hat uns das Schienenrattern eingelullt, da schiebt sich eine Staffel Rasselmänner durch den Gang, die uns daran erinnern, wie kalt es eigentlich ist. Die übrigen Fahrgäste hüllen sich in dicke Wolldecken ein. Wir sehen ihnen dabei zu, um uns daran zu wärmen.

Als die Sonne den kargen Altiplano aufhellt, ist das Ziel noch lange nicht erreicht. Nebel liegt wie ausgelaufene Milch in weiten Senken. Leeres Land, desolat und phantastisch zugleich.

Zur Linken erscheint mit einem Male El Misti, ein sechstausend Meter hoher Vulkan mit einem perfekt runden Kraterrand. Schneegekrönt wacht er majestätisch über der Ebene. Von nun an rollen wir durch Hügelland bergab.

Zwölf Uhr mittags stampft unser Eisenwurm mit sechs Stunden Verspätung im Bahnhof Arequipa ein. Die Türen fliegen auf, mit Schwung drücken wir uns in die Menschenmassen. Taxifahrer und Straßenhändler schreien ihre Angebote aus, und Langfinger haben Hochkonjunktur. Doch was soll man uns nehmen? Außer Zahnbürsten und unserem Leben haben wir nichts mitgebracht.

Nachdem ein Hotelzimmer besorgt und zwei Kaffee getrunken sind, machen wir uns daran, Arequipa zu durchleuchten: Das Vorgehen ist das gleiche wie in Puno – wir sagen dasselbe

Sprüchlein auf. Der erste Weg gilt der 2. de Mayo, einer Straße, vor der uns Einheimische viermal gewarnt haben. Man werde dort unweigerlich überfallen. Jeden Händler spionieren wir aus, dabei beobachtet man uns ohne Unterlaß. Immer wieder nennt man neue Straßennamen und Händler, so daß wir am Ende eine regelrechte Liste bearbeiten. Fotoapparate finden wir jedoch selten. Das Angebot ist meistens sehr betagt und völlig überteuert.

Die Nachforschungen führen uns zu zwei interessanten Typen: In der guteingerichteten »Casa Glavi« gibt sich Señor Glavi sehr besorgt und nimmt die Daten des gestohlenen Gerätes auf. Der Mann tut so, als habe er eine strahlend weiße Weste, und verspricht gleich Meldung zu machen, sobald er etwas erfahre.

Der zweite ist der Besitzer eines kleinen Fotoladens. Er heißt José und ist, das sieht man auf den ersten Blick, ein Schlitzohr. Zu Anfang hat er nur einige gebrauchte Kameras ausliegen. Aber er berichtet, in seiner Wohnung habe er weitere Exemplare, morgen früh gegen neun dürften wir sie anschauen.

Wie verabredet treffen wir um neun Uhr bei José ein. Er vertröstet uns jedoch auf drei Uhr nachmittags. Das sei ein geeigneterer Zeitpunkt. Das Geschäft sei dann geschlossen.

»Der will sichergehen, daß wir keine Polizei mitbringen«, meint Michael, womit er die Sache wohl trifft.

Inzwischen fühlen wir Señor Glavi noch einmal auf den Zahn.

»Oh, ich habe nichts ausfindig machen können, es tut mir leid«, versichert er, dabei tänzeln die schmalen Brillengläser auf seiner langen Nase auf und ab.

Der Mann ist so glitschig wie ein frischgefangener Hering.

Punkt drei stehen wir vor Josés Laden. Er ist mit einer Stahljalousie verschlossen, aber als wir klopfen, öffnet sich ein halbhohes Türchen, durch das wir hineinkriechen. José legt uns eine neuwertige Minolta auf die Theke, die das gleiche Objektiv besitzt wie unsere gestohlene Kamera.

»Die Linse entspricht unserer Vorstellung, aber haben Sie nicht ein Nikongehäuse dafür?« fordere ich den Mann heraus.

Nein, das hat er nicht. Aber trotzdem ist ihm der Verkauf des

Apparates sehr dringend, und so erwerben wir das Gerät nach aufwendiger Verhandlung für etwa ein Viertel des Neupreises. Zum Schluß fragt José genau, welchen Weg durch Peru wir weiter nehmen wollen, was nicht nur bestätigt, daß die Kamera Diebesgut ist, sondern auch, daß José bekannt ist, an welchem Ort man sich ihrer bemächtigt hat.

Gerade noch rechtzeitig schaffen wir es zum Bahnhof, wo wir in den Nachtzug nach Puno steigen wollen.

»Die Schalter sind seit heute morgen geschlossen, weil alle Billetts verkauft sind«, sagt uns ein Beamter.

Nun, wozu gibt es Autobusse?

An der Station steht eine ganze Reihe Autobusse achtunggebietend nebeneinander.

»Die sehen doch wirklich gut aus«, sagt Michael, und ich gebe zu: »Ja, nicht wahr? Richtig modern.«

In den Windschutzscheiben liegen sorgfältig Schilder mit dem Ziel der Fahrzeuge aus.

»Nun, warte«, sucht Michael, »hier haben wir Lima, Ica, Tacna…, Puno ist nicht dabei!«

»Puno ist am Ende der Reihe«, erklärt uns einer der Fahrer.

Dieser Bus hat kein Schild aushängen. Es ist einer der Autobusse ohne verspielte Form, mit hochliegendem Chassis, die Reifen mit Lappen alter Profile überklebt.

Wir erwischen eben noch zwei Plätze. Etwa dreißig Leute, die nach uns kommen, lassen sich im Gang nieder. Taschen werden verstaut, Decken ausgepackt und Kinder beruhigt.

Mit einem gewaltigen Stoß verläßt das Gefährt das Teerband Arequipas. Der Wagen beginnt zu schaukeln und zu stampfen, aber der Motor hört sich prächtig an – fast schon ein wenig böse.

Dunkelheit bricht herein, nur noch die Umrisse der im Gang eingekeilten Leute und die gegen den Himmel schwankenden Fensterkreuze sind zu erkennen. Der Wagen bockt wie ein wilder Hengst, mit beiden Armen stützen wir uns auf die Sitze, um unsere Wirbelknochen zu schonen. In der ersten halben Stunde lacht man über so etwas, dann aber wird es bitterer Ernst. Vor Kälte zittern wir bald am ganzen Körper, und so poltern wir, schlaftrunken die Köpfe auf den Hälsen balancierend, durch die schwarze Nacht.

Plötzlich steht alles still. Scheinwerferkegel liegen über der flachen Pampa. Gemurmel erfüllt den Raum, und einige Kinder beginnen zu schreien. Meine Uhr zeigt drei.

Vor uns steht ein Autobus, der dem gleichen Unternehmen wie der unsere gehört. Das Vehikel steckt bis zum Bauch im Morast und kann sich nicht mehr bewegen.

Sechs Männer in dicken Parkas und mit Wollstrümpfen über den Köpfen graben zwei Stunden zu den Rädern hinunter und bringen schließlich ein Seil am Fahrgestell an, das sie mit unserem Wagen verbinden. Unser Fahrer legt den Rückwärtsgang ein und ruft »atencion« in den Raum. Dann zerrt sein Bus mit einer unglaublichen Ausdauer an dem eingesackten Kollegen, bis er ihn befreit hat.

»Wir müssen bis zum frühen Morgen warten, wenn es hell ist«, ruft jetzt der Fahrer aus. »Die Straße ist völlig abgegangen.«

Da wird die Menge im Bus rebellisch. Die Leute schlagen mit Fäusten an die Fenster und trommeln auf den Fußboden. Die Hälfte steht auf. Sie fordern ihr Fahrgeld zurück und drohen auszusteigen.

»Ich frag' mich nur, wo sie hinwollen«, schmunzelt Michael.

»Also gut, ich probiere es«, tönt der Steuermann kleinlaut.

Er setzt einige Meter zurück, dann brüllt der Motor wie besessen auf, einige derbe Schläge von unten bearbeiten das Bodenblech, der Kasten schwankt zum Umfallen, aber wir siegen, und der heldenhafte Fahrer erntet großen Beifall.

Gegen Mittag treten wir in Puno mit weichen Knien in die Sonne heraus und fühlen uns, als hätten wir siebzehn Stunden ein Pferd zugeritten.

Plötzlich sieht uns ein Bursche und rennt davon. Es dauert keine zehn Atemzüge, bis wir ihn am Kragen haben. Aber wir können nichts aus ihm herausbringen.

Es ist wieder Samstag in Puno. Also gehen wir nach einem Kaffee über den Markt. Im dichten Gedränge eilt eine Frau an mir vorüber und legt Michael, der vor mir geht, ein buntes Tuch auf die rechte Schulter. Im gleichen Moment nähert sich eine kleine

alte Dame von vorne und greift Michael in die linke Hosenta-
sche, in der sich die Börse befindet. Michael aber wehrt den An-
griff ab und wirft der Diebin eine großzügige Salve Schimpfwör-
ter an den Kopf. Die Alte sucht das Weite, einige Indiofrauen
schauen vom Boden auf, und das Gedränge und Geschiebe geht
weiter.

Als letztes gehen wir noch einmal zur Polizei, um zu fragen, ob
sich etwas ergeben habe.

»Nein, tut uns leid, meine Herren. Aber sobald wir die Kamera
haben, schicken wir sie Ihnen nach Deutschland zu!«

Wir finden die Idee einmalig und ziehen uns ins Hotel zurück.
Die Gemüter bis zum Zerreißen gereizt, lesen wir in einem be-
kannten Buch: Wer dich bittet, dem gib; und wer dir das Deine
nimmt, von dem fordere es nicht zurück. *Bibel, Luk. 6,30*

## Gegensätze

Wir verlassen Puno, ohne sentimental zu werden. Wir fahren um
den See herum über friedliches Land nach Bolivien, setzen mit
einem Fährboot nach San Pablo über und ziehen am selben
Abend im Hotel »Italia« in La Paz ein, einem Haus, das sogar einen Stern trägt.

La Paz, auf dreitausendsechshundert Meter Höhe gelegen, der
Welt höchste Hauptstadt, ist in einer weiten Senke des Altiplano
erbaut und wird im Südosten vom Mount Illimani um zweitau-
sendachthundert Meter überragt. Gut die Hälfte der Einwohner
sind indianischen Ursprungs, denen nicht wenig daran liegt, die
Straßen und Plätze in der Umgebung unseres Hotels mit Markt-
rummel zu überziehen. Obwohl die Stadt auch keinen Mangel
an Erzeugnissen europäischer Kultur leidet, fehlt uns der rechte
Unternehmungsgeist. Kolonialgebäude, ob protzig oder verkom-
men, sind uns inzwischen zum Überdruß geworden. Wir haben
genug von den Autobusschreiern, Kräuterindios und Rasselmän-
nern, genug davon, daß uns die Leute »Gringo« nachrufen und
jeder Gammler die Hand nach uns ausstreckt. Huhn mit Reis
steht uns bis oben. Wir sind es leid, in durchhängenden Matrat-

zen die Nacht zu verbringen, leid, in speckigen Toiletten zu duschen und die Latrine mit dem Mülleimer zu spülen. Alles um uns herum kann uns gestohlen bleiben, nur wir uns gegenseitig nicht. Zum Glück!

Wir kramen Bilder von unserem Dorf in Deutschland hervor, wollen grüne Wiesen sehen und Bäume, keine Pampas und Wüsten mehr. Es ist genug. Mutlosigkeit besiegt uns und unser Seelenfrieden ist dahin. Wir wünschen uns nach Hause.

Wäre da nicht der unbezwingbare Drang, das Ende der Straße zu sehen! Der Name Südkap allein hat magische Kraft. Feuerland: das Ziel, nach dem wir so lange unterwegs waren. Der Gedanke daran flößt neuen Mut und Ausdauer ein.

Michael zündet sich eine Zigarette aus dem Paket meines Großvaters an, das wir für alle Fälle aufbewahrt haben, und später finden wir in einer Bierbude Frankfurter Würstchen mit Kartoffelsalat.

Zwanzig Kilometer südlich von La Paz haben wir die Zivilisation bereits im Rückspiegel. Vor uns erstreckt sich die Hochebene unter dramatischem Wolkenhimmel, der sich jedoch allmählich ausdünnt. In Patacamaya gibt es eine Tankstelle. Von dort biegen wir rechts auf eine Piste ab, die direkt auf Chile zuhält. Über Stunden läuft sie vor uns her und bietet das vertraute Bild: Schotter, Tiefstaub, Wasserfurten. Hin und wieder stehen weit ab vom Weg einige rundgebaute Lehmhütten. Als wir anhalten, um sie zu fotografieren, stürmt eine barfüßige Hirtin heraus und treibt ihre Schafe steinewerfend davon, damit ihnen nichts passiert.

Dann taucht Curahuara auf, ein einsames Dorf, in dem wir uns in der Polizeistube melden müssen. Ein scharfer Wind trägt Staub und ausgerissene Büsche über den Hauptplatz. In schützenden Winkeln drehen Frauen mit steinernen Mienen ihre Handspindel am Wollfaden. Blechschilder quietschen in ihren Gehängen, ein Fenster klappert in den Böen, und wenn ich mich nicht ganz täusche, reitet gerade Henry Fonda mit seiner Bande in die Stadt. Wir zapfen uns einen Beutel Wasser für unser Nachtlager und steigen in die Sättel.

Bereits am Vormittag Flüsse zu durchqueren, bedeutet den

ganzen Tag nasse, eisige Füße, zumal immer einer von uns beiden vorausgehen muß, um die flachsten Stellen der Furten herauszufinden. Schwere Lastwagen haben tiefe Spuren gegraben, in die man leicht hineingerät. Wir kommen nur wieder frei, indem wir die Motorräder zu zweit hinausschieben. Als Vergnügen kann man so etwas nicht bezeichnen, weniger der Kälte als der Höhenluft wegen. Beide haben wir starke Kopfschmerzen, und die Motoren bringen gut gerechnet noch ein Drittel ihrer Leistung. Die Straße verläuft auf über fünftausend Meter Höhe: Mann und Maschine geht im wahrsten Sinne des Wortes die Luft aus.

In der Ferne bauen sich, hintereinander stehend, zwei gewaltige Vulkankegel auf: Es müssen Payachata und Sajama sein. Das Land beeindruckt durch seine ungeheure Einfachheit: karge Hochebene, klarer, blauer Himmel und die beiden Vulkane, die wie in weißen Zuckerguß getunkt den Kontrast dazu bilden.

Eine Herde Lamas sieht uns kommen. Ich steige ab und verkünde Michael, ich hätte gerne ein Porträt eines dieser Tiere, mit einem Vulkan im Hintergrund.

»Wenn du willst«, lacht Michael, »halte ich dir eines am Hals fest.«

Ohne Eile verfolge ich die Tiere. Gehe ich, gehen auch sie. Bleibe ich stehen, halten auch sie an. So geht es eine Weile, während mein lieber Freund, eine Zigarette schmauchend, die Fotojagd belächelt. Plötzlich lege ich einen Sprint in die Pampa, stolpere aber in ein kleines Erdloch und stürze. Ich bleibe liegen, bis sich der Schmerz verdrückt hat. Durch die Grashalme sehe ich nun einige Lamas umkehren. Es dauert nicht lange, da kreisen mich die Wollköpfe mit gestreckten Ohren und faltiger Nase ein, als wollten sie nach meinem Ergehen fragen: Eines tippt mir gar auf den Rücken. Vorsichtig schaue ich auf, bringe die Kamera in Anschlag und knipse wie geplant. Verdutzt umstehen mich die Tiere und lassen sich vom Wind durch den Pelz blasen.

»Teufelskerl«, klopft mir Michael auf die Schulter. »Wie bist du auf diese Idee gekommen?« – »Totstellen ... alte Nummer!«

Keine fünf Minuten später winken uns in einem Dorf aus Bruchsteinhütten vier Männer zu. Nein, sie winken nicht, sondern geben Zeichen, daß wir anhalten sollen. Sonnenklar, was sie wollen: einen Schwatz halten, Zigaretten schnorren und mal sehen, was sonst noch abzustauben ist. Die vier sind sternhagelvoll, und ihre braunen Zähne dokumentieren den unaufhörlichen Verzehr von Cocablättern.

»Oooh meiineh Freuhnde, willkommen in Canton Caripe!«

»Ja, Tag auch«, sage ich. »Wie heißt denn der Vulkan da gegenüber?«

»Oooh, das ist unser wuuhnderschööhner Cerro Sajamaah!«

Michael geht in eines der Häuser und verlangt nach einer Cola. Die Luft hier oben ist wahrhaftig sehr trocken. Die Verkäuferin legt ihm daraufhin zwei große Tüten Cocablätter vor.

»Nein, nein, wir wollen was trinken!« sagt er.

»Bier?«

Michael verneint noch einmal, weil es sich mit klarem Kopf zwar nicht leichter, aber weniger bedenklich fahren lasse.

Draußen erwartet ihn jedoch wieder ein Bier, weil man inzwischen für Nachschub gesorgt hat. Mit Bedacht achtet man darauf, daß wir genügend trinken, und von Weiterfahrt ist noch lange keine Rede. Wir haben ausreichend Rauchwaren im Angebot.

»Wie hoch sind wir hier?« fragt Michael.

»Ooh, es wird sehr kalt!« sagen die Männer.

Ich schaue in die Karte und frage, ob es noch weit bis in den Ort Sajama ist. Nein, es liegt gleich dort drüben.

»Dann sind wir auf fünftausendzweihundert Meter«, erkläre ich.

Überrascht schauen sich die Männer an, gehen der Sache aber nicht weiter nach.

Als wir die Fahrt fortsetzen, kommt zu meinen Kopfschmerzen noch Schwindel hinzu, und Michael strauchelt in einer Furt, die als Kurve den Fluß durchquert.

Am chilenischen Grenzposten läßt ein See seine Wasser vor einem niedrigen Gebirgszug auslaufen. Wir rasten am Wasser, um wieder nüchtern zu werden, und beobachten Flamingos am seichten Ufer. An die zwanzig Vögel sind es. Erstaunlich, in diesen Gefilden.

In Chile verkaufen uns die Wirtsleute eines einsamen Berg-restaurants Kartoffeln und Benzin und geben ihren Hühnerhof als Lagerplatz frei. Auch zwei dicke Schweine leisten uns Gesellschaft. Sie freuen sich wie das Federvieh über uns: Fällt doch das eine oder andere Eßbare von der Sattelkante.

Den Altiplano, den wir in Peru so mühsam erklommen haben, verlassen wir in Chile bis zum Pazifik hinunter an nur einem Vormittag. An Hängen gewaltiger Stein- und Sandberge kurven wir abwärts und staunen nicht schlecht: seidenweiche Asphalt-straße, Mittellinie, Leitplanken und Schilder gibt es hier, die vor Kurven, Steinschlag und Gefälle warnen. Wir hatten es nicht mehr für möglich gehalten, daß Südamerika solche Überraschungen parat hat.

Gleich am Ortseingang von Arica fallen wir einer Polizeistreife in die Hände.

»Dort hinten hätten Sie nicht abbiegen dürfen«, sagen die Beamten. »Und außerdem halten Sie bitte Ihre Kennzeichen lesbar!«

Die sticht wohl der Hafer, denken wir. Dergleichen hat doch bisher herzlich wenig bedeutet!

In der Stadt feiert die plötzliche Ordnungsliebe Triumphe. Sobald wir unsere Motorräder an einem geeigneten Platz glauben, eilt schon ein Uniformierter herbei, um uns über Parkverbote aufzuklären.

Arica gleicht einer Provinzstadt der USA. Es ist sauber und aufgeräumt, Gehwege haben keine Löcher, und Autos, glänzend im Lack, rollen leise durch die Straßen. Die Märkte im Freien sind abgelöst durch Warenhäuser mit gefüllen Regalen, und nicht ein einziger Indio läßt sich entdecken. Alles wirkt plötzlich steril, beinahe fremd.

Am Morgen wachen wir in der Wüste auf, der Atacamawüste. Bis weit unterhalb der Hauptstadt Santiago besteht die Pazifik-küste, ebenso wie in Peru, aus einem trockenen Sandstreifen, der sich an die Anden anlehnt. Den Tag über verbringen wir im Lager, um uns wieder an Seehöhe zu gewöhnen, aber auch, weil heute mein Geburtstag ist. Meine Gäste: Michael und eine kleine Echse.

Hier in Chile fällt uns übrigens erstmals auf, daß der Sonnenlauf auf der Südhalbkugel der Erde auf dem Kopf steht. Wir merken es deshalb, weil sich die Wäsche, die Michael zwischen die Motorräder spannt, nicht aus dem Schatten dreht, sondern hinein. Die Sonne kurvt statt Ost-Süd-West Ost-Nord-West.

Auf staubtrockener Ebene zeigt das Asphaltband der Panamericana geradewegs in den Horizont hinein. Am Ende der Strecke, nach zweitausend Kilometern, wird es in Santiago einlaufen. Der Wüstenboden ist mit brüchigem Gestein übersät, als hätte hier einmal eine gewaltige Explosion stattgefunden. Aber so öde und trist dieses Land auch wirken mag, ganz nutzlos ist es dennoch nicht. Ende des 19. Jahrhunderts entdeckten die Chilenen einen Bodenschatz, der sich hervorragend zur Pflanzendüngung eignete, den Salpeter. In kürzester Zeit entstanden Bergwerke und Fabriken, sogar eine Eisenbahnlinie wurde gebaut, und man exportierte in alle Welt, vor allem nach Europa.

Heute zählt man nur noch zwei bedeutende Minen: eine in Maria Elena, die andere in San Pedro. Alle übrigen waren nach wenigen Jahrzehnten ausgebeutet. Was von ihnen blieb, sind eingerissene Gebäude und die Gräber der Arbeiter. Gespenstisch wirken die verlassenen Stätten. Der Wind läßt alte Eisengestelle quietschen oder dreht sich staubig im Kreis. Schuhe mit Nagelsohlen liegen, kaum vermodert, im Sand. Wer die Realität nicht kennt, könnte vermuten, hier habe sich eine Katastrophe ereignet.

Mit großem Verkehrsaufkommen kann sich die Straße nicht brüsten. Oft legen wir die Füße auf unsere vorderen Koffer hoch und schwofen im Wind. Doch dann entläßt der Horizont die Silhouetten zweier Radfahrer. Ein Paar aus Holland ist es: nur aus Knochen, Muskeln und verbrannten Ohren bestehend. Ich versuche mir vorzustellen, warum sich die beiden in dieser Sonnenflut zugrunde richten wollen.

Drei Stunden später begegnet uns ein Radfahrerpaar aus England. Auch sie möchten wissen, wie viele Steigungen es auf den nächsten fünfzig Kilometer gebe. Wir tun uns mit der Frage schwer ..., sehen hinter uns die Ebene. Aber wir sagen ihnen, daß sie etwa drei Fahrradtage von hier zwei Kameraden vor sich haben. Sie danken und verschwinden schnell im Hitzeflimmern der Straße.

In Copiapo, wo man Wein anbaut, geht die Atacamawüste zu Ende. Der Boden zeigt, abgesehen von bewässerten Feldern, Ansätze von Bewuchs. Niedrige Dornbüsche und Kakteen versuchen sich zu behaupten.

Vier Stunden weiter südlich liegt, sauber, ruhig und geordnet, die alte Kolonialstadt La Serena. Die Motorräder parken wir vor einem Supermarkt, nehmen einen der bereitstehenden Einkaufswagen und gehen damit durch eine sich automatisch öffnende Tür. Breite Gänge, rechts und links wohlsortierte Regale. Im Glas der Käsetheke kann man sich spiegeln, ja, Frau Antje hat sogar ein weißes Hütchen auf. Und es gibt Kaffeefilter, und das alles bei dezenter Hintergrundmusik.

»Hör auf, so viel Zeug einzuladen, es gibt ganz sicher noch mehr solcher Läden«, bremse ich Michael, der ohne Sinn und Verstand den Wagen vollstopft.

Niemand schreit uns in die Ohren. Rasselmänner existieren nicht. Der Boden ist glatt, es besteht keine Gefahr, in ein Loch zu stürzen oder plötzlich mit beiden Füßen in einer Textilauslage zu stehen. Diese Situation tritt so neuartig und fremd an uns heran, daß wir uns unsicher, um nicht zu sagen, allein gelassen fühlen.

Draußen ist es halb dunkel, neblig und kühl, ähnlich wie in der Vorweihnachtszeit. Um zu schlafen, ziehen wir uns in die Wüste zurück.

Am nächsten Abend haben wir es bis Santiago geschafft. Der Spanier Pedro de Valdivia hat die Stadt 1541 gegründet, bekam jedoch erhebliche Probleme damit, weil die Mapuche-Indianer von der Idee nichts hielten. Kurz danach banden sie ihn an einen Baum und schlugen ihm den Kopf ab.

Heute würde Valdivia stolz auf Santiago sein: ordentliche Straßen, Fußgängerzonen und Parks, Kolonialgebäude in bester Verfassung und Wolkenkratzer aus spiegelndem Glas. Die Menschen hier, fünf Millionen an der Zahl, denken auffällig westeuropäisch. Sie legen Wert auf modische Kleidung und neue Trends. Für jemanden, der aus Europa hierher kommt, wirkt Santiago sehr vertraut.

Uns aber ergeht es wie bereits gestern im Supermarkt: Wir stehen zunächst etwas ratlos da. Daher suchen wir eine Adresse auf, die uns Helmut und Annick damals in Kolumbien zugesteckt hatten. Es ist die Pension von Señora Eliana. Ihr Haus ist belegt, aber sie erlaubt das Zelten im Patio und stellt Bad und Küche zur Verfügung. Eliana, die einmal eine hübsche Frau gewesen sein muß, gießt Tee auf und setzt sich mit ihrem Gästebuch zu uns.

»Erst vor fünf Tagen war ein deutscher Motorradfahrer hier«, sagt sie und zeigt uns den Eintrag.

»Unglaublich«, ruft Michael. »Um fünf Tage verpassen wir den Burschen!«

»Ihr kennt ihn?«

»Ja, aus Anchorage in Alaska«, sage ich, »es ist Ben. Wirklich unglaublich!«

Die alte Frau schüttelt den Kopf: »Deutsche und Schweizer treiben sich doch auf der ganzen Welt herum!«

Eliana besitzt im Haus immer fließend heißes Wasser, vor allem im Bad, in dem wir einen halben Tag unserer Körperpflege nachgehen, die wir in den letzten Wochen eher vernachlässigt haben.

Ein Gang zur deutschen Botschaft am Nachmittag verschafft uns eine Menge Post. Vor einigen Wochen hatten wir nach Deutschland Bescheid gegeben, man könne uns hierher schreiben – achtzehn Briefe sind da. Im »Café Paula« arbeiten wir uns durch das handgeschriebene Papier: Aufs neue packt uns Wehmut, läßt Stühle und Tische vor den Augen verschwimmen. Paula aber beruhigt uns mit neuem Tee und macht den Vorschlag, wir sollten ins Restaurant »München« gehen. Das tun wir dann auch und bestellen zweimal Eisbein mit Sauerkraut.

Unterhalb von Santiago begleiten uns zu beiden Seiten Bergketten, die einige Kilometerdekaden voneinander entfernt stehen. Wein, Äpfel, Getreide, Zitrusfrüchte und sogar Kiwi bringt das Land hervor, jetzt, nach Mitte Mai, aber ist die Ernte bereits eingebracht. Wir befinden uns etwa auf dem Breitengrad von Kapstadt, die Blätter und Bäume färben sich, es ist Herbst.

Für die Menschen sind wir unverändert interessant. Allerdings begegnen sie uns mehr von oben herab, was gewöhnlich der Fall ist, wenn es ihnen an nichts mangelt. Man findet es nicht zeitgemäß, daß wir einfach so neben den Weinfeldern campieren möchten.

»Es ist besser, Sie nehmen sich ein Hotel«, heißt es.

Und auch vom Platz hinter der Tankstelle wird uns abgeraten, weil es dort weder Toilette noch Wasser gebe.

Einfacheren Leuten sind derartige Vorstellungen fremd. In Santa Monica, nahe der Stadt Parral, leben etwa zwanzig Familien, ärmlich, aber lebensfroh. Schwein, Kuh und Federvieh teilen sich dieses Fleckchen Erde mit den Menschen.

Michael ruft einer Lattenzaungesellschaft Frauen unser Anliegen zu. Die Damen lachen, und eine ruft: »Hier auf der Wiese, wenn ihr wollt!«

Eine andere greift schon in ihre Kitteltasche nach einer Zange und öffnet ohne zu zögern den Weidedraht.

»Braucht ihr warmes Wasser? Aus welchem Land kommt ihr? Warum hast du kein blondes Haar, so wie er?«

So heißt man uns willkommen und schickt die Kinder, um uns zwei Eier fürs Abendessen zu holen. Diesen Menschen wünschen wir, daß man sie ebenso empfangen würde, kämen sie einmal nach Deutschland. Die Nacht wird kalt, wir kriechen in unsere Schlafsäcke und lauschen Vogelrufen, die sich nach dem Schrei von Graugänsen anhören.

Stetig grüner wird das Land von Tag zu Tag. Bald breitet sich sogar Mischwald über langen Hügeln aus: Fehlten zur Linken die schneebedeckten Vulkane, glaubten wir uns in unseren Westerwald versetzt. Dicke, schwere Wolken jagen über den Himmel, und in der Stadt Valdivia können sie ihre Last nicht mehr halten. Regenschauer prasseln auf uns nieder. Valdivia ist wie ausgestorben, es ist ein Sonntag im Spätherbst. Nur noch vereinzelt baumeln schlaffe Blätter gelangweilt in den Bäumen. Unten am Flußhafen fragen wir einen Carabinero (Polizisten), ob es möglich ist, auf dem Rasen der Kaianlage zu campieren. Er kratzt sich unter seiner Mütze, meint aber: »Ja, warum eigentlich nicht?«

Um Mitternacht übertönen Männerstimmen den prasselnden Regen. Die Zeltverschlüsse werden aufgerissen, und zwei Lampen strahlen herein.

»Haben Sie eine Erlaubnis, hier zu campieren?« wollen zwei Carabineros wissen.

»Ja, wir haben Ihren Kollegen gefragt, der meinte, es wäre kein Problem!«

»Welche Nationalität haben Sie?«

»Alemanes!«

»Oh, Alemanes, entschuldigen Sie die Störung und eine gute Nacht!«

Montag früh laden wir unser patschnasses Zeug auf und besorgen bei einem Baustoffhändler gelbe Kunststoffjacken und -hosen, weil unsere Anzüge dem Wetter nicht mehr standhalten.

Mit einem Male haben wir eine Menge neuer Freunde gewonnen: Bauarbeiter, Straßenarbeiter und Bauern tragen die gleiche Garderobe, sie alle winken uns höchst vergnügt zu.

In Osorno biegen wir zur argentinischen Grenze ab. Alles Land verschwindet in Grau, dicke Tropfen hämmern ohne Pause herab, und die Kälte verwandelt uns bald in tiefgefrorene Gestalten.

An der Grenze machen wir weiter kein Aufsehen. Die Beamten tasten uns mit mitleidigen Blicken ab und wünschen eine gute Reise.

Argentinien empfängt uns mit einer aufgeweichten Schotterpiste, die bald so hoch steigt, daß der Regen härter wird und sich matschig auf der Piste absetzt. Halb fünf, genug für heute. Die Haut schrunzlig und die Gelenke steif gefroren, lassen wir die Maschinen vor einem einsamen Holzhaus unter Bäumen ausrollen.

»Dürfen wir bei Ihnen zelten?« fragt Michael den Besitzer, der in dickwattierter Jacke verdutzt vor ihm steht.

»Gut. Ihr könnt euer Zelt hier auf der Wiese aufstellen«, sagt der Mann und eilt wieder ins Haus zurück.

Mit klammen Fingern bauen wir das Zelt auf und schlüpfen nach karger Mahlzeit in die Schlafsäcke. Sofort packt mich ein Traum, in dem mich der Mann in wattierter Jacke fragt:

»Zelten? Bei diesem Wetter? Das ist doch viel zu kalt. Dort drüben im Schuppen könnt ihr eure Motorräder unterstellen, meinen Wagen werde ich für diese Nacht draußen lassen, und dann nehmt eure Sachen und kommt ins Haus!«

»Den Mann schickt uns der Himmel«, sage ich zu Michael.

In der Küche begrüßt uns seine Frau mit umgebundener Schürze.

»Guten Abend …«, sagt sie. »Meine Güte, wie seht ihr denn aus? Ihr wollt sicher heiß duschen. Einen Augenblick, ich werde frische Handtücher bringen.«

Das heiße Wasser dampft mir auf der Haut: Was für eine Wohltat, nach solch einem Tag langsam aufzutauen! Als wir zurück im Wohnraum sind, brennen bereits ein Dutzend Holzscheite im Kamin, und jeder von uns bekommt, ohne daß man umständlich fragt, ein Glas roten Wein eingeschenkt. Wir stoßen mit dem freundlichen Siedler an.

»Unglaublich, mit dem Motorrad von Alaska bis hierher zu uns nach Argentinien!« staunt der Mann. »Ihr seid sicher sehr müde. Nun, ordentliche Betten haben wir nicht für euch, aber wir beziehen eine große Matratze, und Decken und Kopfkissen sind auch noch da.«

»Wir sind mit allem sehr zufrieden«, sage ich, »wenn wir nur nicht mehr hinaus in diese Kälte müssen!«

»Pah, bei diesem Wetter steckt man nicht einmal die Nase hinaus!«

Dem köstlichen Duft aus der Küche weht eine Stimme nach: »Nimmt mir jemand die gewärmten Teller ab? Das Essen ist fertig.«

»Entschuldigung, meine Herren, nehmt schon einmal Platz. Wißt ihr, meine Frau habe ich wegen ihrer ausgezeichneten Kochkünste geheiratet«, schmunzelt der Gastgeber, hebt die Augenbrauen und fragt: »Ihr mögt doch Sauerbraten?«

Es gibt Sauerbraten mit leckerer Rosinensoße, frischen Kartoffeln, mit Petersilie überstreut, und dazu einen Löffel leicht gesüßten Apfelkompotts: Überglücklich schlagen unsere Mägen Purzelbäume.

Hinter uns knistert das warme Kaminfeuer, während Windböen den Eisregen an die Fensterläden treiben. Keine Stunde nach dem Essen sinken wir in weiche Kissen. Der rote Wein hatte es in sich gehabt, und so ist uns wunderbarer, tiefer Schlummer gewiß.

Aber warum nur tropft es mir unentwegt auf die Füße? Ich erwache aus meinem Traum.

»Zu schön, um wahr zu sein«, spreche ich.

»Was?« fragt Michael.

»Nichts!« Ich wage nicht zu glauben, daß dies alles nicht wahr ist. Der Siedler hatte sein Auto im trockenen Schuppen abgestellt und uns auf sumpfiger Wiese zelten lassen.

Die Kälte läßt uns das Zittern vergessen, und ich ziehe die Füße an mich, um endgültig einzuschlafen, bevor mein Schlafsack mit Wasser vollgesaugt ist.

Am Morgen macht der Himmel den Eindruck, als wolle er uns ersäufen. Als wir dabei sind, abzureisen, schaut der Siedler noch einmal vorbei und seine Frau aus dem Fenster. Wir wissen nicht, ob wir den beiden gleichgültig sind oder ob sie uns nur aus Angst draußen gelassen haben. Ich drücke die warme Hand des Mannes und sage danke schön.

»Aus welchem Land seid ihr?« will er wissen.

Ich schenke ihm darauf ein Foto, das Michael und mich zeigt, als es uns noch besserging.

Auf guter Asphaltstraße fahren wir bald um den Nahuel-Huapi-See herum nach Bariloche. Wir sind, wie Heringe gewässert, nicht weit vom Erfrierungstod und retten uns in die Jugendherberge, die, Gott weiß warum, »Alaska« heißt. Es ist ein wundervoll eingerichtetes Holzgebäude und geheizt dazu. Neben einem Engländer sind wir die einzigen Gäste.

Als wir wieder in der Lage sind, über Leben statt über Tod nachzudenken, lassen wir uns im Café Dino zweimal Sahnetorte mit Kaffee servieren und fühlen uns, mit einem warmen Kaminfeuer im Rücken und dem Ausblick zur Straße, großartig. Das Gefühl steigert sich noch, als wir umgerechnet nur siebzehn Mark für das Verzehrte bezahlen müssen.

Bariloche ist ein Ort, dem alle Argentinier verfallen sind. Er liegt in einer gigantischen Bergwelt. Zu den ersten Siedlern hier zählten einmal Schweizer, die das Äußere der Stadt mit ihrer rustikalen Holzbauweise und der Schokoladenherstellung prägten. Selbst die Bernhardinerhunde mit Holzfäßchen auf Bildern fehlen nicht. So lebt die Stadt nahezu ausschließlich vom Tourismus, vor allem im Winter.

Erst am späten Vormittag wird der Atem vor dem Mund unsichtbar. Ein kräftiger Wind kommt auf, der die Wolken in Fetzen reißt, um der Sonne eine Chance zu geben. Am weiteren Weg nach Süden liegen einige glasklare Seen. Ringsum werden sie von schneebedeckten Bergen eingegrenzt, die zu ihren Füßen von großen Waldflächen gesäumt sind. Ein herrliches Land, sauber, klar und frisch! Wahrhaftig, es erinnert an die Schweiz.

In Esquel übernachten wir im Schulsaal der Misión Salesiano. Der Padre begrüßt uns mit einer Tasse Tee, und am nächsten Morgen helfen wir ihm, seinen Wagen mit Kartons voller Kleider, die in Argentinien gesammelt wurden, zu beladen. Die Mapuche-Indianer der Umgebung sollen sie bekommen. Uns dagegen werden eine Tüte Äpfel und zwei Liter Milch zugeteilt.

Bereits zwanzig Kilometer nach Esquel reiten wir wieder auf Schotter, sind aber schon mittags an der chilenischen Grenze. Wir reisen erneut nach Chile ein in der Absicht, in diesem schmalen, ungeheuer langgestreckten Land so weit wie möglich nach Süden zu reisen. Der Süden Chiles ist bisher nahezu naturbelassen geblieben. Die unwirtlichen Verhältnisse haben gesiegt. Es besteht aus gewaltig zerklüfteten Gebirgen, ist von Fjorden zerschnitten, mit unzähligen Seen bedeckt, von Gletschern überzogen und von rauhem Klima geplagt. Keine drei Prozent aller Chilenen wohnen hier, weshalb General Pinochet als letzte Amtshandlung den Bau einer Südstraße veranlaßte, um diese Gebiete zu beleben. So wurde im Grunde eine Verlängerung der Panamericana geschaffen. 1988 wurde die Straße geöffnet. Man nennt sie Carretera Austral, und sie ist mehr als tausend Kilometer lang.

An einer Kreuzung in Santa Lucía treffen wir auf diese Straße. Sie ist ein wetteranfälliger, geschotterter Fahrweg und zieht sich durch ländliche Einsamkeit und Wälder. Dann und wann begegnet uns ein Bauer zu Pferd, der seine Kühe oder Schafe mit Hilfe von Hunden zusammenhält. Man winkt sich freundlich zu. Ebenso freundlich sind die Waldarbeiter, die hier zwar schon mit

*Die neugebaute »Carretera Austral«*

modernen Motorsägen fällen, aber zum Abtransport das altbewährte Ochsengespann einsetzen. Die Menschen hier wohnen in bunt angemalten Holzhäusern. Jetzt, zur dunkel-kalten Jahreszeit, blasen die Gußöfen ihren Qualm durch Blechrohre aus den Dächern. Die Krämerläden sind wie zu Großmutters Zeiten: knarrende Holzböden, Warenlager aus Lattenverschlägen, breite Theken, Kisten mit Nägeln oder Säcke voller Trockenfrüchte, aus denen nach Bedarf abgewogen wird, und natürlich die beschürzte Verkaufsfrau, die über alles im Dorf zu erzählen weiß. Wenn es wahr ist, daß die alte Zeit gut war: Hier findet man sie noch.

Die Tage wollen einfach nicht hell werden. Ohne Pause gibt es Regen, der sich zeitweise in Schnee wandelt. Um unsere Sachen zu trocknen, nehmen wir uns in Coihaique bei Patricio ein Fremdenzimmer. Gerda, Patricios Frau, bringt Kaffee und Kuchen. Die beiden freuen sich über den europäischen Besuch, und Patricio, der Schulmeister ist, möchte sich nur in Englisch unterhalten.

Von Coihaique steigen wir weiter ins Gebirge auf, und es dauert nicht lange, bis wir eine Schneeraupe überholen, die dorthin will, wo wir schon wenig später in verträumter Winterlandschaft auf geschlossen weißer Decke fahren. Cerro Sueño nennt sich der Paß, dessen Südseite so wunderbar vereist ist, daß die Weiterfahrt zu einer gefährlichen Rutschpartie wird. Mehrmals gehen unsere Gefährte ganz und gar haltlos zu Boden und drehen sich wie müde Kreisel, während wir, zuvor geschickt abgesprungen, dem Getöse nachschlittern. Schließlich nehmen wir uns gemeinsam jede Maschine einzeln vor und leiten sie nacheinander wie störrisches Vieh bergab.

Villa Cerro Castillo, das im Tal liegt, ist eis- und schneefrei, und der Regen pausiert so lange, bis wir unser Zelt errichtet haben: Julianda läßt uns für etwa drei Mark im Hinterhof ihres Krämerladens campieren.

»Die hat aber einen spitzen Bleistift«, sagt Michael. »Obwohl wir bei ihr eingekauft haben, knöpft sie uns noch Geld fürs Übernachten ab!«

Als wenn sie es gehört hätte, ruft Julianda über den Zaun, sie erwarte uns zum Tee.

Wie gewohnt tropft es in der Nacht durch alle Ritzen unserer Hütte. Die Schlafsäcke sind vollgesaugt, und der Tag beginnt damit, daß der Motorradfahrer, kurz vor der Unterkühlung stehend, aus dem Bett in seine gelbe Montur steigt. Michael setzt mit bleichblauem Gesicht Wasser auf. Doch hat der Brenner so seine Launen: Mal schnüffelt er ruhig mit blauer Flamme, dann lodert er mit rußig-gelbem Feuer hoch empor, um dem Koch das Stirnhaar zu versengen. Welche Beschimpfungen das arme Ding nun über sich ergehen lassen muß, möchte ich hier nicht wiedergeben; es wäre weder nützlich noch jugendfrei. Nur soviel soll gesagt sein, daß auch die Kühe, die nebenan auf der Wiese stampfen, ihr Fett abkriegen, und kein Hund, ohne einmal ängstlich zusammenzuzucken, am Lattenzaun entlang spaziert. Ich erkläre Michael, daß Kaffee ohnehin für erregte Mägen schädlich sei. Die nachfolgende Antwort möchte ich hier ebenfalls ungesagt sein lassen.

Julianda hatte berichtet, daß eine gute neue Straße um den Lago Carrera herum bis Chile Chico führe. Aber es kommen uns nur Löcher, Wassermulden, Matsch, Eis und Schnee unter die

Räder, und ich versuche mir vorzustellen, wie die Straße früher einmal ausgesehen hat.

An der Südspitze des Sees verlassen wir die Carretera Austral. Sie ist sowieso bald zu Ende, weshalb wir auf der Uferstraße bleiben und auf Argentinien zuhalten.

Als es dunkelt, nimmt uns in Puerto Guadal Elsa in Pension, die ein altes Bauernhaus auf der Anhöhe des Dorfes besitzt. Das Haus ist recht dürftig, fast hätte ich gesagt brüchig, und warmes Wasser gibt es nur vom Küchenherd. Elsa selbst, eine alte Frau, macht nicht viele Worte, erkennt aber, was wir nötig haben. Sie holt uns klamme Gestalten an den Herd, schenkt heiße Suppe aus und heizt im Wohnzimmer den Kaminschacht an.

Als erste Helligkeit schüchtern den neuen Tag ankündigt, ist außer dem beständigen Prasseln auf dem Blechdach kein Laut zu hören.

Die Ufer des Lago Carrera steigen leicht gewölbt als strohgelbe Wiesen zum Dorf hinauf an. Der See schimmert blaugrün, und runde Felseninseln geben einen phantastischen Kontrast zu den weißen Bergen, die zur Hälfte in schweren Wolken stecken.

Gleich, nachdem das Kaminfeuer in Gang ist, beginnen wir davor unsere Ersatzreifen, die wir seit Lima mit uns herumtragen, auf die Felgen der Hinterräder zu montieren. Der Platz empfiehlt sich nicht nur der Wärme wegen, sondern das Wohnzimmer liegt gleich neben der Scheune, in der unsere Motorräder parken. Später schneidert Michael aus meiner alten Plastikhose ein paar warme Lenkerstulpen, und wir haben Gelegenheit, all unser nasses Zeug zu trocknen. Elsa stößt sich nicht an der Werkelei in ihrer Stube und serviert uns am Abend Schaf mit Kartoffeln.

Die weitere Fahrt am See entlang haben wir ungewohnt sonniges Wetter. Jetzt, unter freiem Himmel, bringt die Landschaft ihre Schönheit voll zur Geltung: Wunderbar glänzt das Wasser in türkisblauer Farbe, während schneebedeckte Bergmassive und karge Winterwiesen das Bild friedlich vervollständigen. In Chile Chico passieren wir die Grenze und sind abends im argentinischen Perito Moreno. Die Zimmerpreise der Stadt sind gewaltig, weshalb wir auf einer Pferdekoppel zelten.

# Jahrestag

Unsere Zeltplane steht steif im Frost. Der Benzinbrenner versagt: Bei diesem Klima hat selbst der kleine Ofen keine Lust, die Töpfe anzuheizen. Ich nehme den Kessel und gehe, den Kragen der Jacke hoch in den Nacken gezogen, in eine nahegelegene Neubausiedlung. »Irgend jemand wird sich wohl erbarmen und ein Herz für zwei verfrorene Motorradfahrer haben«, sage ich mir und stapfe durch gefrorenes Wiesengras, das bei jedem Schritt wie ein Blätterboden im Herbstwald raschelt.

Wir wollen uns nur schwer an die Einsamkeit im winterlichen Argentinien gewöhnen. Oft hatten uns die Menschen in Mittel- und Südamerika mit ihrer Neugier erdrückt, wenn sie stundenlang fragend oder einfach nur zuschauend um unser Lager herumstanden. Hier interessiert es niemand, aus welchem Land wir kommen oder was das Ziel der Reise sein soll. Keine Kinder tollen herum, nicht mal die Pferde, die sich auf der Nachbarweide die Füße warmtreten, schwenken den Kopf herüber.

»Ich mußte Filzpantoffeln überziehen, bevor man mich hereinbat. Doch die Leute waren hilfsbereit, sogar warmes Waschwasser gaben sie mir mit«, erkläre ich, als ich zurück bin, und nehme einen Löffel Kaffee extra in meine Tasse.

Die Ruta 40, die von Perito Moreno weiter nach Süden führt, hält einige Überraschungen bereit. Nicht nur mit Schlamm und Matsch haben die Reifenprofile zu kämpfen. Zwei Stunden später läßt eine halb aufgeweichte Schneedecke die Piste gefährlich werden. In der Landschaft ist weder Baum noch Strauch auszumachen. Nur leichthüglig weißbedeckte Weiten, die durch nichts unterbrochen werden, erstrecken sich bis zum Horizont.

Fünf Autos begegnen uns heute. Die Fahrer winken schon von weitem, lassen die Scheinwerfer zum Gruß aufflackern oder passieren uns mit offenstehendem Mund. Jeder von uns beiden wirft einmal seine Maschine bei voller Fahrt in die Pampa, was zur Folge hat, daß Michaels rechtes Knie sehr schmerzt und meine Maschine einen beachtlichen Knick in der Lenkstange zeigt: Schnee und Motorradfahren kommen eben nur schwer miteinander aus.

*Auf – oder neben – der Ruta 40*

Nach etwas mehr als hundert Kilometer Tagesleistung taucht Bajo Caracoles in einer Senke auf. Der Ort, den nicht mehr als dreißig Leute bewohnen, dient im Sommer lediglich dazu, Durchreisende abzufüttern und ihre leeren Benzintanks zu füllen. Jetzt im Winter wirken die Gebäude geisterhaft, Mensch und Vieh haben sich am Ofen verkrochen. Das einzige, was von Leben zeugt, sind Rauchfahnen, die aus den Kaminen senkrecht in die Höhe ziehen und wie weiße Säulen im Nachmittagslicht schimmern. Die Leute scheren sich nicht um uns. Nur im Haus gegenüber bewegt sich eine Gardine im Fenster, pendelt aber schon wenig später wieder in Ruhelage. Die Möglichkeit, die kommende Nacht in einem Bett zu verbringen, bietet nur ein einziges Gebäude: Krämerladen, Gastwirtschaft und Hotel sind unter einem Dach untergebracht.

»Fünfundzwanzig Pesos«, schaut das dicke Fräulein hinterm Tresen gelangweilt auf, als ich nach einer Übernachtung frage.

Den Peso hat man in Argentinien mit dem US-Dollar gleichgesetzt, und weil seit einigen Wochen finanzielle Dürre in unserer

Reisekasse herrscht, außerdem Michaels Amex-Karte stets mitleidig abgelehnt wird, schlage ich des Fräuleins Angebot aus.

Erneut pendelt die Gardine im Fenster, als wir unsere Planenhütte im verschneiten Hotelhof errichten.

Es wird Zeit, etwas zu essen. Michael bringt unseren Gußtopf, halb mit Reis gefüllt, zur Hausköchin, die sich bereit erklärt, das Körnerfutter zu garen. Am Abend wärmen wir uns am Kaminfeuer des Gasthauses und plaudern bei zwei Litern Wein mit Einheimischen. Ein paar Männer sitzen in einer Runde am Tisch, spielen Escoba, ein Kartenspiel, und trinken Matetee dazu, den sie durch ein Metallröhrchen aus einem Becher saugen.

Einer unter ihnen, den Latz der Arbeitshose um den dicken Bauch gezogen, erklärt: »Weiter nach Süden erwartet euch wesentlich mehr Schnee und Frost!«

Seine Kollegen nicken zustimmend. Nicht gerade rosige Aussichten für die Weiterfahrt mit zwei Rädern! Doch nehmen wir die Angelegenheit noch recht gelassen und stoßen darauf an, daß unsere Zweierkiste auch weiterhin gut funktioniert.

Am nächsten Morgen leisten wir uns eine Dose Fleisch, und in der Hotelküche lasse ich Kaffeewasser heiß machen. Pünktlich um zehn Uhr trifft der Tankwart an seiner Zapfsäule ein. Nur morgens bedient er den Handhebel seiner Benzinpumpe, und auch nur für eine halbe Stunde. Anschließend schenkt ihm das dicke Fräulein einen Schnaps ein, den er sich mit Genuß und Schwung in den Rachen gießt, dann geht er nach Hause.

Die Sonne scheint, der Himmel strahlt, und auf leicht angetauter Schneedecke finden unsere Räder recht guten Halt. Nach einer halben Stunde taucht ein Auto vor uns an einer leichten Steigung auf, die aus der Senke von Bajo Caracoles aufs wenig höher liegende Plateau führt. Der Mann, dem die alte Ford-Limousine gehört, heißt Daniel und sitzt resigniert im Wagen.

Michael stellt sein Rad auf der rutschigen Straße ab und ruft mir zu: »Oh, ich glaube, der wartet schon länger auf Hilfe.«

Recht hat er, denn unter der offenen Fahrertür liegen mindestens zwei Dutzend Zigarettenkippen im Schnee. Mehr als zwei Stunden benötigen wir, um der Karosse über den Berg zu helfen, weil sie sich nur langsam, Meter für Meter, auf dem Gestrüpp, das wir aus der Pampa schlagen und vor ihre Räder werfen, vorwärtsbewegt. Daniel bedankt sich mit ein paar Zigaretten, als wir oben angelangt sind, dann prescht er davon und ist in der Ebene schon nach kurzer Zeit nicht mehr zu sehen.

Die Landschaft um uns herum ist so flach wie ein glattgezogenes Bettlaken. Das schneebedeckte Patagonien erstreckt sich, soweit das Auge reicht, während sich der Himmel in einem phantastischen Tiefblau dagegen absetzt.

Nur fünfzehn Kilometer pro Stunde arbeiten wir uns vorwärts; nicht gerade zufriedenstellend, bedenkt man, daß Feuerland noch über zweitausend Kilometer entfernt liegt. Sobald die Sonne tief am Himmel steht und nur noch schwach und nicht mehr mit ganzer Wärme leuchtet, gefriert die Fahrbahn. Kaum ist mir das klargeworden, als mein Rad schon taumelt und in zwei wilden Kreisen vor Michael über die Piste schlittert, während ich auf der Fahrbahn gen Süden rutsche.

Irgendwo hat es ein Leck gegeben, denn Benzin rinnt in großen Mengen unter dem Tank hervor.

»Schnell – die Kanister und Trichter!« rufe ich.

Hier kann man nicht lange nachdenken. Ohne Benzin im Tank wäre eine Katastrophe vorprogrammiert, da die nächste Station zweihundert Kilometer entfernt liegt. Die Sonne geht schon unter, scharfer Wind fegt Eiskristalle über die weißen Flächen, und meine Maschine versagt den Dienst. Es muß ein Lager errichtet werden. Nur wo? Rechts und links der Straße weht tiefer Schnee, und auf der Fahrbahn zu zelten, wäre sicher ein wenig gewagt, obwohl uns während des Tages kein Fahrzeug begegnet ist.

In diesem Moment flackern im Süden, dort, wo sich die schnurgerade Straße mit dem Horizont vereint, zwei Lichter auf. Es sind die eines alten Pick-ups, der bald darauf vor uns anhält. Mit großen Augen steigt ein Mann aus, der sich als Beto vorstellt. Er trägt eine wattierte Jacke, die den stämmigen Menschen noch praller aussehen läßt.

»Na Jungs, wo wollt ihr hin?«

»Nach Süden, aber für heute ist's genug. Wir bleiben hier«, antwortete ich.

»Wo hier?«

»Na hier! Wir schlagen unser Zelt auf, erledigen eine kleine Reparatur, und morgen geht's weiter!« schaltet sich Michael ein, der mit verfrorener Nase dasteht und sich die Hände warm reibt.

»Glaubt ihr nicht, es ist eine schlechte Jahreszeit, um in den Süden zu fahren?«

»Ja«, sagen wir. »Aber wir müssen nach Feuerland!«

Der Mann nickt mit einer Miene, als ob er verstünde. Bevor er davonbraust, wünscht er uns viel Glück und gibt uns einen halben Liter Motorenöl, um den ihn Michael gebeten hat.

Einige hundert Meter läßt sich meine Maschine noch vorwärtsbewegen, dann verstummt der Motor wegen Treibstoffmangels. Es gelingt mir, für unser Zelt eine Mulde aufzuspüren, über die die böige Luft hinwegpfeift. Nur gut, daß Michael vor ein paar Stunden ein Bündel Bretter aufgeladen hat, die wir aus einer verlassenen Baracke mitnahmen. So kann zumindest ein Feuer gemacht werden, mit dem wir Schnee tauen und Nudeln und Tee kochen können. Als Kochstelle dienen zwei Reifenmontierhebel, die ich auf Hölzer über der Flamme lege. Gehen wir nach draußen, müssen wir gleich zwei Sturmhauben über die Köpfe ziehen, sonst müßten wir befürchten, der schneidende Wind risse uns die Ohren ab. Die ganze Nacht hindurch zischt er übers Land und rüttelt mit einer solchen Intensität an unserer Nylonhütte, daß das Flattern des Tuches zum lautstark monotonen Geräusch wird. Wir kommen uns etwas verloren vor. Es ist so dunkel, daß man die Hand vor Augen nicht sieht, aber an Schlaf denkt vorerst keiner von uns beiden, der Krach verhindert es. Wir reden nicht, da wir brüllen müßten, um uns zu verstehen. Von Zeit zu Zeit knackt der Schnee unter den Matratzen. Im Halbschlaf glaube ich jedesmal, irgendwo in Eis einzubrechen.

Seit den frühen Morgenstunden schneit es, nicht massig aber kontinuierlich. Gegen Mittag wage ich wieder einen Blick nach draußen: Es ist, als würde man gegen eine Wand schauen, nichts, rein gar nichts ist zu erkennen, selbst von unseren Motorrädern sind nur noch wenige Umrisse sichtbar. Fünfzehn Zentimeter neues Pulver bedecken das Land.

Wir beschränken uns heute auf eine einzige Mahlzeit. Michael serviert eingeweichte Haferflocken und heißen Tee. Ich schieße ein Foto von der Situation.

»Wozu machst du das?« fragt Michael.

Es sind die ersten Worte, die er heute spricht.

»Dokumentation«, sage ich.

»Du meinst, für die Leute, die uns hier im Frühjahr erfroren finden!« Er betont den Satz so, daß es keine Frage ist.

Erste Zweifel werden wach, ob wir Feuerland jemals erreichen werden. Wir befinden uns inmitten der argentinischen Pampa, sechzig Kilometer von Bajo Caracoles mit dreißig Einwohnern, und in südlicher Richtung siebzig Kilometer von Tamel Aike entfernt. Dort sollen drei oder vier Menschen leben.

Weiße Flocken jagen, von böigem Sturmwind getrieben, über uns hinweg. Bereits gegen vier Uhr nachmittags schwindet das Tageslicht. Ganz allmählich scheinen wir einzuschneien.

Wie kommen wir hier jemals wieder heraus?

Doch trotz der miesen Situation sind wir, wie so oft in ähnlichen Lagen, darauf gespannt, wie es weitergehen wird.

Auch während der nächsten beiden Nächte und des Tages dazwischen tobt sich das Winterwetter aus. Von Zeit zu Zeit rütteln wir den Schnee von der Zeltplane, damit das Stangenwerk keinen Schaden nimmt. Greifen die Schneemassen seitlich an, indem sie die gefrorenen Wände eindrücken, wehren wir uns mit Faustschlägen.

Meist liegen wir im Halbdusel, in die Schlafsäcke und in Decken eingedreht, warten auf besseres Wetter und beten darum. Unsere Gelenke schmerzen, weil mehr als Sitzen in einem Haus mit ein Meter zwanzig Deckenhöhe nicht möglich ist. Und warum sollte man sitzen? Sich zu unterhalten ist bei diesem Getöse zu anstrengend, und zum Lesen reicht die Helligkeit nicht aus.

Ohne Unterbrechung bläst der patagonische Wind aus vollen Lungen.

»Was tun wir, wenn es nicht aufhört?« fragt Michael.

»Irgendwann muß es aufhören!«

»Wenn wir es so lange aushalten! Wir könnten versuchen, zu Fuß zurückzugehen, doch ohne jegliche Orientierungspunkte im zugeschneiten Flachland…?«

»Wieso zurück? Wir wollen nach Süden!« entgegne ich.

»Wir wollen überleben!« faucht Michael.

»Ja ja, bleib cool, Junge.«

»Nenn mich nicht Junge!« raunzt er.

Sendepause.

Was tun wir da? Setzen wir unsere Freundschaft aufs Spiel? Wo doch jeder von uns weiß, daß er die Hilfe des anderen nötig hat! Es ist das erste Mal, daß wir uns derart streiten, und das Ganze wirkt doppelt schlimm, weil man sich bei diesem Sturmgetöse anschreien muß. Es ist eben ein Unterschied, ob man bei kühlem Bier an einem Karibikstrand über Frauenbeine fachsimpelt oder mehrere Tage in einer krawallschlagenden Hundehütte im Eisschrank Argentiniens gefangen ist.

»Erfrieren soll ein angenehmer Tod sein«, beginnt Michael ruhig nach einiger Zeit.

»Ja«, ergänze ich, »zuerst lassen die Schmerzen nach, bis man Beine und Arme nicht mehr spürt, dann wird man bewußtlos, und irgendwann hört man einfach auf zu atmen!«

Plötzlich rüttelt jemand an mir. Es ist Michael, aufgeregt ruft er: »Hey, wach auf, hör dir das an!«

Mein Kopf arbeitet schwer. Wo bin ich? Wie lange habe ich geschlafen? Stunden oder Tage?

»Was soll ich hören?« frage ich Michael, der eilig die Thermokombi überzieht und mit dem verkrusteten Reißverschluß der Eingangstür kämpft.

»Ja nichts!« schleudert er zurück.

Es ist zehn Uhr morgens, die Sonne zwinkert gerade über den Horizont herauf, offenbar bereit, sich heute sehen zu lassen. Über der Pampa liegt absolute Stille. Nichts ist zu hören. Kein Tier, kein Rauschen des Windes; die plötzliche Ruhe wirkt unheimlich. Alles um uns herum ist blendend weiß und knietief mit Himmelswatte eingedeckt. Kaum eine Wolke ist in Sicht, über uns prahlt helles Blau. Bei zehn Grad unter Null hat sich das Thermometer eingependelt, doch die Luft ist nach wie vor knochentrocken, so daß die Kälte erträglich bleibt. Während ich einen Weg zur Straße schaufle und unsere eingeschneiten Stahlrösser freilege, zündet Michael das letzte Feuerholz an, um

Schnee für Haferflocken und Tee aufzutauen, und ruft herüber: »Freu dich, heute gibt's Neuschneetee!«

Mein Tankproblem ist schnell behoben. Die Hauptkraftstoffleitung ist mit ihrem Aluminiumeinlaß am Benzinhahn abgerissen. Wir legen die Leitung tot, die Reserveleitung wird von nun an ihre Arbeit übernehmen. Die Motorräder lassen sich ohne Mühe starten. Ungeduldig arbeiten sie sich warm, doch wo sollen sie rollen? Eine Straße ist nicht mehr auszumachen, der Wind hat den Schnee auf gleiche Höhe mit der Winterlandschaft geweht.

»Fast unmöglich, doch es muß gehen«, berichtet Michael, als er von einer fünfzig Meter langen Testfahrt zurückkehrt.

Wieviel Kilometer sind in solchen Schneemassen pro Tag zu bewältigen? Wie oft werden wir uns samt unseren Maschinen in der Pampa langstrecken? Wie sollen wir sicher sein, daß wir nicht von der Straße abkommen, sieht doch das Land überall gleich aus?

Mit einer heißen Tasse Tee im Magen sieht das Problem schon nicht mehr so schwierig aus. Plötzlich läßt sich dumpfes Motorengeräusch hören, das sich, langsam lauter werdend, nähert.

»Das ist ein Schneeräumer«, schreie ich laut und fasse mir in den Nacken.

Der Maschine folgen ein Servicefahrzeug und ein alter Pickup, aus dem schließlich Beto mit einem breiten Grinsen aussteigt. Er war der einzige, der wußte, daß wir uns hier befinden.

Beto ist Chef der Straßenmeisterei in Bajo Caracoles. Also lud er heute früh den Dorfpolizisten in seinen Wagen, um uns zu suchen. Ernst klärt uns der Polizist darüber auf, daß eine Weiterfahrt nach Süden für uns nicht in Frage komme, die Strecke sei von nun an für die Winterzeit geschlossen. Auch der Schneeräumer werde von hier aus wieder umkehren.

Über Funk berichten sie, sie hätten uns gefunden.

»Wie geht es ihnen?« tönt eine blecherne Stimme aus dem Lautsprecher.

»Die Jungs sind in Ordnung, ihnen ist nur etwas kalt«, antwortet Beto.

Mit einer riesigen Schaufel vor unseren Rädern, treten wir den

Rückzug nach Bajo Caracoles an. Erstaunlich, welch artenreiches Viehzeug in diesem verschneiten Nichts durch die brummenden Motoren aufgescheucht wird: Schneehühner, Füchse, Hasen, Schafe, rehähnliches Großwild und Strauße, die, elastisch Körper und Hals schwingend, vor uns davonlaufen.

Aber so einfach, wie man glauben könnte, gestaltet sich auch jetzt die Fahrt für uns nicht. Die plane Fläche, die die Monstermaschine zubereitet, vereist in Sekunden und läßt unsere Räder wie auf Seife rutschen. Jeder von uns wirft sein Vehikel unzählige Male zu Boden. Keinen Moment lassen wir die Piste mehr aus den Augen.

Nach einigen Kilometern Fahrt setzt starker Wind ein, der das lockere Pulver vom Land her auf die Straße treibt. Wir versuchen, so dicht wie möglich hinter der Räummaschine zu bleiben. Brechen unsere Räder aus, drehen sie sich wie Kreisel um die eigene Achse oder rammen sich in den am Straßenrand aufgehäuften Schnee. Während wir dann die Fahrzeuge wieder aufrichten, was nur zu zweit möglich ist, entfernt sich der Schneeschieber, wird auf der Piste im Gegenlicht als schwarzer Kasten bedrohlich kleiner und verschwindet hinter halbdurchsichtigen Vorhängen der aufstiebenden Schneemassen. Wir versuchen verzweifelt, Anschluß zu halten, denn das Fahrzeug wartet nicht. Das ist wahrhaftiger Streß, ein Alptraum. Immer sind wir in Angst, hilflos zurückzubleiben.

Nach fünf Stunden erreichen wir Bajo Caracoles und spüren keinen Knochen mehr im Leib.

Im Hotel brennen dicke Holzscheite im Kamin, während ein paar Straßenarbeiter Karten auf die Theke schlagen. Natürlich entsteht sofort eine rege Unterhaltung mit und um uns. Steif gefroren stellen wir uns ans wärmende Feuer, und damit wir auch richtig aufgeheizt werden, legt einer der Männer ein altes Stück Schlauch eines Lkw-Reifens aufs brennende Holz.

»Was sagen Sie, wieviel verlangen Sie für ein Zimmer ohne Heizung?« frage ich das dicke Fräulein.

»Fünfundzwanzig Peso«, kommt die Antwort.

Da schaue ich Michael an – wir sind uns einig.

Im Fenster im Haus gegenüber bewegt sich wie gewohnt die

*Schmählicher – aber nicht endgültiger! – Rückzug*

Gardine, als wir das zusammengefrorene Zelt auseinanderzerren, den Schnee beiseite schieben und unser Lager an bekannter Stelle aufbauen. Auch das dicke Fräulein schickt nun einen Blick durchs Fenster.

Um neun Uhr am nächsten Morgen, es ist noch dunkel, rüttelt jemand heftig an unserer Hütte und pfeift provozierend dazu. Michael öffnet: Es ist der unfreundliche Polizist, der an unserer gestrigen Rettungsaktion beteiligt war.

»Wohin fahrt ihr heute?« fragt er barsch.

»Zurück nach Perito Moreno«, antwortet Michael zackig.

»Sehr gut, viel Glück«, verabschiedet sich der Hauptmann.

Sicher ist er froh darüber, wenn wir endlich von hier verschwinden und er keine Unannehmlichkeiten mehr mit den verrückten Europäern hat.

Beim Aufwärmen am Hotelkamin springt plötzlich die Tür auf; der Tankwart, in Arbeitsanzug und Baskenmütze gekleidet, tritt herein und wirft sie hektisch ins Schloß.

Dann schüttelt er frierend die Schultern und erklärt: »Puh, vierzehn Grad unter Null, und das so früh im Jahr!«

Nur Augenblicke später schiebt sich das Kraftpaket namens Beto, ebenfalls in blauer Kombination, durch den Rahmen. Er lacht über sein rundes Gesicht, dann reibt er sich die Hände und bestellt einen Kurzen.

»Na, Jungs, wie geht's euch? Wollt heute nach Perito zurück, was? In dieser Richtung, nur einige Kilometer von hier, hat es vergangene Nacht ebensoviel geschneit wie dort, wo ihr gestern wart!«

Michael holt tief Luft: »Jetzt müssen wir in diesem Nest wohl noch überwintern!«

Doch der Straßenmeister meint: »Ich schicke gegen Mittag, wenn die Räummaschine zurück ist, einen Lastwagen nach Perito. Wenn ihr wollt, ladet eure Motorräder auf.«

Lange denken wir nicht darüber nach, denn beide wissen wir, daß die vereiste Straße nach Perito für uns eine Zweitagesexpedition mit vielen Stürzen bedeuten würde.

Betos Männer leben während der Wintermonate im Wohncontainer hier in Bajo Caracoles. Nachdem eine Baggerschaufel unsere Räder auf den Rücken eines Lkw gepackt hat, werden wir von den netten Menschen zu einer warmen Mahlzeit eingeladen.

Was dort in der Mitte des langen Tisches in einem riesigen Topf dampft und den Raum vernebelt, ist natürlich Suppe mit Schaffleisch. Mit großem Genuß löffeln die Männer das Gekochte.

»Wohin wollt ihr, wenn ihr zurück in Perito seid?« möchten sie wissen.

Verlegen stützen wir die Ellbogen an der Tischkante ab und antworten einstimmig: »Nach Ushuaia!«

## Feuerland in Sicht

Wir klettern ins Führerhaus. Beto steckt sein rundes Schelmengesicht von draußen herein, gibt jedem einen Händedruck und sagt, er wolle uns gern wiedersehen, aber erst im Sommer, wenn es uns recht wäre. Dann schlägt er aufs Blech, und wir brausen los.

Nach vier Stunden Fahrt hat unser Fahrer den Lastwagen sicher über die verschneite Buckelpiste nach Perito Moreno gebracht, und wir landen im Basislager der Straßenmeisterei – Provinz Santa Cruz. Alle Blaumänner eilen aus der Werkhalle herbei.

»Aha, ihr seid die beiden, die nach Ushuaia wollen …, und das bei diesem Wetter, so, so …!« ziehen sie uns auf. »Was können wir für euch tun?«

Diese Frage kommt uns nicht nur gelegen, sondern sie bedeutet die Rettung, denn unsere Motorräder haben dringend ein Schweißgerät nötig. Wir befreien sie von Eis und Schnee und zeigen auf die Kofferträger, die dem Zusammenbruch nahe sind. Den Handwerksleuten gefällt die Abwechslung, sie richten alles mit Bedacht, und als am Abend die Arbeit getan ist, verabschieden wir uns allerseits und gehen als Freunde auseinander.

Für die Nacht beziehen wir die bekannte Pferdekoppel, verlassen sie jedoch am Morgen bereits vor dem Hellwerden, um in eine warme Bäckerei zu fliehen. Den Teigmeister übermannt das Mitleid, als er uns bemerkt. Er öffnet gleich das Hinterzimmer, wo er uns mit Kaffee und Brot aufpäppelt. Mit von der Hitze roten Köpfen steigen wir danksagend wieder zurück auf unsere eisverkrusteten Sättel.

Der Bäcker schüttelt den Kopf.

»Buena suerte – gutes Glück!« wünscht er.

Bei Gott, das können wir brauchen.

Zwar hat im Inland Patagoniens der Winter Einzug gehalten. Doch wir sagen uns, daß die Atlantikküste der Meereswärme wegen noch frei sein muß. Wir brechen also nach Osten zur Küstenroute auf und hoffen, daß sie uns den Weg nach Süden freigibt.

Auf Asphalt fahren wir über eine einsame, kahle Ebene. Dann und wann nur bilden Hundertschaften kleiner Hebelarmpumpen ganze Felder: Also Öl hat das Land. Und natürlich Schafe, die hartnäckig versuchen, dem Bodengestrüpp etwas Nahrhaftes abzuringen. Viele ihrer Kameraden liegen, nur noch aus Fell und Gerippe bestehend, tot am Wegrand. Der vorige Winter hat ihnen das Leben genommen – nur die stärksten kommen durch.

Am Spätnachmittag haben wir die Küstenstraße, die Ruta 3,

vor uns und mit ihr den Atlantischen Ozean. Hier biegen wir rechts nach Süden ab. In Fitz Roy, einem kleinen Ort ohne befestigte Straßen, leiden wir bittere Kälte. Unser Hab und Gut ist entweder naß oder eisverkrustet. Im einzigen Hotel, das den selben Namen wie das Dorf trägt, bietet man uns für dreißig Pesos ein Zimmer ohne Heizung und mit Waschraum auf dem Flur. Das Angebot will uns nicht so recht passen, weshalb wir im Krämerladen an der Ecke nachfragen.

Zwei derbe Verkaufsweiber hantieren dort.

»Was, dreißig Dollar will der Halsabschneider haben? Hey, José, hast du keinen Platz in deiner Schule?« fragen sie den jungen Schulmeister, der gerade vor der Wursttheke wartet.

José nimmt uns mit in sein Zuhause und stellt uns dort unter eine heiße Dusche, die nach sechs barbarischen Tagen unsere Körper in ein solches Hochgefühl versetzt, daß wir lauthals zu singen beginnen. Ein Polizist von der Station gegenüber wird losgeschickt, um nachzusehen, ob niemandem etwas fehle.

Es darf aber keine Zeit mehr vergeudet werden, soll Ushuaia noch vor dem endgültigen Wintereinbruch erreicht sein. Am nächsten Morgen schon verabschieden wir uns von José, wir sind wieder gut gefüttert und bereit, neuem Eisregen entgegenzufahren.

Die Ruta 3 wickelt sich als schnurgerades Asphaltband in die plane Pampa aus. Winzig, wie ein Insekt auf einer riesig runden Scheibe, fühlt man sich in dieser unfaßbaren Weite Patagoniens. Kommen Lastwagen entgegen, sind die Fahrer immer entzückt davon, uns zu sehen. Mit ihren Lampen blinken sie tüchtig zum Gruß. Vereinzelt gibt es Schafherden, auch einmal eine Estancia – einen Bauernhof – mit einem Windrad oder ein Schild an einem Fahrweg, auf dem mitgeteilt wird, daß sich fünfzig Kilometer landeinwärts ein Hof befindet. Dann wieder nichts als einsame Fläche.

Als wir uns einem stehenden Auto nähern, an dem der Fahrer lehnt und aufgeregt mit beiden Armen fuchtelt, bremsen wir ab. Doch dann winkt er uns mit aller Kraft durch, als hielte er eine Flagge in Händen, und ruft lauthals: »Suerte, suerte – Glück, Glück!«

Ich denke darüber nach, ob unsere Anstrengungen am Ende einer im Grunde bereits gelungenen Reise eigentlich noch Sinn machen. Warum lassen wir es nicht gut sein? Warum sitzen wir in nassen Sätteln und prügeln unsere Räder durch den Eisschrank Argentiniens? Die Hände und Füße blau gefroren, lassen wir unsere Körper vom Winter Südamerikas martern, zerren wie besessen an den Lenkstangen und geben den Maschinen die Sporen, bis sie auseinanderbrechen.

Wozu dieser Wahnsinn?

Dann wieder scheint alles sonnenklar: Feuerland zieht uns wie ein Magnet an. Fünfhundert Kilometer noch, dann haben wir es geschafft.

Nach drei Stunden Fahrt ist es genug für heute. Wir bleiben im Restaurant der Tankstelle von San Julian. Der Wirt hat nichts dagegen, daß wir unsere Unterwäsche auf seinem Ofen trocknen. Später spendiert er uns ein Abendessen, und seine Gäste geben ein Bier aus. Der Besitzer der Tankstelle, der statt Bier Mate trinkt, läßt uns in seiner Reifenmontierhalle übernachten, die er nebenan betreibt. Sie ist nicht übermäßig behaglich, hält uns aber den stürmischen Eisregen vom Leib.

Immer häufiger tasten wir uns an der Schneegrenze entlang. Steigt das Höhenniveau der Ebene nur um fünfzig Meter, ist die Straße mit dicken Eisschollen gepflastert. Doch meistens verbleibt uns eine handbreite Spur, auf der die Balance nur dann schwer zu halten ist, wenn der stetige Seitenwind böig wird.

Das Wasser des Río Gallegos ist gefroren. Von der gleichnamigen Stadt, in der wir die Nacht zubringen, schließt weiter nach Süden eine Piste an, die wie aus schrotigem Lavagestein gebaut ist, was unseren Rädern zunächst festen Halt gibt. Doch dann verwandelt sich auch diese Straße in eine Eisbahn, so daß wir es vorziehen, neben ihr über die Pampa zu fahren.

Argentinien und Chile streiten sich hier traditionsgemäß um die Grenze. Die Chilenen sind nach ihrer Meinung vom Nachbarn um große Landesteile beraubt worden, das gleiche beteuern die Argentinier aus ihrer Sicht. Zur Zeit ist die Lage so, daß die Südspitze Amerikas und der Westen Feuerlands zu Chile gehören, weshalb Überlandreisende, die Ushuaia im Sinn haben, zwei Grenzen passieren müssen.

Vierzig Kilometer nach dem ersten Schlagbaum hüllt uns schier undurchsichtiger Nebel und rabenschwarze Nacht ein. Vorsichtig tasten wir uns voran und haben jede Orientierung verloren. Mit einem Male aber schimmert rechts ein Licht durch, auf das wir ohne zu zaudern lossteuern. Es ist eine kleine Estancia. Als wir klopfen, öffnet ein junger Mann, der eine Ohrenklappenfellmütze trägt.

»Kommt herein«, sagt er sogleich, obwohl ich sicher bin, daß wir ziemlich furchterregend aussehen.

»Wo sind wir hier?« frage ich.

»In Kimiri Aike, und ich bin Alfonso!« gibt er zur Antwort und fragt, während er uns zwei Kaffee eingießt, ob wir einverstanden sind, vor dem Herd zu schlafen.

Nun, wir sind Schlechteres gewöhnt.

Kaum haben wir die Tassen zum Mund geführt, als es an der Tür klopft: Es ist ein älterer Mann, der Hermann heißt und fragt, ob er vor dem Herd schlafen könne. Michael und ich wechseln Blicke mit gehobenen Augenbrauen.

Alfonso lebt eigentlich auf einer Splitterinsel der Insel Chiloe, verwaltet aber den Winter über diese Estancia. Recht hinterwäldlerische Fragen stellt er uns. Hermann dagegen ist viel herumgekommen und erzählt mit Humor die kühnsten Geschichten. Wir plündern unsere Weinreserven für diese ungewöhnliche, wunderbare Zusammenkunft.

»Ich werde ein Bild von uns machen«, schlage ich vor und halte die Kamera hoch.

»Ah, ist das eine Maschine, mit der man Fotos machen kann?« fragt Alfonso.

Hermann lacht und rückt seine alte Anzugsjacke zurecht.

Um Mitternacht klopft es an der Tür. Eine Frau, etwas jünger als meine Großmutter, poltert patschnaß in die Stube. Auch auf ihre Frage nach einer Übernachtungsmöglichkeit antwortet Alfonso mit ja, worauf Michael und mir klar ist, daß nun die besten Ofenplätze vergeben sind.

Am nächsten Morgen driftet eine dunkle Wolkendecke über

Patagonien. Schon nach einer halben Stunde Fahrt wächst linker Hand der Atlantik aus dem Horizont, und nicht viel später endet die Piste in der See. Die Kanalfähre entläßt gerade zwei Lastwagen. Ein alter, rot-weiß gestrichener Leuchtturm gibt seelenruhig Blinkzeichen, während kräftige Windbrisen Möwengeschrei zu uns herübertragen. Flach ist das Land, nur ein paar Schafe grasen vergessen auf karg-gelben Wiesen. Sonst ist nichts zu sehen, keine spektakuläre Natur, kein Menschenauflauf und auch keine Musikkapelle, die uns empfängt.

Der Kapitän winkt uns heran, wir sind die einzigen Passagiere. Strudelnd schießen die atlantischen Wasser um den Schiffsbug, der sich in Richtung Pazifik bewegt: Wir queren die Magellanstraße.

An der Reling pfeift uns der Wind scharf um die Ohren; die Luft ist feucht.

Dann sagt Michael: »Da hinten ist Feuerland!«

»Ja, dort ist es«, antworte ich.

Und wir gehen auf die Brücke, der Kapitän hat es warm.

Geisterhaft liegt naßkalter Nebel über der Insel, alle Gegenstände zeigen sich nur schemenhaft und trübe. Die Piste, mit sumpfigen Löchern ausstaffiert, fordert volle Aufmerksamkeit. Plötzlich stupst mich etwas am Knie. Es ist der Koffer vorne rechts, der sich bis auf die letzte schwache Verbindung von der Maschine gelöst hat. Der Metallträger ist nun selbst mit größtem Geschick nicht mehr zu reparieren, die Schweißer Amerikas haben ihr Bestes gegeben. Daher trennen wir uns hier, nicht ohne Rührung, von dem Behälter und stellen ihn am Gatter einer Weide ab. Vielleicht kann er dem Bauern noch dienlich sein.

Bevor wir erneut auf argentinisches Territorium geraten, bleiben wir in dem winzigen Grenzort San Sebastian, da wir der Ansicht sind, Chile sei preiswerter. Im Hotel an der Straße wird uns jedoch klar, daß unsere Reisekasse einer derartigen Übernachtung nicht gewachsen wäre. Etwas abseits aber, am Ende eines vereisten Seitenweges, liegen zwei Estancias: Wir wählen die linke.

Im Haupthaus empfängt uns Sixto. Er bearbeitet als Koch gerade einen ansehnlichen Teigberg, aus dem einmal Brot für dreißig Arbeiter werden soll. Die Estancia dient zur Zeit als Wohnheim für Arbeiter, die ein neues Grenzgebäude errichten.

Der Chef erlaubt uns zu bleiben, und so befinden wir uns schon nach einer Stunde mit der Mannschaft beim Abendessen. Was Sixto aus seinen Töpfen zaubert, ist für Michael und mich keine Überraschung: Es gibt Suppe vom Schaf und als Hauptgang Schaffleisch mit Kartoffeln. Nach dem Essen will keine rechte Stimmung aufkommen. Das »Warum« kann man sich ausmalen: Für acht Monate sind diese Muskelpakete hier vom Nichts eingeschlossen, ohne Fernseher, ohne Alkohol und ohne Frauen.

Aber ich weiß ein Mittel, die Stimmung zu heben, das vielleicht gewagt, wenn nicht gar gefährlich, aber ungeheuer wirksam ist.

»Wir haben gehört«, sage ich, »daß Feuerland früher zu Argentinien gehört hat.«

»Ja …«, begreift Michael, »und war es nicht auch so mit dem Süden von Patagonien?«

Als hätten wir eine Bauchtänzerin angekündigt, geht ein Ruck durch die Männer. Einer von ihnen, der Fabian heißt, rückt näher und sagt: »Hört mal gut zu, Jungs, das ganze Patagonien gehört eigentlich von altersher zu Chile …«

Die Leute versammeln sich um uns, und das Thema füllt gut zwei Stunden; danach folgen Politik, Arbeitsmarkt, Mädchen und Glaube an Gott, in dieser Reihenfolge. Gegen elf Uhr verstummt der Stromgenerator, die Glühbirne erlischt, und man weist uns zwei Kojen im Schlafsaal an. Das Umfeld, einschließlich der Toilette, ist ausgesprochen primitiv, was uns allerdings zu dieser Stunde wenig kümmert.

Wie zum Abendessen tönt auch am Morgen die Handglocke durchs Haus. Kurz nach sieben.

Nach dem Frühstück leert sich das Haus bis auf Sixto. Er gibt uns zwei seiner Brote mit auf den Weg und schlägt vor, wir sollten auf dem Rückweg noch einmal seine Gäste sein.

Bevor wir zum Grenzhäuschen fahren, müssen wir nun auch den linken vorderen Koffer meiner Maschine zurücklassen.

Die Beamten sind von Langeweile geplagt. Einer von uns muß gegen ihren besten Mann ein Spiel Poolbillard austragen. Michael opfert sich und stimmt die Männer durch seine bravouröse Niederlage zufrieden.

Der Tag steht in feucht-frostiger Luft, und als wir den Río Grande hinter uns haben, dunkelt es bereits. Erste Hügel und Hecken verändern das Land, im Süden Feuerlands spricht man sogar von Gebirge.

In der Umgebung von Tolhuin, einem schicken Örtchen, in dem sämtliche Wege vereist sind, findet eine Autorallye statt. Wir halten vor der Bäckerei, worauf sich eine Zuschauermenge daranmacht, uns mit den üblichen Fragen zu schinden. Hinzu kommt ein Reporter des lokalen Radios, der uns sogleich das Mikrofon vorhält. Doch es scheint, als habe der Kanal keine große Hörerschaft. Denn am Ende des Interviews verkünde ich, wir suchten dringend einen trockenen Platz für die Nacht, weil Tolhuin ausgebucht sei, aber nichts regt sich. In der Polizeistation rät man uns, im Krankenhaus nachzufragen, und dort wird uns die Oberschwester los, indem sie die Kirche vorschlägt.

Tatsächlich: »Das Haus des Herrn ist für alle da«, sagt die Küsterin.

Die Kirche, die der Salesiano-Mission angehört, ist nur eine Holzhütte, die gut und gerne vierzig Besucher faßt. Die Küsterin nennt sich Haydee und lädt uns zum Abendessen in ihr Haus ein. Es gibt Locro, einen argentinischen Eintopf, in dem die Bohnen dominieren. Haydees Mutter leistet uns Gesellschaft. Sechsundsiebzig Jahre zählt die Dame, doch ihre Augen und Ohren nehmen jedes Quentchen Information wahr, während ihr Hirn blitzartig kombiniert. Sie setzt sich dicht neben Michael, der ihr ohne Zweifel gefällt. Schließlich redet sie mit solchem Eifer und zwinkert dem Blondschopf so verwegen zu, daß uns die Spucke wegbleibt. Bald kommt noch ein weiterer Teil der Familie hinzu, so daß die Hütte bald bis an den Rand gefüllt ist und ein herzliches lautes Durcheinander herrscht. Doch Oma feuert die Stimmung weiter an, »Vamos pantalones – auf geht's, Hosen«, ruft sie mit unbeschreiblich köstlichem Mienenspiel.

Überdies lädt sie uns kurzerhand für morgen Mittag zu Onkel und Tante ein, die sich, verblüfft dasitzend, nicht wehren können.

Onkel und Tante nennen eine kleine Estancia draußen am Lago Fagnano ihr eigen. Man serviert uns höflich das Mittagessen, wie von Oma angeordnet, doch dann bedanken wir uns und brechen auf, denn noch heute abend soll Ushuaia erreicht sein.

Kräftiger Schneeregen schauert über Feuerland, am Himmel walzen schwere Wolken, und die Piste schwelgt im Morast. Nach einer Stunde Fahrt steht ein grünes Hinweisschild am Wegrand: Paso Garibaldi 7 km, Ushuaia 53 km.

Nur fünf Minuten noch bleiben wir fest in unseren Sätteln sitzen, dann reißt es uns die Räder weg. Die Fahrbahn, durch Waldgebiete in die Berge aufsteigend, ist von einer dicken Eisschicht überzogen und läßt nicht einmal einen Fußmarsch zu. Weitere Stürze absolvieren wir mehr oder minder schmerzfrei, wobei ich meine Maschine recht tölpelhaft handhabe, denn die fehlenden Blechkoffer haben nicht nur das Gewichtsverhältnis verändert, sondern erfordern auch neue Falltechniken: Tank und Lenkstange schlagen nun ungeschützt zu Boden.

Vollends aufgeweicht, die Knochen verbeult, sitzen wir schließlich vor unseren daliegenden Rössern und wissen uns keinen Rat mehr. Dreiundfünfzig Kilometer vor Ushuaia müssen wir aufgeben, der Winter hat uns eingeholt – er trägt den Sieg davon. Mühsam führen wir die Motorräder bergab und treten in der Dämmerung mutlos und mit schwerem Herzen den Rückzug an.

In Tolhuin ist bereits finstere Nacht. Ohne Aufsehen gehen wir in unsere Salesianokirche, rücken die Bänke zur Seite und suchen Schlaf, während stürmischer Regen aufs Dach prasselt. Juan Pablo II. schaut aus seinem Bilderrahmen erstaunt zu uns herüber.

Von Schlaf aber kann keine Rede sein. Weit mehr als fünfzigtausend Kilometer sind wir gefahren. Sollen wir jetzt, wo das Ziel greifbar nahe vor uns liegt, aufgeben und umdrehen?

Gegen halb zehn morgens lassen die runden Giebelfenster soviel Licht herein, daß eine Orientierung möglich ist. Haydee, die wir gestern abend nicht angetroffen haben, steht plötzlich in der Tür und gibt uns ohne Umschweife zu verstehen, daß man Gottes Gastfreundschaft nicht ausbeuten soll, was sagen will, sie setzt uns an die frische Luft.

Diese Luft fühlt sich heute angenehm weich an. Die Temperatur ist gestiegen. Das Eis könnte abtauen und Ushuaia uns die Tür einen Spaltbreit öffnen. Mit diesem Gedanken sitzen wir schon in unseren Sätteln, um einen zweiten Versuch zu riskieren. An der Stelle, wo wir gestern umkehren mußten, montieren einige Lastwagenfahrer ihre Schneeketten. Sehr beruhigend ist das nicht, denn das bedeutet, daß der Garibaldipaß, der an die siebenhundert Meter hoch sein soll, Schwierigkeiten machen könnte. Tatsächlich aber taut das Eis, und die hinauffahrenden Lastwagen tragen noch dazu bei, es zu zertrümmern. Die Piste ist schmierig, und große Wasserbäche fluten an uns vorbei, doch die Motorräder arbeiten gut und machen keine Scherereien. Im Nu ist die Paßhöhe erreicht, vergnügt geben wir Gas. Hey, Ushuaia, bald werden wir im Konfettihagel durch deine Straßen reiten!

Der Steuermann eines entgegenkommenden Autos gibt aufgeregt Zeichen: Sofort umkehren, die Straße ist für Motorräder unpassierbar.

Wir grüßen ihn im Vorbeifahren – nein, Mann, du hältst uns nicht mehr auf!

Doch er hatte recht. Auf der Südseite, also der Schattenseite des Berges, ist die Straße in festes Eis gepackt. Vorsichtig rutschen wir abwärts, folgen den Spuren der Kettenfahrzeuge und peilen mit größter Begierde jedes Steinchen an, lugt es auch noch so zart aus der spiegelnden Fläche hervor. Aber das Eis ist unerbittlich, immerzu schlittern die Motorräder unter uns davon und schlagen stiebend an den Schneewall am Rand. Und sind die Maschinen wieder aufgestellt, so bedeutet das keineswegs problemlose Weiterfahrt, da das Antriebsrad lediglich die Fahrbahn poliert. Also suchen wir neben der Straße nach festem Erdreich, um die Räder voranzubringen.

Die Kurven fallen steil zu ihren Innenseiten ab, weshalb die Lastwagen unter lautem Kettengerassel schwungvoll hindurchfahren. Wären sie zu langsam, glitten sie den Abhang hinunter. Wir aber balancieren an den Kanten der Kurven und versuchen immer behutsam anzuhalten, wenn uns der ungebremste Gegenverkehr zu verschlingen droht. Das Verhalten der Fahrer ist unterschiedlich: Die einen tippen sich grimmig an ihre Stirn, andere aber geben mit dem Daumen das »Find-ich-gut«-Zeichen, und einer klatscht sogar applaudierend in die Hände.

Vier Stunden später haben wir dreißig Kilometer erobert, die Arbeit ist getan. Erst hält nur eine winzige aufgeweichte Rinne die Räder in der Spur, dann wandelt sich der Straßenbelag in eine griffige Lehm-Sand-Mischung. Die verschneite Cordillera liegt hinter uns. Wir fahren durch Waldstücke und überqueren eine kleine Flußbrücke. Und dann haben wir sie vor Augen, die Stadt am Beagle-Kanal. Dickes Wolkenwerk jagt über sie hinweg, und von beeindruckender Schönheit kann keine Rede sein. Unsere Leiber sind zerschunden, schmutzig und aufgerissen die Monturen, den Motorrädern gebührt ein Verdienstkreuz. Doch all das zählt jetzt nicht. Heute, am 14. Juni, nach einem Jahr und zwei Wochen, ist Ushuaia erreicht. Unsere Herzen triumphieren, wir schlagen voller Freude auf die Tanks und uns gegenseitig in die Hände. Wir haben gewonnen! Die Straße endet hier, wir sind, einen Steinwurf von Kap Hoorn entfernt, in der südlichsten Stadt der Welt.

## Die Sonne im Visier

Das »Ende der Welt«, wie die Argentinier ihr Ushuaia gerne nennen, liegt in einer Bucht des Beagle-Kanals und schaut geradewegs hinüber zur Insel Navarino.

Warum dieses Eiland zu Chile gehört, möchte zur Stunde keiner von uns beiden erkunden.

Ushuaia erinnert mit seinen bunten Dächern, seiner Frische und der wuchtigen Gebirgskulisse an Orte des hohen Nordens. Einige sagen, es liege noch immer der Hauch einer Pionierstadt über dem Ort. Im Sommer trifft hier so mancher Besucher ein, der nach Pinguinen und Seelöwen Ausschau halten oder sich nur einmal in der südlichsten Stadt der Welt befinden möchte, in der er obendrein seine Finanzkraft beweisen kann. Das ist hier wirklich nicht schwer, denn die Preise sind mehr als deftig.

Da wir ziemlich verschlissen aussehen und uns Kälte und Magenleere übel mitspielen, ziehen wir in eine Familienpension mit der Aussicht auf etwas Wärme.

»Fühlt euch ganz wie daheim. Ich heiße Hilda – seht mich als eure zweite Mutter an«, sagt die Frau des Hauses zur Begrüßung.

Michael wirft mir einen unsicheren Blick zu.

»Na, das ist doch genau das, was wir brauchen!« sage ich.

Hilda läßt uns wirklich mütterliche Pflege zuteil werden. Nicht nur, daß sie in unserem Zimmer ein und aus geht, als wäre es das ihrer Kinder, sondern um Mitternacht bringt sie auch einen Teller aufgeschnittener Äpfel und gibt jedem einen Gutenachtkuß. Hilda ist von seltener Herzensgüte, malt einigermaßen phantastische Bilder, und wahrsagen tut sie auch. Die Leute sagen, sie sei verrückt, und ich glaube, sie gefällt sich in dieser Rolle.

Aber wir müssen Ushuaia schleunigst wieder verlassen. Die Wetterlage ist keineswegs stabil. Auch Hilda sagt, daß die Vorzeichen auf einen Umschlag hindeuten. Als wir am Mittag aufbrechen, packt uns die Frau geschälte Mohrrüben in meinen Tankrucksack und winkt uns, in der Tür stehend, noch lange nach.

Der Aufstieg zum Garibaldipaß gelingt besser als angenommen. Die Lastwagen haben mit ihren Ketten die Fahrbahn gut aufgerauht, und neues Eis hält sich noch respektvoll zurück. Es geht also vorerst zügig voran; zu unserer Zufriedenheit, denn jetzt haben wir nur noch »zu Hause« im Sinn. Unser Abflugort ist die Hauptstadt Buenos Aires, die dreitausend Kilometer entfernt im Norden liegt. Die Ungeduld ist groß. Immer heftiger treiben wir die Motoren an. Michael hat mir schon eine pfiffige Kurzhaarfrisur geschnitten, sagt doch der Kalender, daß uns in Deutschland der Sommer erwartet.

Doch noch sind Hindernisse zu überwinden: Für die Motorräder mußten wir den Notstand ausrufen, und in der Reisekasse ist Ebbe. Weil aber unser Äußeres Mitleid erregt, sind die Menschen ausgesprochen wohltätig, wie etwa Luis, ein Mechaniker in Río Grande, der gratis unsere Antriebsketten verkürzt, damit wir sie noch einmal durchspannen können.

Schlafplätze ausfindig zu machen, bereitet vorerst keine

Schwierigkeiten. Wir fahren ja den gleichen Abschnitt der Ruta 3, auf dem wir gekommen sind. So erwartet uns Sixto mit Vergnügen ein zweites Mal, und Alfonso meint, wir seien längst überfällig. Er habe schon einige Lappen Schafffleisch bereit gelegt.

Die Piste aber ist entsetzlich. Ihr feinkörniger Morast verklebt mit den Motorrädern und verdirbt die Antriebsketten. In Río Gallegos passiert dann das, was wir längst erwartet haben. Das Ritzel an Michaels Maschine dreht ohne anzutreiben durch, weil die Kette nahezu ohne Laufröllchen ist.

Man rät uns zu Señor Topcic, der eine Zweiradwerkstatt besitzt. Die Ritzel und Ketten kann er auswechseln, die hinteren Kettenräder müssen jedoch weiter aushalten. Für Michaels Vorderradbremse, die ihre Beläge verloren hat, gibt es keine Hilfe, aber für die hintere Bremse feilt der Meister neue Klötze zurecht. Wenn auch noch zweieinhalbtausend Kilometer vor uns liegen, verlaufen sie doch nur als Gerade durch flaches Land. Wozu also soll man bremsen?

Am Ende läßt unser bedürftiger Zustand auch Señor Topcic nicht kalt. Er reduziert die Preise um ein Viertel, und seine Frau bringt Schnaps und Kekse.

Wir sind fünf Tage Fahrt von Ushuaia entfernt. Dunstige Massen stapeln sich über der Pampa. Wir halten auf die uns bekannte Reifenmontierhalle zu, und ich denke, es hat schon etwas für sich, wenn man bereits morgens weiß, wo man in der Nacht schlafen wird.

Der Besitzer wärmt sich im Restaurant, räumt aber sogleich seinen Ofenplatz, als wir eintreten, und drückt mir seinen Mate in die Hand.

»Na, Jungs, wart ihr in Ushuaia?« fragt der Wirt.

»Klar, kein Problem«, antworten wir gelassen und fühlen uns ziemlich großartig dabei.

»Nun, dann mache ich euch etwas zu essen. Auf Kosten des Hauses, versteht sich.«

Der nächste Ort ist Fitz Roy. José, den Schulmeister, treffen wir nicht an, aber Freunde von ihm, denen er Bescheid gegeben hatte, nehmen uns auf. Es gibt Tortas fritas (Krapfen ohne Füllung) und Mate, der in keinem Haushalt Argentiniens fehlen darf.

So fahren wir Tag um Tag der Hauptstadt entgegen, stets dem endlosen Asphaltband durch die Ebene folgend und bald sicher, das Eis hinter uns zu haben.

Wir fahren schon auf Reserve, als wir in Comodoro Rivadavia eintreffen. In dieser Stadt findet sich ein Supermarkt, der Kreditkarten akzeptiert. Und da unsere Reisekasse mit dem Tode ringt, überfällt Michael eine alte Frau, die gerade zahlen will, und bietet ihr an, die Rechnung für ihren beachtlich gefüllten Einkaufswagen zu begleichen, wofür sie ihm dann Bargeld herausgeben solle. Ich beobachte von draußen, daß die Dame sowie die Kassiererin über Bitte und Äußeres meines Gefährten nicht schlecht erstaunt sind, aber trotzdem auf den Handel eingehen.

Als wir die Fahrt fortsetzen wollen, spricht uns ein hagerer Mann, kaum älter als wir, in deutscher Sprache an.

»Ah, ihr müßt die beiden Motorradfahrer sein, die in Bajo Caracoles fast erfroren wären!«

Der Herr lebt auf einer Estancia in Las Posadas, hundertvierzig Kilometer nordwestlich der Stelle, an der wir unser verhängnisvolles Lager aufgeschlagen hatten. Das Thema sei zur Zeit in ihrer Gegend sehr beliebt, sagt er, und wir fühlen uns ein wenig gebauchpinselt, daß wir in Argentinien bereits derart populär sind.

Am Abend in Trewlew fragen wir nach einem Schlafplatz bei den Salesianos. Aber hier geht es nicht so großzügig wie anderswo zu, der Pater will uns nicht. Unbeweglich sitzt er im Büro seiner Kirche und sagt, er betreibe kein Hotel. Recht hat er.

Am Ausgang der Stadt leuchtet ein Lagerfeuer neben einer Tankstelle, vielleicht eine bedenkliche Kombination. Aber die Kälte treibt uns heran, und das junge Pärchen, das sich an den Flammen wärmt, möchte ohnehin weiterziehen.

Das kommt uns sehr gelegen, da wir somit nicht zu teilen brauchen. Im Supermarkt hat Michael ein ganzes Kilo Rindfleisch gekauft.

In der Nacht fängt es zu regnen an, so daß wir uns, als es hell wird, in einem Sumpf wiederfinden und die Motorräder unter großem Gejammere zurück auf die Straße bringen müssen. Das schlechte Wetter wird noch schlechter. Harter Regen fegt bald über die Ebene, und häufig sind Böen drauf und dran, uns aus den Sätteln zu heben.

Am Abzweig zur Halbinsel Valdez suchen wir Schutz auf einer Estancia, die Doradillo heißt. Gleich eilt aus einem kleinen Haus, das neben einer prächtigen Villa steht, ein Mann heraus, um uns in seine warme Küche zu holen. Rodolfo ist recht zugeknöpft, aber seine Frau, die auf dem Herd Tortas fritas im Öl dreht, ist angenehm gesprächig. Sie berichtet, gestern sei Vollmond gewesen, dann schlage immer das Wetter um.

Wir schlagen uns die Bäuche mit frischem Backzeug voll und trinken jeder vier Becher Matetee. Dann überläßt uns Rodolfo eine leerstehende Arbeiterbehausung und im Stall einen Platz für die Motorräder.

Der Wind wird stürmisch. Die im Hof angepflanzten Bäumchen biegen sich wie Ruten, das Windrad der Wasserpumpe weiß nicht, ob links oder rechts herum, und die Fenster zittern in ihren Rahmen. Streifenweise fährt der Sturm in den Regen und schmettert ihn in breiten Fahnen zu Boden. Wir lehnen am Fenster und betrachten verwundert die wütende Natur.

Am Morgen darauf hat sich das Wetter ausgetobt. Klar und freigeblasen, strahlt helles Blau von oben, und ein gezähmter, aber kalter Wind weht übers Land. Als wir beim Abschied wieder aufsteigen, gibt uns Rodolfos Frau eine Tüte Tortas fritas mit auf den Weg.

»Muchas gracias, Señora – vielen Dank, Frau«, sagen wir.

»Por nada – für nichts«, antwortet sie und wischt sich die Hände an ihrer Schürze ab.

Aus dem Himmel, nun frei von jeglichem Gewölk, steht uns fortan die Sonne im Visier. Bald aber schmerzt ihr grelles Licht die Augen, so daß wir unsere Helme bis auf einen Sehschlitz verkleben. Gleißend und mit loderndem Rand strahlt die Sonnenscheibe uns an, weiter im Norden allmählich höher steigend, die Tage verlängernd. Ihre Umgebung leuchtet sie weißgelb aus und verwandelt sie in der Dämmerung in ein tiefes Rot. Gegenüber im Süden aber ist der Himmel dermaßen blau, daß er fast unecht scheint, was um so beeindruckender ist, als die Pampa unter ihm ebenso endlos leer daliegt.

*Prachtvolles Buenos Aires*

Patagonien endet am Río Colorado, der Fluß bildet die Grenze. Weiterhin bleibt das Land flach, aber es wird zusehends grüner und kleine Schutzwälder halten den Wind etwas im Zaum. Statt Schafen grasen nun Rinder in der Pampa, und bald sehen wir sogar Getreidefelder, die mit modernsten Maschinen abgeerntet werden.

Buenos Aires, die Stadt, in der der Tango geboren wurde, erreichen wir am fünfzehnten Tag nach Ushuaia. Behutsam fahren wir im dichten Verkehr, müssen unzählige Male unsere exotische Erscheinung erklären und kommen in einer Herberge unter, in der sich auch internationale Reisende befinden. Hier sitzt man gerne gemeinsam bei Tisch, erzählt sich über Land und Welt und hört mit Behagen die Geschichten der anderen. Wir berichten, Buenos Aires sei das Ende unserer Reise. Wir wollten in der Stadt nur das Notwendigste erledigen, um dann eilig in den Sommer Deutschlands zu fliegen. Die Cargotickets der Motorräder haben wir bereits, einzig die Flugscheine für uns selbst müssen noch besorgt werden.

Am nächsten Morgen aber zeigt sich, daß die Kinder Argentiniens derzeit ihre Winterferien verleben, was ihre Eltern veranlaßt hat, sämtliche Flüge nach Europa zu belegen. Alle Linien haben stattliche Wartelisten und machen den Vorschlag, wir sollten uns die Hauptstadt ruhig genauer ansehen. Die nächsten beiden Wochen hätten wir dafür Zeit.

Nach fünf Tagen aber bietet uns eine Gesellschaft zwei Plätze für ihren Abendflug an, der außerdem noch eine Weltreise einschließt: Zwischenlandung in Brasilien, zweimal in Afrika, dann Moskau, schließlich Frankfurt. Und dies alles für den halben Preis der Konkurrenz; einzige Bedingung ist, daß wir bar zahlen.

Buenos Aires ist groß und modern. An nichts fehlt es hier, auch nicht an einer Geschäftsstelle der Kreditkartengesellschaft, bei der Michael Kunde ist. Die soll uns nun den Flugpreis in Scheinen aushändigen. Aber die Leute dort sprechen von einem Limit und lassen sich auch durch Verhandlungen nicht davon abbringen, daß es eingehalten werden müsse. Unser Flug ist geplatzt.

Am nächsten Morgen sitzen in der Frühstücksrunde zwei argentinische Mädchen, die in ihrem maßlos übersüßten Kaffee herumrühren. Im Handumdrehen ist ein Gespräch angezettelt, allerdings bleibt für großes Geschichtenerzählen keine Zeit. Yvette ist lediglich in die Hauptstadt gereist, um Dinge zu regeln, die für ihr Studienpraktikum in Frankreich nötig sind, und fährt noch heute mit ihrer Freundin nach Mendoza zurück. Selbstverständlich lassen es sich Michael und ich nicht nehmen, die Damen als galante Abenteurer zur Tür zu begleiten.

Drei Tage später steigen wir in eine Lufthansa-Maschine, in der überraschend etwas frei wurde. Wie es der Zufall will, ist es das Flugzeug, das unten im Bauch unsere Motorräder trägt.

Der Pilot testet die Landeklappen. Die Rollbahn ist naßglänzend, rote, gelbe und blaue Scheinwerfer markieren das Gelände. Der Jumbo bebt am ganzen Rumpf, prescht wie eine Rakete über den Asphalt, hebt sich dann in die Luft und stellt die Nase auf. Über Lautsprecher verkündet man Grüße und daß es gleich Abendessen und Kaffee gibt. Unter uns liegt ein weiß-gelbes Lichtermeer, das nach Minuten nur noch durch die Wolken blinzelt, bevor es ganz wegbleibt.

Ich hänge meinen Gedanken nach. Plötzlich kommt mir die Bäckersfrau neben unserer Herberge in den Sinn. Als wir vorhin draußen an ihrem Schaufenster vorbeizogen, winkte sie uns zu, und an ihrer Mundbewegung erkannten wir ihre Worte.

»Suerte, suerte«, denke ich laut.

»Ja«, meint Michael, »das sagen sie immer.«

Nach vierzehn Stunden öffnet sich die Tür der Ankunftshalle. Und da empfängt uns eine Gesellschaft aus Familien, Freunden und einem ansehnlichen Teil der Leute aus unserem Dorf. Sie brüllen ihre Freude heraus, Kinder machen große Augen, und die Männer bleiben zurück, um den Frauen, denen die Tränen aus den Augen stürzen, den Vortritt zu lassen. Von Umarmung zu Umarmung werden wir weitergereicht, Willkommenstransparente schwingen in der Luft, und ich glaube sogar, es fliegen Konfetti.

Michael und ich bleiben erstaunlich ruhig. Mit den meisten dieser Menschen haben wir ein Stück unseres Lebens verbracht. Nun, da wir sie wiederhaben und von einem zum nächsten schreiten, scheint es, als wären Bewußtsein und Sinne noch weit von ihnen entfernt.

Eigens für den Empfang hat man einen Omnibus gemietet, mit dem alle gemeinsam zurück in unser Dorf fahren, wo sich weitere Leute zur Begrüßung versammelt haben. Ein Festzelt steht bereit, es gibt Bier und Kuchen und Musik mit Tanz. Wir bekommen Andenken geschenkt, und der Dorfmodelleur hat Trinkhörner mit unseren eingebrannten Namen hergestellt, die nun an die Gäste ausgegeben werden.

Es ist ein sonnig-heißer Julitag, die Vegetation prunkt in einem ungeheuren Grün, und die Vögel pfeifen lebensfroh in ihren Zweigen.

Schauen wir jetzt noch einmal in die Rückspiegel unserer Maschinen, sehen wir nicht nur eine Menge Landschaften, sondern vor allem Menschen: die kanadischen Familien, Neil aus den Angeles-Wäldern, oder R. J., mit dem man so wunderbar Jägermeister trinken konnte. Aber auch Ulla, Karin, Lou, die Kieslings und die Leute aus Macanche sehen wir, die Inkadame Deli Maria, Dr. Leandro, Beto und Hilda.

Sie und viele mehr haben sich für immer einen Platz in unseren Herzen erobert, und zu einigen halten wir weiterhin Verbindung. Besonders zu Yvette, sollte sie doch später meine Frau werden. Aber das ist eine andere Geschichte.

# Reisetips

## Allgemeines

Die Vorplanung für eine Reise von Alaska nach Feuerland wird immer Stückwerk sein; das meiste ergibt sich erst, wenn man bereits unterwegs ist. In unbekannte Länder wächst man allmählich hinein, das aber macht ja auch den Zauber und das Abenteuer aus.

Das wichtigste ist die Verständigung mit den Menschen. Man sollte zumindest die Anfangsgründe des Englischen und Spanischen beherrschen. Man wird dadurch für die Menschen interessanter, an den Grenzen gibt es weniger Schwierigkeiten, und erst durch das Miteinander-Sprechen macht eine Reise Sinn.

Sind große Entfernungen vorgesehen, sollte man genügend Zeit einplanen. Man nimmt dann Neues unbeschwerter auf. Ebenso wichtig aber ist es, sich feste Ziele zu stecken, damit man nicht zum Gammler wird.

## Gesundheit

Sehr gute Hilfestellung geben:

• Persönlicher Impfplan – kann man sich in einer modernen Apotheke besorgen.

• Informationsblatt des Bernhard-Nocht-Instituts für Tropenmedizin in Hamburg.

• Merkblatt Nr. 23 für Auslandstätige und Auswanderer des Bundesverwaltungsamtes in Köln.

• Für Schweizer: Medizinischer Reiseratgeber, anzufordern bei »Schweizere Stiftung für Gesundheitserziehung«, Stampfenbachstraße 161, 8006 Zürich.

• Einen Wasserfilter haben wir nie benutzt. Wir bereiteten unser Trinkwasser mit dem bewährten Micropur auf, das flüssig oder in Tablettenform in jedem Ausrüstungsgeschäft erhältlich ist.

• Folgenden Impfungen haben wir uns unterzogen: Tetanus, Kinderlähmung, Cholera, Typhus, Hepatitis A, Gelbfieber. Außerdem versuchten wir, gegen Malaria vorzubeugen (zwei Tabletten Resochin einmal in der Woche), obwohl das Medikament sehr umstritten ist, da viele Stechmücken inzwischen Resistenz zeigen. Bester Schutz: dichte Kleidung, Moskitonetze und Wachsamkeit.

## Ausrüstung

Zur Wahl des Motorrades wäre zu sagen, daß für Nordamerika zu einer großvolumigen Enduro zu raten ist. In Südamerika ist eine leichte Maschine vorzuziehen, nicht nur der schlechteren Straßen wegen, sondern auch, weil das Einfahren in die Hotels bequemer wird.

Der Benzintank sollte Treibstoff für vierhundert Kilometer fassen.

Benutzt man ein modernes Motorrad, sollte man keine Ersatzteile einpacken, dagegen aber genügend Werkzeuge und Verschleißteile. Dazu gehören auch Brems- und Kupplungshebel. Vorausgesetzt ist natürlich, daß man mit der Technik auf gutem Fuße steht.

Reifen sollte man vorausschauend einkaufen. Sie sind jedoch in den meisten Großstädten zu bekommen.

Rüstet man das Motorrad vorne mit Metallkoffern (kleinste Ausführung von LKW-Werkzeugkisten) aus, ergibt sich mehr abschließbarer Packraum, und das Gewichtsverhältnis wird ausgewogener. Der Nachteil dabei ist, daß die Maschine sich schwerer handhaben läßt und mehr Kraft auf schwierigen Pisten aufgewendet werden muß.

Häufig wurden wir wegen dieser eigentümlichen Gepäckanordnung gehänselt. Wer das vermeiden will, muß einfach weniger Dinge mitnehmen, so schwierig das auch sein mag.

Eine Zeltbeleuchtung an die Bordbatterie anzuschließen, hat ungeheure Vorteile, man bedenke jedoch den Verbrauch, vor allem, wenn niemand Starthilfe geben kann. Unzählige Male mußten Michael und ich am Morgen die Batterien einander ausleihen.

Gute, pflegeleichte Schutzbekleidung besteht aus Kunstfaserstoff, darunter bewähren sich leichte Baumwollsachen. Selbstverständlich sind ein Integralhelm (mit Sonnenschirm, wenn möglich) und ein Rückenprotektor.

Bei der Auswahl eines Zeltes sollte man unbedingt darauf achten, daß auch der Boden dicht ist, daß man Sitz- oder Stauraum außerhalb des Schlafraumes hat und ein feinmaschiges Moskitonetz mit guten Reißverschlüssen eingenäht ist. Außerdem sollten die Materialien so verarbeitet sein, daß man selbst Reparaturen vornehmen kann.

## Reisehandbücher

Wer sich ausreichend darüber informiert, wie die Menschen in anderen Ländern leben, wird sich fremden Völkern besser anpassen können, sich als Bestandteil des Landes statt als Fremdkörper fühlen und dadurch angenehmer reisen.

Für den amerikanischen Kontinent ist eine große Anzahl Reisehandbücher auf dem Markt. Für Lateinamerika haben wir besonders gute Erfahrungen mit englischen Handbüchern gemacht: Mexico & Central American Handbook und South American Handbook, erhältlich im Buchhandel oder bei Trade & Travel, 6 Riverside Court, Lower Bristol Road, Bath BA2 3 DZ, England.

## Versicherungen

Deutsche Kraftfahrzeugversicherungen gelten ausschließlich in Europa. Bewegt man sich mit seinem Fahrzeug außerhalb, so erstatten die Versicherer den Beitrag für den nachgewiesenen Zeitraum. Wir hielten es so, daß wir für Nordamerika eine Versicherung abschlossen (Dairyland Insurance, über Fly und Bike Reise GmbH in Bielefeld) und für Mexiko (abzuschließen z.B. in San Diego).

Für Belize und Costa Rica ist eine Fahrzeugversicherung obligatorisch, sie ist problemlos an der Grenze zu bekommen.

In allen übrigen Ländern verließen wir uns auf unsere Fahrkunst.

Unbedingt ist eine Auslandskrankenversicherung abzuschließen (z.B.: R+V, DM 12 für die ersten 45 Tage, jeder weitere Tag DM 2)

Möchte man für längere Zeit verreisen und zu Hause doch die herkömmlichen Versicherungen aufrechterhalten, bieten einige Versicherer einen geringeren Mindestbeitrag an.

## Geld

Gut bewährt haben sich Travellerschecks in Dollar, welche die meisten Banken problemlos in Bargeld tauschen. Überdies sollte man mindestens eine Kreditkarte besitzen: für die Länder, die im Buch beschrieben sind, empfiehlt sich VISA oder MASTER-CARD.

Vorsicht mit Geldwechslern auf der Straße: Immer wieder werden Zähltricks probiert oder alte, wertlose Scheine mit beigemischt.

In Lateinamerika sammeln viele Beamte ausländische Münzen. Hält man einige Pfennigstücke griffbereit, kann dies sehr nützlich sein.

## Transport

Die Idee, ein Motorrad im Ausland zu erwerben und später auch wieder zu veräußern, ist gut. Sie macht jedoch nur Sinn, wenn das Fahrzeug im gleichen Land ange- und verkauft wird, da sonst die entstehenden Zollgebühren den Handel uninteressant machen. Am besten nimmt man bereits von zu Hause aus mit dem Händler im Ausland Kontakt auf, nicht zuletzt wegen der Anmeldung des Fahrzeuges.

Wir hielten es so, daß wir unsere eigenen Motorräder im Flugzeug mitnahmen. Den Transport übergaben wir Fly & Bike Reise GmbH in Bielefeld.

## Grenzen

Wichtig sind ein gültiger Reisepaß und die Fahrzeugpapiere.

Für Deutsche ist Nicaragua das einzige Land, das ein Visum fordert.

Ein »Carnet de Passage« (Durchfahrtsgenehmigung – erhältlich beim ADAC) ist nicht sinnvoll. Mit Verhandlungsgeschick und viel Geduld war auf unserer Reise jede Grenze zu überschreiten.

Stets darauf achten, daß man alle nötigen Stempel erhält!

## Fotografieren

Das Fotografieren mit Selbstauslöser – um auf dem Motorrad fahrend abgelichtet zu werden – erfordert artistisches Können und ist, so wie im Buch beschrieben, nur sinnvoll, wenn man sich lange Zeit allein auf der Straße befindet.

Bei Menschen, die keinen Spaß daran finden, porträtiert zu werden, ist es wirkungsvoll, wenn man anbietet, das Foto später zuzusenden. Ist man wieder zu Hause, sollte man die Abmachung auf keinen Fall vergessen.

Es lohnt sich, alle Filme von zu Hause mitzubringen und sie auch dort entwickeln zu lassen. Belichtete Filme nicht mit der Post nach Hause senden, sie könnten verlorengehen! Besser, man gibt sie heimfliegenden Touristen mit.

## Post

Will man Post von zu Hause empfangen, kann man sie an die deutsche Botschaft oder postlagernd an die Hauptpost einer Stadt schicken lassen.

## Sicherheit

Wie vermutlich überall auf der Welt treiben räuberische Banden vor allem in Städten ihr Unwesen, selten dagegen auf dem Land.

Grundsätzlich bietet das Reisen zu zweit oder in Gruppen größere Sicherheit.

Vom Tragen von Waffen ist abzuraten. Kommt es zu einem gewaltsamen Überfall, gibt man besser her, was verlangt wird, um wenigstens die nackte Haut zu retten.

Wir benutzten als Kameratasche einen schlichten Tankrucksack. Hat man aber den Apparat einmal öffentlich herausgeholt, ist seine Existenz der Räuberzunft bekannt, und doppelte Wachsamkeit ist geboten.

Wer sich in der Öffentlichkeit betrinkt, ist ein Geschenk für gewalttätige Straßenräuber.

In Hotels und Pensionen kann man sein Motorrad für eine Weile in Sicherheit zurücklassen.

## Übernachtungsmöglichkeiten

Nordamerika ist für Camper gut gerüstet. Wir waren erstaunt, wieviel sich die USA und Kanada den Unterhalt guter Camping- und Rastplätze kosten lassen.

In Lateinamerika sind derartige Anlagen selten. Ist man nicht mit großen Finanzreserven gesegnet und möchte wie wir abends zelten, sollte man den Platz für die Übernachtung sorgfältig auswählen, um in der Nacht keinen unerfreulichen Besuch zu erhalten.

Obwohl es einigermaßen anstrengend werden kann, wenn man jeden Tag von neuem um Quartier nachsuchen muß, hat es doch den Vorteil, daß so ein schneller Kontakt zu den Leuten hergestellt wird.

Kinder sind dabei eine gute Hilfe. Sie zeigen einem sehr schnell den Weg zu den Erwachsenen, und ihr Verhalten läßt erkennen, wie die Bevölkerung zu Fremden steht.

Guten Kontakt zu seinen Gastgebern stellt man her, wenn man einige Fotos von seiner Heimat zur Ansicht parat hat. Sich mit Geschenken (kein Geld) zu bedanken, wird nie ein Fehler sein.

# Ländersammlung

(Größen und Zahlen sind angenähert)

### ALASKA (USA)

Viermal so groß wie Deutschland. 500.000 Einwohner.

Mitte Juli werden in Fairbanks die »Golden Days« gefeiert: Fünf Tage lang dreht sich in der Stadt alles um die Zeit des Goldrausches.

Wer sich für Schlittenhunde oder Schlittenhunderennen interessiert, sollte sich in der Stadt Tok umsehen.

### KANADA

Achtundzwanzigmal so groß wie Deutschland. 26 Millionen Einwohner. Kanada macht einen sehr konservativen Eindruck. Manche sagen, es sei jeweils 10 Jahre hinter Deutschland zurück.

Alkohol bekommt man ausschließlich in Liquid Stores, in denen das Eingekaufte in einer neutralen Tüte verpackt wird. Ende März/Anfang April kann man auf Vancouver Island in der Nähe von Tofino Grauwale beobachten.

In British Columbia unterhält »BC Hydro« eine Reihe kostenloser Campingplätze, zum Beispiel in Lillooet.

### USA (HAUPTTEIL)

Zweiundzwanzigmal so groß wie Deutschland. 247 Millionen Einwohner.

Wer Mitglied des ADAC ist, bekommt beim Automobilclub AAA kostenlose Straßenkarten.

In vielen Städten sind Parkplätze nur für Motorräder eingerichtet.

### MEXIKO

Fünfeinhalbmal so groß wie Deutschland. 90 Millionen Einwohner.

Die Markthallen in Guadalajara sind sehr sehenswert, weil das mehrstöckige Gebäude im Innenraum bis zur Decke geöffnet ist.

Um sich ein Bild von der Glaubensstärke der Mexikaner zu machen, bietet sich ein Besuch in der Basilika in Mexiko-Stadt an.

In San Cristóbal gibt es gute Gelegenheit, die bunten Stoffe der Indios zu kaufen, die aus der Umgebung täglich hierher kommen. Außerdem sollte im Ort das »Na Blom-Museum« des dänischen Archäologen Frans Blom besucht werden.

In der Stadt Mérida gibt es ein riesiges Angebot an Hängematten.


## BELIZE

Fünfzehnmal kleiner als Deutschland. 210.000 Einwohner.

Belize-Stadt ist sehr heruntergekommen, aber ausgesprochen sehenswert. Vorsicht bei Touren allein. Nach Anbruch der Dunkelheit sollte man nicht mehr auf die Straße gehen.

Die Hauptstadt Belmopan ist ein größeres Dorf mit einem weißen Regierungsgebäude.


## GUATEMALA

Dreimal kleiner als Deutschland. 10 Millionen Einwohner.

Wer über Schneid verfügt, sollte die öffentlichen Verkehrsmittel des Landes benutzen: Man lernt nicht nur eine Menge Leute kennen, sondern merkt auch, wieviel einem das eigene Leben wert ist.

Vorsicht in der Stadt: Nach Anbruch der Dunkelheit sollte man sich nicht mehr auf der Straße befinden.

Korruption herrscht im ganzen Land.

Jade und Leder sind sehr preisgünstig.

In Antigua gibt es eine große Zahl empfehlenswerter Sprachschulen, die ohne Voranmeldung besucht werden können.

## HONDURAS

Dreimal kleiner als Deutschland. 5 Millionen Einwohner.

Das Land ist das preisgünstigte unserer gesamten Reise und eines der sichersten dazu.

Die Aidsaufklärung macht große Probleme: Viele Menschen wollen nicht an das Virus glauben.

Auf den Karibikinseln gibt es preisgünstige Padi-Tauchkurse.

## NICARAGUA

Dreimal kleiner als Deutschland. 4 Millionen Einwohner.

Die Einwohner nennen sich selbst »Nicas«.

Obwohl die Contras keine Unterstützung mehr erhalten, heißt es, die Gruppe bestünde weiterhin.

## COSTA RICA

Siebenmal kleiner als Deutschland. 3,3 Millionen Einwohner. 27% des Landes bestehen aus Naturschutzparks, die man unbedingt besuchen sollte.

Costa Rica hebt sich stark vom übrigen Mittelamerika ab, man denkt sehr US-amerikanisch, und das Land wirkt sauber und aufgeräumt.

Indios gibt es nahezu keine.

## PANAMA

Fünfmal kleiner als Deutschland. 2,5 Millionen Einwohner.

Bereits lange vor der Einreise wurden wir vor Panamá gewarnt: In Panamá und in Colón sollte man auf der Hut sein und nach Anbruch der Dunkelheit nicht mehr allein auf die Straße gehen. Im Grunde aber sind die Menschen, besonders auf dem Land, ausgesprochen freundlich.

In Boquete kann man kostenlos die kleine Kaffeefabrik Ruiz besichtigen (Führung in Englisch oder Spanisch).

## KOLUMBIEN

Dreimal so groß wie Deutschland. 34 Millionen Einwohner.

In Bogotá geben uniformierte Männer kostenlose Führungen für Touristen. Sie tun das anstelle des Militärdienstes. Von großer Mühe kann dabei jedoch keine Rede sein, denn der Tourismus im Land ist schwach entwickelt, internationalen gibt es kaum.

## ECUADOR

Um ein Fünftel kleiner als Deutschland. 11 Millionen Einwohner. Ansehnlicher Tourismus, der sich jedoch größtenteils auf die Hauptstadt Quito beschränkt.

In Quito gibt es zahlreiche empfehlenswerte Sprachschulen, die man auch ohne Voranmeldung besuchen kann.

Wer abenteuerlustig ist, sollte eine Eisenbahnfahrt von Ibarra (2200 m) nach San Lorenzo am Pazifik unternehmen.

## PERU

Dreieinhalbmal so groß wie Deutschland. 23 Millionen Einwohner.

Die Küstenroute (Panamericana) ist vollständig asphaltiert.

Wer in den Bergen mit eigenem Fahrzeug reisen will, sollte vor und während der Reise unbedingt Auskünfte über die Vorfälle der letzten Zeit einholen: Der Terrorismus ist in Peru nach wie vor lebendig.

Der peruanischen Getränkeindustrie gelang es, das Gegenstück zu Coca-Cola zu entwickeln. Es trägt den Namen Inca-Cola. Geeignet ist es aber nur für den ganz großen Durst in der Wüste. Sonst schmeckt es schauerlich.

## BOLIVIEN

Dreimal so groß wie Deutschland. 8 Millionen Einwohner.

Wer Bergaktivität liebt, zum Beispiel Wandern oder Skifahren auf mehr als fünftausend Metern, kann dies in der Umgebung von La Paz tun. Auskünfte und Organisationen gibt es in der Stadt.

In La Paz bekommt man das preiswerteste Filmmaterial Südamerikas: Auf der Straße zahlt man etwa sieben Dollar für einen Fuji-Diafilm.

## CHILE

Zweimal so groß wie Deutschland. 14 Millionen Einwohner.

Die Menschen denken konservativ europäisch.

Im Land gibt es nahezu keine Indios mehr.

Die Chilenen behaupten, die Argentinier trügen die Nase hoch.

Wer eine Passion für die alte Zeit und wetteranfällige Straßen hat, sollte unbedingt die Carretera Austral fahren.

An Copec-Tankstellen bekommt man kostenlos Straßenkarten.

## ARGENTINIEN

Achtmal so groß wie Deutschland. 34 Millionen Einwohner.

Das Volk besteht aus vielen europäischen Einwanderern und ist sehr nationalbewußt. Im Land gibt es nahezu keine Indios mehr.

Die Argentinier hänseln die Chilenen und machen gerne Witze über die Galicier (Galicier stammen aus dem Nordwesten Spaniens. Im Grunde gelten für den Argentinier alle Spanier als Galicier).

Matetee wurde ursprünglich aus einem kleinen Flaschenkürbis mit einem Saugrohr, der Bombilla, gesaugt. Heute sind die Behältnisse meist aus Holz, das in einem verzierten Aluminiumbecher steckt.

Seit Argentinien den Peso mit dem Dollar gleichgesetzt hat, sind die Preise im Land mindestens so hoch wie in Deutschland.

Der Süden des Landes wird subventioniert. Das bedeutet auch, daß der Treibstoff nur noch die Hälfte kostet. In Sierra Grande (Ruta 3) tankt man das erste Mal so billig.

Dieter Kühnel
**Motorrad-Odyssee**
Von Burma durch die Inselwelt
Südostasiens
224 Seiten, 37 s/w-Fotos, 1 Karte,
Reisetips
ISBN 3-89405-023-3

Thomas Troßmann
**Wüstenfahrer**
Auf dem Motorrad durch das Land
der Tuareg
224 Seiten, 38 s/w-Fotos, 1 Karte,
Reisetips
ISBN 3-89405-040-3

Hjalte Tin/Nina Rasmussen
**Motorradtour Singapur –**
**Australien**
2 Motorräder, 2 Kinder,
2 Erwachsene
320 Seiten, 35 s/w-Fotos, 1 Karte,
Reisetips
ISBN 3-89405-043-8

Hjalte Tin/Tina Rasmussen
**Auf dem Motorrad**
**durch Afrika**
2400 Kilometer von Lesotho
bis Kairo
312 Seiten, 36 s/w-Fotos, 1 Karte,
Reisetips
ISBN 3-89405-072-1

Burkhard Schäck
**Die Panamericana auf dem**
**Motorrad**
Von Alaska bis Feuerland
240 Seiten, 40 s/w-Fotos, 2 Karten
ISBN 3-89405-075-6

Oluf Zierl
**Highway-Melodie**
Mit dem Motorrad 20 000 km quer
durch die USA
256 Seiten, 78 s/w-Fotos, 4 Karten,
Reisetips
ISBN 3-89405-037-3

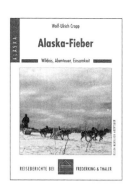

## REISEBERICHTE in Paperback
## Reihe „REISEN · MENSCHEN · ABENTEUER"

### Titel zum Thema Nordamerika

Christian E. Hannig
**Abenteuer Mexiko**
Mit dem Fahrrad von der Baja
California bis Mexico City
208 Seiten, 41 s/w-Fotos, 1 Karte,
ISBN 3-89405-074-8

Konrad Gallei
Gaby Hermsdorf
**Blockhaus-Leben**
Ein Jahr in der Wildnis
von Kanada
224 Seiten, 32 s/w-Fotos, 2 Karten,
Reisetips
ISBN 3-89405-014-4

Dieter Kreutzkamp
**Mit dem Kanu durch Kanada**
Auf den Spuren der Pelzhändler
192 Seiten, 35 s/w-Fotos, 1 Karte,
Reisetips
ISBN 3-89405-045-4

Stephen Pern
**Zu Fuß durch Nordamerika**
Entlang der großen Wasserscheide
von New Mexico nach Kanada
320 Seiten, 40 s/w-Fotos, 7 Karten,
Reisetips
ISBN 3-89405-046-2

Heike Robrahn
Elmar Terlutter
**Mit dem Wohnmobil
durch die USA**
Ein Jahr unterwegs auf
abenteuerlichen Routen
240 Seiten, 40 Farb-, 37 s/w-Fotos,
5 Karten, Reisetips
ISBN 3-89405-062-4

Klaus Rothmaier
**Wolkenkratzer und Totempfahl**
Kreuz und quer durch Nordamerika
236 Seiten, 44 s/w-Fotos, 1 Karte,
Reisetips
ISBN 3-89405-065-9

Wolf-Ulrich Cropp
**Alaska-Fieber**
Wildnis, Abenteuer, Einsamkeit
287 Seiten, 78 s/w-Fotos, 3 Karten,
2 Skizzen, Reisetips
ISBN 3-89405-007-1

Oluf Zierl
**Highway-Melodie**
Mit dem Motorrad 20 000 km quer
durch die USA
256 Seiten, 78 s/w-Fotos, 4 Karten,
Reisetips
ISBN 3-89405-037-3

## REISEBERICHTE in Hardcover

Spannende und informative Berichte von ungewöhnlichen Reisen mit zahlreichen Farbfotos.

Christina Dodwell
**Jenseits von Sibirien**
Mit Rentier-Nomaden durch die
weiße Tundra
192 Seiten, 54 Farbfotos, 1 Karte
ISBN 3-89408-328-3

Peter van Ham
**Auf Buddhas Pfaden**
2000 Kilometer durch den
Westhimalaya
239 Seiten, 80 Farb-,
64 s/w-Fotos, 7 Karten
ISBN 3-89405-335-6

Christine Cerny
**Ägyptenreise**
Wo Vergangenheit und Gegenwart
sich treffen
213 Seiten, 41 Farb-, 35 s/w-Fotos,
1 Karte
ISBN 3-89405-320-8

Werner Kirsten
**Westcoast-Story**
Auf dem Pazifik-Highway nach
Süden.
208 Seiten, 33 Farb-, 44 s/w-Fotos
ISBN 3-89405-314-3

Fred Bruemmer
**Mein Leben mit den Inuit**
Reisen zwischen Grönland und
Alaska
176 Seiten, 27 Farb-, 23 s/w-Fotos,
1 Karte
ISBN 3-89405-350-X

Mark Shand
**Auch Elefanten weinen**
Auf einem Dickhäuter durch Indien
230 Seiten, 28 Farbfotos, 1 Karte
ISBN 3-89405-311-9

Rainer M. Schröder
**Zwischen Kapstadt und Kalahari**
Spurensuche im südlichen Afrika
208 Seiten, 42 Farb-, 37 s/w-Fotos,
1 Karte
ISBN 3-89405-318-6

Dieter Kreutzkamp
**Husky-Trail**
Mit Schlittenhunden durch Alaska
240 Seiten, 32 Farb-, 50 s/w-Fotos,
4 Karten
ISBN 3-89405-312-7

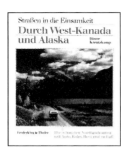

## REISERATGEBER mit Farbfotos

Spannende Erlebnisberichte und eine Auswahl der schönsten Routen mit vielen Farbfotos, Karten und nützlichen Informationen.

Dieter Kreutzkamp
**Australien**
Outback, Queensland und Norfolk
Island.
Reihe: Straßen in die Einsamkeit.
184 Seiten, 31 Farb-, 98 s/w-Fotos,
18 Karten
ISBN 3-89405-322-4

Thomas Troßmann
**Der Wüste begegnen**
Mit Motorrad, Auto, Kamel und zu
Fuß durch die Sahara.
188 Seiten, 43 Farb-, 44 s/w-Fotos,
3 Karten
ISBN 3-89405-319-4

Ilija Trojanow/Michael Martin
**Naturwunder Ostafrika**
Durch Kenia, Tansania, Uganda und
Ruanda.
184 Seiten, 37 Farb-, 68 s/w-Fotos,
9 Karten
ISBN 3-89505-327-5

Dieter Kreutzkamp
**Durch West-Kanada und Alaska**
Die schönsten Nordlandrouten.
Reihe: Straßen in die Einsamkeit.
176 Seiten, 30 Farb-, 70 s/w-Fotos,
15 Karten
ISBN 3-89405-303-8

Dieter Kreutzkamp
**Namibia**
Die schönsten Routen zwischen
Kalahari und Diamantenwüste.
Reihe: Straßen in die Einsamkeit.
200 Seiten, 33 Farb- und
106 s/w-Fotos, 7 Karten
ISBN 3-89405-333-8

Dieter Kreutzkamp (Hg.)
**Norwegen**
Zwischen Oslo und Lofoten.
Reihe: Straßen in die Einsamkeit.
208 Seiten, 30 Farb-, 101 s/w-Fotos,
11 Karten
ISBN 3-89405-341-0

Dieter Kreutzkamp/Rupert Heigl
**Mitten durch Deutschland**
Auf dem ehemaligen Grenzweg von
der Ostsee bis zum Böhmerwald.
Reihe: Straßen in die Einsamkeit.
192 Seiten, 38 Farb-, 85 s/w-Fotos,
10 Karten
ISBN 3-89405-354-2

Dieter Kreutzkamp
**Im Westen der USA**
Zwischen Pazifik und Arizona.
Reihe: Straßen in die Einsamkeit.
198 Seiten, 30 Farb-, 99 s/w-Fotos,
21 Karten
ISBN 3-89405-309-7